石油资产的收购与剥离
（第二版）

［美］Jim Haag　　［美］Gene Wiggins　著

王　青　李　谦　王天娇　张宁宁　史洺宇　译

石油工业出版社

内 容 提 要

本书系统介绍了国际石油公司决策收购或剥离某项处于任意阶段油气资产至完成交易的全过程，内容包括资产的地质储量分析、资产价值评估方式和风险因素分析、非常规资产的估值、如何根据油价波动周期和近期交易决定资产的交易价值，以及在国际市场进行资产并购所面临的挑战等。此外，书中还列举了一些实例。

本书适合石油行业的管理者、石油经济研究人员、国际石油贸易从业人员阅读和参考。

图书在版编目（CIP）数据

石油资产的收购与剥离：第二版／（美）吉姆·哈格（Jim Haag），（美）吉恩·威金斯（Gene Wiggins）著；王青等译．— 北京：石油工业出版社，2023.5

书名原文：The Acquisition & Divestiture of Petroleum Property（2nd Edition）

ISBN 978-7-5183-5964-6

Ⅰ．①石… Ⅱ．①吉… ②吉… ③王… Ⅲ．①石油资产–资产管理–研究 Ⅳ．①F407.22

中国国家版本馆 CIP 数据核字（2023）第 075705 号

Translation from the English language edition: "The Acquisition and Divestiture of Petroleum Property, 2nd Edition" by Jim Haag and Gene Wiggins. Copyright © 2016 by PennWell Corporation, All Rights Reserved.
This edition is published under licence of PennWell Corporation.

本书经美国 PennWell Corporation 授权翻译出版并在中国大陆地区销售，简体中文版权归石油工业出版社有限公司所有，侵权必究。

北京市版权局著作权合同登记号：01-2019-6007

出版发行：石油工业出版社
　　　　（北京安定门外安华里2区1号　100011）
　　网　　址：www.petropub.com
　　编辑部：（010）64523546
　　图书营销中心：（010）64523633
经　　销：全国新华书店
印　　刷：北京中石油彩色印刷有限责任公司

2023年5月第1版　2023年5月第1次印刷
787×1092毫米　开本：1/16　印张：17
字数：240千字

定价：100.00元
（如发现印装质量问题，我社图书营销中心负责调换）
版权所有，翻印必究

译者前言

石油资产的收购与剥离每时每刻都在发生，小到一个勘探区块的部分股权转让，大到一个石油公司的整体并购，如2016年英荷壳牌公司并购英国天然气集团（BG）。国内也有很多公司从事石油资产的收购，但是起步较晚，经验和资料都相对匮乏。译者在调研中发现"The Acquisition & Divestiture of Petroleum Property (2nd Edition)"一书内容丰富，不仅有具体的技术知识，还有典型案例分析，非常适合从事石油资产收购的从业者学习。随着国内石油业的不断发展壮大，译者也相信国内石油公司的资产剥离也会逐渐兴起。

本书原作者拥有40年、不同行业的丰富工作经历，因此能将石油资产的收购与剥离讲解得生动、具体。书中首先对买方、卖方、生命周期风险、储量分析、经济评价等技术进行了详尽介绍，并对近年交易热点的非常规资源储量评估进行了单独分析；接着对商业分析、购买决策、行业交易、交易后续跟踪、国际并购交易等商业活动进行了剖析；最后给出了不同类型的交易案例，让大家深受启发。本书可为从事地质、油藏、经济评价、商务等海外油气新项目评价、资产交易的人员提供指导，也可供在校的研究生学习使用。

本书是在全体译者的共同努力下完成的，王青负责统稿和审核。在翻译的过程中，要特别感谢中国石油勘探开发研究院国际项目评价所王建君所长给予的支持和宝贵修改意见，感谢李浩武、吴义平等同事在工作和翻译过程中给予的支持和帮助！

石油资产的收购与剥离涉及的专业众多，术语众多。译者一边从事海外油气资产的评价工作，一边进行本书的翻译工作，时间仓促，再加上译者水平有限，疏漏之处在所难免，敬请各位读者不吝批评指正！

原书前言

本书是一本旨在帮助读者成功评估、收购或剥离石油资产的指南性书籍。书中内容应该对地质家、工程师、管理者、租地人、石油公司的法务或财会人员等参与石油交易的人士有所帮助。在交易中，有众多需要考虑的问题必须被适当评估，否则就难以取得成功，而失败的代价太高昂。本书能够使读者快速穿越学习曲线，避免"赢家诅咒"，规避中途众多等待经验不足的从业者的陷阱。如果准备得当，石油资产收购是石油行业里最令人兴奋、回报最丰厚的商业交易之一。当然，笔者为这项工作感到兴奋，这也是为何笔者将在德士古公司27年、国际咨询行业10年，以及最近在独立石油公司3年的从业经历汇集成书的原因。

在本书开始写作前，国际油价稳步上涨了数年。这其实掩盖了很多在这段时间达成收购交易评价时存在的问题。2014年年末至今，由于油价上涨，许多边际利润油田资产收购看似取得了成功，而油价的下跌对于进行这些收购的公司带来了灾难性后果，对于那些本来微利的油田资产却做出很好评价的公司，其得到的打击更甚。随着油田收入快速大幅度下跌，我们见证了一个被迫进行资产出售和公司兼并的时代，这是行业内新进入者不曾经历的过程。资产的收购与剥离，以及市场合并的强劲势头还将持续一段时间，油价下跌的全部影响或许在本书出版后才能被彻底了解。

一次资产收购的评价需要组合许多专业人士的技能，以评价拥有不同特点的资产，研究各种各样的问题。一个成功的资产收购来自优秀的领导动用当下最好的技术辅助工具进行的通力合作。若缺乏从实际工作中取得的相关经验，想要快速跟上进度的人可以利用本书来缩小差距。本书包含了笔者以及许多对达成交易有同样热情的业内相关人士多年从业的实战经验。书中新公司的案例研究是创业型公司创始人有能力出色完成交易而获得成功的有力证明。书中描述的每一家公司都有超过20年的行业发展的成功经验，并且这些公司还在不断进行改变，以适应行业发生的变化。

油气资产交易市场中每年有数十亿美元参与交易。交易活动在行业每年总支出中占有如此高的比例，以致每家公司都需要有能力参与其中，或扩大其资产规模，或支持其进入新的地区领域。绝大多数公司都无法保证自主勘探总是能取得成功，总是能弥补产量递减，或是作为公司成长发展的唯一途径。

本书第二版增补了一些新的内容，包括国际资产与非常规资产收购、油气存储对产品价格的影响、储量确定及经济评价的指引，以及美国交易市场的情况更新。选取的数据范围从1980年至2014年，给出了历史角度的价格趋势，以及过去35年来市场变化的基本原理。公司保持竞争力所需的技术和流程在不断演进，技术进步、政府政策变化、公司重组及产品价格波动等因素每年都在改变着行业面貌。尽管本书提出的很多概念也是自主勘探和公司交易估值的基石，却没有讨论自主勘探和公司交易，而是聚焦于资产交易。

目 录

1 绪论 ……………………………………………………………… (1)
   1.1 资产收购与剥离交易 ………………………………………… (1)
   1.2 成功公司简介 ………………………………………………… (2)

2 买方 ……………………………………………………………… (9)
   2.1 驱动因素 ……………………………………………………… (9)
   2.2 买方迟疑的原因 ……………………………………………… (10)
   2.3 主动报价 ……………………………………………………… (13)
   2.4 收购流程 ……………………………………………………… (13)

3 卖方 ……………………………………………………………… (25)
   3.1 驱动因素 ……………………………………………………… (25)
   3.2 卖方迟疑的原因 ……………………………………………… (27)
   3.3 出售方式的选择 ……………………………………………… (29)
   3.4 主动报价 ……………………………………………………… (42)
   3.5 资产出售流程 ………………………………………………… (43)

4 独特的生命周期风险 …………………………………………… (49)
   4.1 勘探 …………………………………………………………… (49)
   4.2 发现 …………………………………………………………… (50)
   4.3 开发 …………………………………………………………… (54)
   4.4 生产 …………………………………………………………… (55)
   4.5 重新开发 ……………………………………………………… (56)
   4.6 末期 …………………………………………………………… (56)

5 储量分析 ……………………………………………………………（58）
5.1 储层分析数据 ………………………………………………（58）
5.2 地质评估 ……………………………………………………（60）
5.3 储量标定 ……………………………………………………（60）

6 经济评价 ……………………………………………………………（75）
6.1 税前经济评价 ………………………………………………（75）
6.2 税后经济评价 ………………………………………………（80）
6.3 测算利润率 …………………………………………………（82）
6.4 公允市场价值 ………………………………………………（87）
6.5 未开发区块评价 ……………………………………………（89）
6.6 评估风险和不确定性 ………………………………………（89）
6.7 油气资产评价中的陷阱 ……………………………………（92）

7 非常规资源储量评估 ……………………………………………（99）
7.1 资源开采定义 ………………………………………………（99）
7.2 非常规资源开采类型 ………………………………………（100）
7.3 确定非常规储量 ……………………………………………（104）
7.4 非常规资源收购 ……………………………………………（116）

8 商业分析 …………………………………………………………（122）
8.1 卖方评价 ……………………………………………………（122）
8.2 买家评价 ……………………………………………………（131）
8.3 评估价值 ……………………………………………………（142）

9 购买决策 …………………………………………………………（151）
9.1 构建报价 ……………………………………………………（151）
9.2 资产包出售案例 ……………………………………………（159）
9.3 优先购买权 …………………………………………………（163）
9.4 弃置保护 ……………………………………………………（166）
9.5 协议谈判 ……………………………………………………（168）

9.6　尽职调查 …… (170)
9.7　政府审批 …… (172)

10　行业交易活动 …… (174)
10.1　美国的资产收购与剥离交易 …… (174)
10.2　出售计划 …… (175)
10.3　公司兼并 …… (177)
10.4　历史收购价格 …… (181)
10.5　当前市场的交易指标 …… (187)

11　交易后续跟踪 …… (191)
11.1　交易问责 …… (191)
11.2　经验教训 …… (192)

12　国际并购交易 …… (197)
12.1　背景情况 …… (197)
12.2　面临挑战 …… (200)
12.3　风险分析 …… (205)
12.4　财税机制 …… (208)
12.5　收购策略 …… (211)
12.6　方案执行 …… (213)
12.7　信息来源 …… (214)

13　国际资源国案例 …… (219)
13.1　美国 …… (219)
13.2　英国 …… (223)

14　公司案例史 …… (229)
14.1　简介 …… (229)
14.2　案例1——一家私有公司 …… (230)
14.3　案例2——一家上市公司 …… (235)

15　交易案例 …… (243)

15.1 简介 …………………………………………………………（243）

15.2 墨西哥湾——资产收购，勘探类 …………………………（243）

15.3 路易斯安那州南部——收购提案，陆上老油田 …………（245）

15.4 墨西哥湾——资产收购，老油田 …………………………（248）

15.5 路易斯安那州南部——资产收购，有前瞻性的共同所有者 …（249）

15.6 得克萨斯州东部——资产收购，技术不确定性 …………（250）

15.7 墨西哥湾——资产收购，开发策略 ………………………（252）

15.8 墨西哥湾——权益转让，气价影响 ………………………（253）

15.9 墨西哥湾——权益转让，税收影响 ………………………（254）

15.10 墨西哥湾——资产置换，估值能力 ………………………（255）

15.11 路易斯安那州南部——权益交换，创新方式 ……………（257）

15.12 墨西哥湾——资产置换，整合效率 ………………………（258）

附录 不同单位制的换算关系 ……………………………………（260）

1 绪　　论

1.1 资产收购与剥离交易

参与一个成功的收购项目是让人非常激动的经历，同开展一次成功的勘探活动相似。收购项目可能产生多个结果，从而使一个小型公司的规模陡然增大，或是单纯完成了其短期目标。如果之前所进行的技术、财务和商务分析质量较高，不论前述哪种结果，对于项目组而言都会相当有收获。完成一项交易可能需要进行多次尝试，因此每一次成功都值得庆祝。

几乎每家公司都会有一个专业人员或一整个专业团队定期筛选交易机会。通过筛选获得的市场信息，加上与同行业交易人的定期交流及评估收购和资产剥离报告，都是确定适合公司战略的投资机会所必需的工作。当公司发现了很有吸引力的投资机会时，迅速采取行动，同对方签订保密协议并进行初次接触非常重要。若初步的评估和反馈结果比较正面，公司便会组建一支项目团队并开始评价分析工作。

每一家公司都有属于自己的收购评价工作流程。尽管各公司流程可能相同，如果资产评估和谈判工作顺利进行并最终签订了购买与销售协议，且保证满足公司收购目标与公司的条款、条件，则交易就很可能取得了成功。交易团队的经验非常重要，因为在交易评价分析中，准确性和一致性是非常必要的，在交易的任何阶段发生错误都可能使交易方付出高昂代价。

1.2 成功公司简介

成功的买方能在交易价格外创造价值，有时甚至是创造巨大的价值，这些价值可以通过下列途径实现：

（1）收购价格低于油田价值；

（2）收购后油气产品价格上涨，高于估值时使用的价格，使得现金流和利润空间高于预期；

（3）从前未经检验的技术被成功应用，或新技术取得发展突破；

（4）勘探或开发钻井取得成功；

（5）风险等级较高的储量得到落实，或储量开发加快；

（6）相比较卖方，收购方有能力以更低成本运营油田；

（7）资产弃置费用较卖方评估的更低。

想要达到第一点，需卖方在评估中出现错误，而达到第二点（产品价格上涨）则纯属运气。期待这两种情形发生不是进行收购的可靠基础，尽管有时会发生在买方身上。如果买方合理执行了收购时制订的工作计划，那么这两种情况的任意一种都应该会使收购获得成功。

其余 5 个途径有一个共同的特征——在收购资产评估中，买方利用自身的专业特长找出比卖方在其剩余价值评估模型中能产生更多现金流的技术因素。有一些公司拥有技术实力，可进行出色的收购估值分析，找到资产的升值空间，或使当前的油田作业更有效率。这些公司很少犯一些代价昂贵的错误，不会偏离其地理专业优势区域过远，从而专注于资产的品质。

经验和事实证明，不以牺牲油田生产的安全性和环境为代价来降低油田作业成本是提高项目利润的正途。通常而言，一个拥有多口井的大型油田单井作业成本要低于井数较少、规模较小的临近油田。如果大油田的作业者收购了小油田并接管作业，协同效应将会使其直接成本和间接成本都有所下降,最终使得买方在同一口井上能获得更多的利润。通过这样的收购方式实现的作业成本节约案例见表1-1。此外,收购也可以节约上级管理费,这也能使收购所得利润有所上涨。

表1-1 作业成本节约案例

参数	油田"A",作业者1	油田"B",作业者2
井数	30	5
产量,bbl/d	1500	300
运输成本,美元/bbl	10	15

注:(1) 油田"B"有 50×10^4 bbl 剩余储量被收购,作业者1的单桶操作成本比作业者2低5美元。相比作业者2,作业者1在油田生命期由于作业区域扩大而节约的成本 = 50×10^4 bbl × 5美元/bbl = 250万美元。

(2) 作业者1可以在作业者2计算的油田剩余价值基础上多支付最高250万美元才会消耗掉其预计通过收购能够产生的所有作业成本节约金额。

成功的买家肩负着获取储量的任务。需要增加现金流的公司需寻找生产率较高的在产资产,而需要更长生产周期的公司则会寻找高储集率周期的资产。多数公司在收购价格合适的前提下乐于考虑上面任何一种资产。资源基础的自然递减会促使勘探不成功的公司时常徘徊在寻求交易的路途上。一些公司并不希望从事高风险的勘探活动,因此其必须进行收购来扩大或是维持公司的规模。

在交易中,价格保护条款是一种可以控制买方或卖方因井价波动导致风险暴露的方式。油气价格范围可以被写入合同条款。若交易完成后一段时间里,油气价格上涨超过双方同意的预测值,卖方可能希望获得一部分额外收入,以防止买方独享过多的利润。买方也可能要求在交易完成后一个较短的时期拥有同样的保护条款以防止价格下跌。在后一种情形下,如果价格下跌超过双方同意的预测值,卖方将向买方退还一部分交易对价。

买方也可以通过对冲近期油气价格来锁定未来一段时间内相对可预测的

现金流。若要取得利润,在交易估值中对交易完成后前三年的油田产量、产品价格及作业成本预测都应该相对准确。为防止价格意外下跌导致本来可以成功的收购失败,买方可以通过套期保值的方式锁定利润(或者说支付一定费用来保证油气最低售价)。现实中,通过外部融资方式进行收购的公司通常都被要求对收购资产的一部分产量做套期保值,以保护投资资金。

一个成功的买家会选择性、谨慎收购,很少会为一个资产支付过高溢价,并且拥有一套不间断运行的、能提供合理收益率的收购计划。如果一家公司发现自己在多数竞标中出价都较高,则表明相对于市场价格支付价过高。在这种情况下,买家的一些收购方案可能就无法达到其所希望的利润率。最成功的买家和卖家是那些在收购和资产剥离方面都很活跃的公司。他们在资产估值方面非常专业,并且知道交易过程中那些需要注意的细节和陷阱。

20世纪90年代之前,卖方主要是大型石油公司,而买方主要是独立石油公司。图1-1展示了这一时期最具代表性规模交易的两种类型公司的资

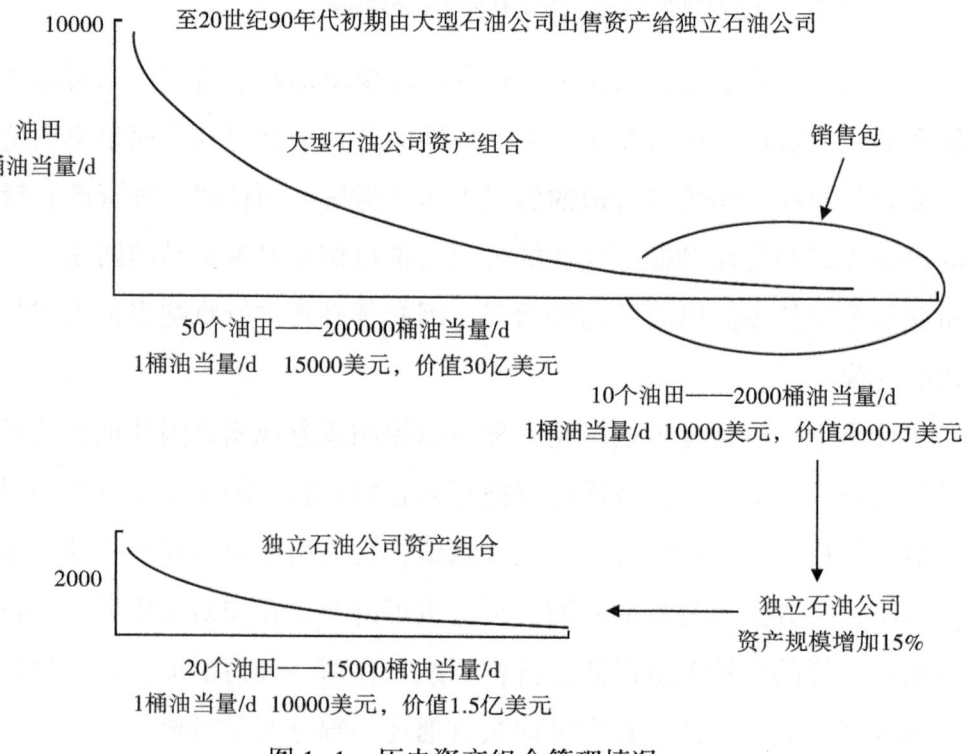

图1-1 历史资产组合管理情况

产组合规模示例。买卖双方都将通过这种性质类型的交易升级其各自的资产组合。

自 1998 年起，几家大型石油公司以及独立石油公司开始兼并。在美国国内，石油公司规模产生了新的三个层级：石油巨头公司、大型独立石油公司及小型独立石油公司。这种新形式导致资产剥离活动的模式发生了改变。每一家合并后的公司都开始将其内部最小的以及不符合新公司战略定位的油田拿来出售。石油巨头公司向大型独立石油公司出售规模较大的油田资产，而大型独立石油公司又向小型独立石油公司出售规模较小的油田资产。图 1-2 展示了美国本国市场三种规模公司间油田资产出售的演变过程。从那时起，行业内发生了多起公司兼并案例，许多刚刚起步的新公司也加入了市场。当前外国公司在美国市场也占有较大权益。

曾经在美国拥有绝大多数油田的大型一体化石油公司已经剥离了在美国的多数资产，如今这些石油巨头在美国本土的资产总额仅仅是 1990 年的一个零头。每一家公司都动用了多种方式和程序出售他们的资产，出售资产的方式由于人员需求、出售目标及包括规模、价值、地理位置、相关弃置费用或环境义务等在内的油田特点的不同而各有区别。

独立石油公司收购了绝大多数剥离出来的资产。这些买方通过亲身参与油井的增产措施，使这些井的日产量较收购前有所提高。规模较小的公司能发掘大公司利用不到的油田额外价值的原因有很多，包括：

（1）实力强劲的技术团队不被过多其他项目干扰，专注于收购新的资产；

（2）公司通常会给创造额外价值的员工奖励和激励措施；

（3）中小型公司乐于开发规模稍小、利润较少的油藏；

（4）作业实操不会因公司政策产生阻碍而增加成本；

（5）独立石油公司资本性投资的门槛经济回报率稍低；

（6）大型石油公司会将油田里的众多机会归类为"非核心"，在失去核心地位后，这些油田将无法再得到技术上的密切关注。

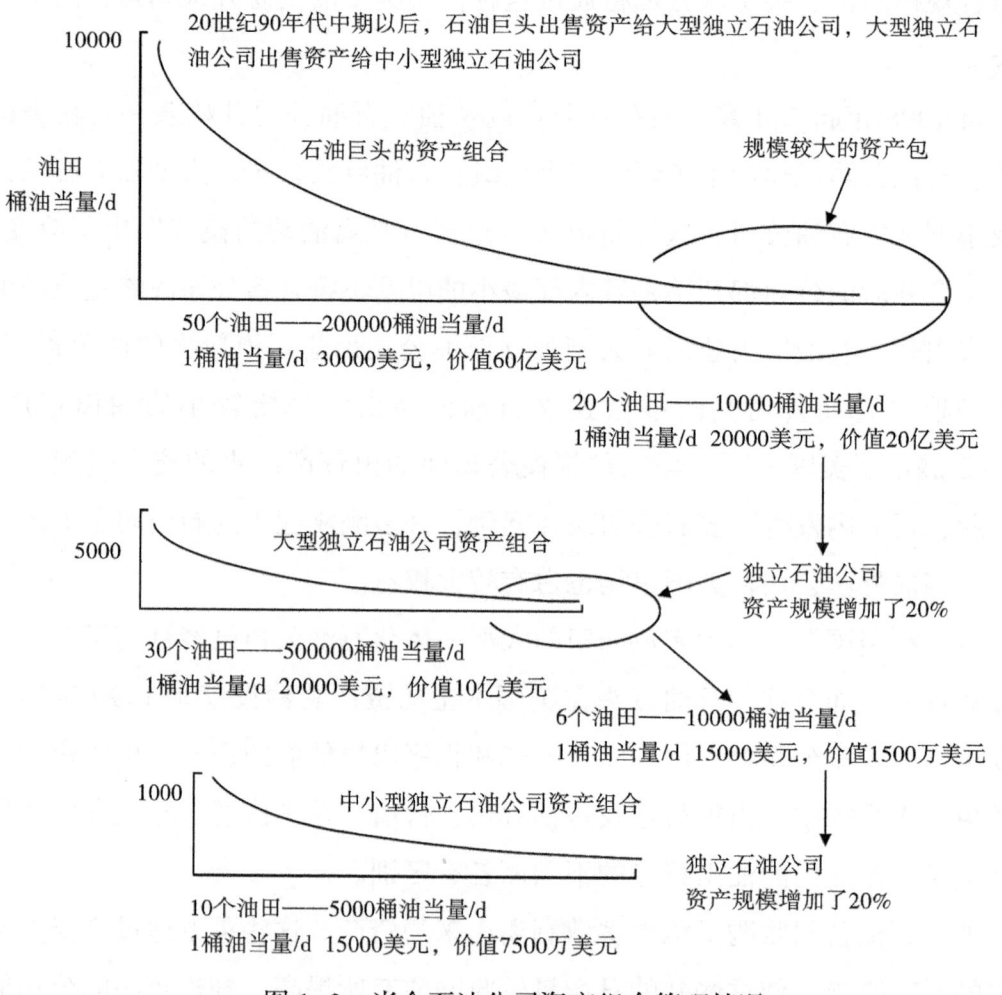

图 1-2　当今石油公司资产组合管理情况

图 1-3 证明了分配少量的额外技术资源给一个油田能使最终采收率增加，从而使收购油田的利润明显提高。卖方通常都倾向于只对已发现的可采储量估值，而买方会仔细审视油田的历史开采情况，以及将最初评估的资源量作为其投资机会的基础。如果买方能够开发卖方没有重视的资源，那么这些积累的零散储量将产生增加到基准生产预测中的现金流。这些储量在油田总资源量中仅占很小一部分，在资产出售时并没有被纳入卖方的考虑之中，但它却可以改善项目收购者的利润情况。

油田由一家大型石油公司担任作业者

预测的最终采收率为 $1000×10^4$ bbl

大油公司生产了 $800×10^4$ bbl 后决定出售油田

独立石油公司收购了油田，以 10 美元/bbl 的价格支付了 2000 万美元

同时确定将有 5% 的低品位储量升值空间

储量升值空间为 $1000×10^4$ bbl 的 5% = $50×10^4$ bbl

开发升值空间的储量将会有如下影响：

收入总额 60 美元/bbl	30000000 美元
未来投资 10 美元/bbl	−5000000
采油成本 12 美元/bbl	−6000000
税 10 美元/bbl	−5000000
矿税 8 美元/bbl	−4000000
净收入 8 美元/bbl	10000000 美元

这 5% 额外的升值空间带来的 1000 万美元利润将会抵消一半的收购对价！

图 1-3　低门槛价格储量增值

公司在交易时支付的对价反映了资产未来风险调整后的价值。买方基于其技术分析在同意交易时也接受了这些风险。卖方可能希望买方为油田的升值空间支付风险调整后对价，否则就不考虑出售资产给买方。小公司的经营模式相比于大型石油公司通常较为激进。那些最成功的卖方通常都知道哪些潜在的买方风格激进，并会在资产出售时优先联系这些买方。

衡量买方成功的最终标准是能够以一个包含了资产保留价值和资产溢价的对价完成交易。为了达到这一目标，卖方通常会将资产的升值空间以一种非常可靠的、不经风险调整的方式展示给市场。由于储量及其升值部分的计算有一定的解读空间，并且买方对储量风险系数的评估也各不相同，一个对数据积极而不失合理的解读通常能使卖方获得一个可观的报价。

本章前面小节我们讨论了交易成功的公司所做出的努力。像大多数交易一样，较强的业务联系所带来的隐形好处也是非常重要的。多数公司对曾经

有过合作、谈判合理、能够支付市场价格，并且能快速完成签约交割的交易对手更有偏好。

当一家大型石油公司同一家规模较小的独立石油公司完成了数笔交易后，大公司很自然地会希望，对于未来可能出现的交易机会，同这家公司私下协商而不是花费大量时间和精力向市场组织开放资料。这也正是一家小公司在交易机会中希望得到的声誉和地位。通过这种方式进行的少数资产收购就可以帮助一家小型或初创公司构建起一个很有吸引力的资产组合。20世纪90年代，许多创建时间较短的公司就以这种方式在墨西哥湾构建了他们的业务基础。

很多小公司聘用曾经在大公司工作过且对大公司资产非常了解的雇员。这些雇员非常了解大公司在油田中由于开发潜力较低、风险较高或预算限制而没有得到关注的储量的钻井井位布置。此时大型石油公司会签署勘探权出让协议或同小公司组成联合体实施钻井计划，随后通常会发展为联合体伙伴之间进行资产出售。有时大型石油公司也会出售成熟的在产油田，而保留开采权益或日后参与勘探潜力开发的选择权。通过这种方式，如果钻探成功，卖方将会保留住高风险投资的一部分收入。在墨西哥湾沿岸地区，许多小型公司通过这种方式构建了规模可观的资产组合。

在多数情况下，成功的小公司通常都有一个清晰的战略目标，能很好地匹配自身的风险承受能力、专业技能、资金实力及地理优势区域。在自身的技术优势领域之外进行收购，若前期没有做好充分准备，风险是很高的。反过来讲，过分惧怕跨出公司当前的安全区也可能限制公司的发展前景。

2 买 方

2.1 驱动因素

在资产收购过程中,买家之间的共同点是购买资产的一个强有力的战略要素。资产收购竞争非常激烈,如果有意向的买家对某一个特定的交易没有超乎寻常的热情,很可能无法成功收购。据估计,公司收到的邀约平均每5个中仅有1个能符合公司的下一阶段战略。而平均每两个仔细评估过的资产,仅对1个能做出报价;而平均每5个报价中,仅有1个能取得成功。以这些数据估算,平均每50个邀约中,仅有1个能最终达成交易。显然,若没有非常坚定的交易意向,这些数据确实令人望而生畏。可以得到以下结论:

(1) 考虑到"干井"数量和勘探失败的概率,公司参与收购项目的代价可能会非常高;

(2) 若公司在收购这一领域没有足够经验,付出的代价可能更高;

(3) 若评价估值出现错误导致公司在收购中支付了过高价格,那么想通过收购后的经营来弥补是非常困难的。

驱动公司参与收购活动中比较典型的战略、专业能力和环境因素包括:

(1) 想要进入一个前景很好的地理区域并且迅速建产的渴望;

(2) 有给油田增产和创造额外价值的信心;

(3) 开发或应用新技术的机会;

（4）维持公司规模、弥补产量自然递减的需求；

（5）将管理费分配到更多产量上以提高财务绩效；

（6）改善消极勘探活动结果的需求。

能够使买家增加收购价格，甚至超出竞争的合理范围，达到"异常"水平的原因包括：

（1）一家私有公司希望寻求首次公开募股，收购是唯一能够使公司达到市场资本要求规模的途径；

（2）公司对于收购资产后能够在新资产中取得协同效应和节约大规模作业成本非常自信；

（3）高于竞争对手的产品价格预测几乎总是会导致估值过高。

以这些原因为基础做出的报价通常都无可挑剔，只留那些未成功的竞标参与者无奈摇头，并暗自希望他们之前更了解竞争形势。在向资产收购项目投入资源以前，最好能尝试确认还有哪些其他公司参与竞标，并评估他们的积极程度。掌握目标资产临近区域最近的交易价格是非常有必要的。这些市场信息可能会使公司放弃投资机会，将自有资源重新投入到其他成功率更高的收购项目中。

显然，加入收购的角斗场不是一件轻松的事情。公司需要拥有一系列专业技能、清晰战略及必要的资源和毅力来评估众多投资机会。如果收购不是公司发展计划的核心要素，想要在过少的资产收购基础上避免"赌徒必输"定理带来的失败是非常困难的。

2.2 买方迟疑的原因

在首次接触后，有很多因素会使买方从一个潜在的收购机会中撤出。多数买方会尽最大努力避免这种情况发生，以保持其在市场良好声誉，并节约资源。但是，当最初阶段的工作只是数据公开或极少量的信息支撑时，关于资产的所有情况均未知。从某种程度上来说，同资产所有者交流，以获取初步资产评价的信息是必要的。买家可能不想继续收购程序的原因在下面章节中进行讨论。

2.2.1 赔偿与责任

卖方在赔偿要求方面与买方的立场可能完全不同，这或许会导致交易无法完成。当一家大型石油公司出售资产给一家规模较小的公司时，通常情况下赔偿义务不会因买方规模较小而有所减轻。因此，买方必须在购买销售协议中协商减少赔偿成本的问题。如果买方报价够高，能够抵消卖方失去保护带来的担忧，卖方或许会软化自身立场，弱化赔偿要求以促成交易。

在尽职调查和现场查勘期间，可能会出现环境危害、海上平台老化或者其他问题。有些问题造成的代价可能过高，买方不愿承担这些新暴露问题带来的代价。如果卖方拒绝降低交易对价，买方可能会退出交易。

2.2.2 融资问题

许多谈判都是在了解买方需要通过融资完成交易的情况下开始的。随着贷款机构或权益合伙人对产品资质审查的不断深入，可能会出现各种情况导致贷款人从交易中撤资。储量报告必须支撑评估储量值，现金流分析必须保证买方有能力根据贷款协议尽可能如期还款。其他相关因素，如作业者的可靠程度、产量的销路、买方的财务状况、储量集中度及在经济评价模型中使用的价格预测等也必须全部满足贷款人的标准。当基于买方融资报价时，若融资告吹，且买方前期缴纳了定金，卖方将会退还定金给买方。

油田收购后而对油田进行的投资可能会超过油田本身能产出的现金流，这也就造成了额外一层投资，投资所需的资金买方可能需要从外部获取。在资产评估过程中这一点就已经比较明显，贷款人在这一阶段就会了解到为了使项目产生预期的现金流，额外资金是必须的。

2.2.3　信息缺乏

资产所有者可能已经私下签订了会影响资产价值的交易,而这些信息在该资产被推向市场时不是总会透露给买方。例如,深层底层的钻探权、勘探有利圈闭或者开采权益等可能已经从租约所有权中被切割出来,资产所有者已经不能再参与。这些情况会稀释整个资产的收入权益、价值及整体吸引力。而前述这些私下交易很少在公开场合被提及,只有在尽职调查阶段卖方公司将这些信息分享出来时才有机会被发现。

资产的生产动态可能比展示出的情况更糟。这方面信息的缺乏可能源于生产报告的时滞,或储层压力数据、油田生产其他数据的缺失。此外,某关键生产井或关键生产设施可能近期发生了无法修复的机械故障,而这些信息在最初阶段并未被透露,却在尽职调查阶段才被发现。此时买方可以减少报价金额以抵消这些新发现的不利因素带来的影响,也可以直接从交易中退出。

2.2.4　卖方要求延期

有时卖方会因为战略原因希望剥离资产,但因资产出售导致战略性损失而影响到公司的财务数据或造成市场分析负面反应是不明智的。卖方可能会要求买方等到一个财年结束,或卖方公司有积极事件足以弥补储量减少带来的影响时,再完成交割并公布交易情况。

通常情况下,延期对于买方来说都是不可接受的。因为当下能够用于收购和运营资产的资源,在以后很可能就不再可用。另外,"时间就是金钱",买方会希望能够快速启动工作计划,尽快改进项目运营情况。在资产出售期间,卖方通常会停止对油田的资本性投资,允许油田经营有一定程度的下滑。因此买方不会希望卖方延迟交割,在已经同意交易的情况下坐视油田情况进一步恶化。

2.3 主动报价

只有当买方比较激进,做出主动报价时,一个未向市场出售的资产才有可能完成交易。在只是公开信息的情况下对资产进行评价是非常困难的,因此,主动报价的资产评估工作必须非常出色。评估必须使用资产所在地区类似油田的数据来准确反映该地区油田的生产特征。

这种类型的报价必须包含应变条件,以适应当前情况的不确定性。卖方如果愿意考虑出售资产,就必须同买方配合,为其提供公开信息中查询不到的资料和数据。买方需要进行彻底深入的尽职调查才能对交易情况放心。在卖方提供的信息之外,买方应做好充分准备,确定并要求卖方提供所需的额外资料。

由于想吸引高品质资产所有者考虑出售的难度很大,买方在提议交易结构方面应具有想象力。有时,卖方意识到资产有高风险勘探潜力,但依旧选择推迟勘探投资,或直接选择不进行投资。在这种情况下,买方为鼓励卖方出售就可能需要提出能够同卖方共享勘探带来的资产增值的意向。这样做会使买卖双方以及土地所有者均受益,因为未动用储量将会得到开发,否则各方仍旧难以获益。

2.4 收购流程

若想顺利完成收购流程,需要多专业合作。这个过程中需要进行的很多方面的工作将在本小节一一列举。

2.4.1 流程步骤

对于收购分析工作,各公司进行的方式不同,同时也要匹配评估的资产类型。不过，对于收购交易，收购流程中有一些共同要素几乎适用于所有公司。

步骤一：进行快速筛选。

（1）目标资产对公司具有吸引力的原因；

（2）目标资产是否有进一步的勘探潜力；

（3）收购是否有明显的成本节约机会；

（4）与邻近作业油田能否产生协同效应；

（5）资料室开放和投标截止时间；

（6）是否有优先购买权；

（7）潜在的竞争对手。

步骤二：资产评价。

（1）土地和租约审查；

（2）审计财务报表；

（3）详细审查完井情况和井筒完整性；

（4）了解油田运营情况；

（5）确定可能的产量递减情景；

（6）确定储量；

（7）制定产量方案；

（8）预测油田投资、操作费和弃置成本。

步骤三：评估升值空间。

（1）想象增产情景；

（2）确定在现有油井中的再完井工作；

（3）研究油田作业优化方案；

（4）审核销售选项；

（5）验证勘探和开发钻井井位。

步骤四：基于基础方案的敏感性分析。

（1）复核风险后储量值；

(2) 检验价格和套期保值预测；

(3) 完成产量预测；

(4) 检查操作费和投资时间表；

(5) 复核完井程序；

(6) 将估计的固定成本和可变操作成本同现实成本对比；

(7) 预估弃置费用和环保成本；

(8) 考虑进行概率分析。

步骤五：确定收购产生的影响。

(1) 确定收购对现有油田运营和管理费的影响；

(2) 预测年收入和利润；

(3) 同其他公司投资进行竞争性对比分析；

(4) 预测收购对财务报表的影响，包括收购资产和交易的成本。

步骤六：开展报价分析。

(1) 检验每种报价的盈利情况；

(2) 了解税务和财务影响；

(3) 计算经济性指标。

步骤七：分析其他风险。

(1) 计算天然气产运不平衡影响以及解决问题的条件；

(2) 评估租赁产品处理设施的相关风险和收入；

(3) 若交易不能取得作业权，对作业者进行尽职调查；

(4) 开展经济极限分析。

2.4.2 主动交易与被动交易

收购资产主要途径有两种——一是买方公司在卖方不知情的情况下主动做了工作，定位并且评价了目标资产，另一种是卖方公司在内部审核后选择出售某一资产。

不论哪种方式，最后都可能产生成功的交易。某种情况下，出售起始于第一种途径，过程中转变为第二种，因为卖方希望资产是能以市场价值出售。多数成功的买家在其经营计划中同时运用了上述两种方式构建一个盈利性良好的资产组合。

主动方式基于买方主动向卖方递交报价，随后双方会就价格和合同条款进行谈判。报价要由有能力和资源开展前期资产评估的公司进行。主动报价时若卖方无意出售资产，就更不用说完成交易了。采用这种方式收购资产的公司通常都是出色的勘探开发公司，公司根据收集到的新的地震资料挑选目标资产，确定钻井机会，或者作业中的协同效应。由于评价和报价都是在保密状态下进行的，这种方式的交易不存在其他竞争对象。以主动报价为基础促成的成功交易可能使得买方和卖方建立良好关系，并在往后的交易中重复这种交易模式。买方要面临的唯一竞争形势仅仅是其做出的报价要达到卖方的最低预期，同时还要保证自身合理的盈利。

这种方式的交易通常还包括收购油田中合资伙伴的权益。许多情况下，买方公司可能会采取这一行动。若一个项目既要承担矿区使用费，又要承担土地租赁费，项目的经济极限可能比一般情况要高。可以通过购买矿权的方式降低资产的经济极限值。这将会使从前不具备经济性的资源量转变为证实储量，也就为交易增加了第二层级的利润空间。当资产共有人购买了合作伙伴的工作权益，固定的技术管理费成本将会被均摊在更多的产量中，从而增加了项目利润和影响。收购现有资产中合作伙伴的额外权益是一个相对低风险的操作，因为买方对油田运营情况、风险和储量基础都有深入的了解。

被动方式的资产选择在业内是更常见的。一家公司决定出售某些资产，可能会聘请顾问助其完成出售工作。依据出售方式的不同，公司代表、经纪人、拍卖商，或者其他类型的代理人会向市场发送待售资产的基本信息。由于电子信息科技的发展和信息发送渠道增多，现在买方公司需要真正进入实体资料室的时间较以往大大降低，资产出售过程中能够联系到的买方公司数量也大大增加。但是，这一过程的选择性可能会非常强。出于效率和进度考虑，卖方可能会将需要联络的买方公司限定在几家以内。早期大部分联系都是同潜在的买方进行电话沟通，以评估买方的兴趣程度。卖方也可以大致了解在报价阶段应该对哪些买方给予较多关注。

2.4.3 资料室

进入资料室的团队应该由精力充沛的、具备所需专业知识经验可深入理解资产特性的人员构成。他们应该非常清楚他们期望获取什么样的信息，以及离开资料室返回公司后应该怎样处理和利用信息。在前往资料室之前，团队应该理清下列问题。

（1）在这次行程中，什么样的资料能够分发到手，卖方是否会提供资产介绍资料和宣传册，讨论过的数据是否能够下载带回？

（2）谁将会出面介绍这些材料（地球物理专家、地质学家、生产工程师、油藏工程师、钻井工程师、地面工作人员等）？

（3）进入资料室后，每个人的工作重点如下：

①定位和捕捉到各自专业负责的所需信息；

②对于每个人关注的事项，发现相关的风险和机会；

③记录需要澄清的数据，或向卖方索取重要但展示材料中没有提及的数据。

在资料室中应该讨论后续资产评价时必须提及的议题，例如：

（1）当前的投资工程和预算；

（2）历史上的钻完井成本；

（3）计划新工程中关键的地球物理、地质和岩石物理资料解释；

（4）有利勘探圈闭类比分析的基础和地质上的勘探成功机会；

（5）油藏描述、断背斜油藏油水界面、驱动机理及采收率；

（6）产量预测以及关键生产井的产量递减曲线；

（7）用容积法和概率分析确定油田储量；

（8）完井和生产作业过程中的机械风险；

（9）产量销路选择、运输费用、产量品质及定价。

即使时间允许，在进入资料室查看资料的过程中也不需要立刻开展评价工作。如果团队成员已经完成了充分调研和信息获取，并且卖方回答了自己关心的一切问题，那么他应该投入帮助其他成员的工作中去。在行程结束后，团队应该开会讨论资产特性、每个专业发现的相关风险、进行资产评价分析所需的资源、资料室内缺少的信息及评价工作的时间表和倒推出的关键决策节点。

2.4.4 储量确认

尽管资产收购流程中每一个环节都很重要，但确定可采储量的工作却是重中之重。如果参与收购的其他每个专业人员均出色完成任务，但仅仅是储量被高估了，通常情况下这一交易的盈利能力也基本无可挽回。最简单的解决办法是在计算储量时采取保守态度，但这种方式很有可能导致交易无法达成。成功往往取决于那些能确定所有涉及资产资源基础，随后又能决定如何最有效地应用技术、投资运营优化和项目管理，使营收最大化的人。

20世纪80年代中期前，一个能够充分体现证实储量价值的积极报价就可以赢得投标。但自那时以后，资产收购的竞争程度日趋激烈，原因如下：

（1）出现了专门从事并购交易的、专业能力很高的团队；

（2）市场中出售的高品质油田数量减少；

（3）油田各领域所应用的技术越来越先进；

（4）低品质油田开发风险降低；

（5）三维地震技术在油藏定义和评价中的应用；

（6）许多作业者放弃了高风险野猫井勘探项目；

（7）套期保值策略的采用；

（8）可借贷资金的增多。

因此，能够准确识别概算储量和可能储量并给出适当价值对于交易成功能起到重要作用。买方需要看到油田的潜在价值并规划油田的整体开发，而不是只计算证实储量和一些容易确认的勘探潜力价值。当前资产评价阶段所需要的专业技能和工具远远超过从前，这就要求买方要能挑战风险极限。

充分评估资产价值是很多买方公司在并购团队中引入外部顾问的原因。有时，并购团队并不十分熟悉目标资产所在的地域。为了弥补信息差距，在并购工作添加外部资源，为资产评价提供一个公正的、非公司内部的分析观点，聘用在目标资产所在地区有丰富经验的外部顾问会对收购工作有所帮助。对资产所在地充分了解的工程师、地质学家和地球物理专家能够为收购团队带来急需的跨学科综合性专业意见。

2.4.5 第三方储量报告

对于第三方储量评估报告的需求则取决于具体情况。出于不同的原因，有时买方和卖方可能都需要聘用第三方提供报告，有时双方都不需要外部报告。下面列举了第三方报告对买方有所帮助的原因。

（1）报告为公司快速了解目标区域起到了路标作用，呈现了所有确定性不高的储量累积值；

（2）第三方评估为买方提供了一个比较基准，降低了买方评价中存在重大错误的风险；

（3）若买方完成交易需要融资，事先已有第三方储量报告能加快交割进程，储量报告是贷款评估资产价值的基础；

（4）顾问能够发现卖方储量分析中与同一地区类似资产不一致之处，或估值采用方法不适当的情况。

有一种情况储量报告无法为买方的利益最大化服务，即当买方对资产价值的认识相对更积极时，报告限制了买方可以用资产抵押借贷资金的额度。当储量报告无法很好地支持买方的收购价格时，双方可能需要重新协商一个更低的对价，否则交易将由于缺乏资金而无法完成。

在油气评估结果存在不确定性的情况下，成本问题可能是聘用顾问提供第三方意见的一个阻碍。可以通过分阶段评估来缓解公司的担忧，即设置多个能确定结果的决策节点，到某一节点可能会终止研究，继续由外部顾问研究评估，或转为由内部人员接手评价工作。由于这种方式内嵌阶段性审阅结果，因此也是管理层实时了解评估工作进展的好方法。

通常储量报告专注于证实储量及与其相关的油田勘探潜力。在报告之外也可以准备额外材料来展示勘探和开发潜力，使油田的升值空间尽可能得到更多关注。买方在多大程度上接受并为这部分勘探开发潜力支付对价，是区分成功中标买方和其他竞争对手的重要因素。

2.4.6　产品价格的考虑

尽管在评价中，产品价格预测是非常重要的，了解历史购买价格与收购后的井口价周期也会对收购有所帮助。一项关于产品单位价格趋势对比出售资产单位价格的研究表明，油田资产单桶交易价格同国际油价有广义的相关性，前者走势图通常较后者之后几个月。这与人们的预期相符，因为买方不会为短期井口价上涨而增加其评估价格。

不过，当油气价下跌时，单位产品交易价格很明显快速下降，即使交易资产剩余的生产寿命比任何一个价格下跌能持续的时间都要长。交易对产品价格下跌的快速反应原因在于，如果一个项目近期的利润少于预期，那么交易资产在全生命周期取得收购前预期利润的可能性就会大大降低，这是由经济评价中现金流的折现所导致的。

另一个关于交易价格对比的观察结果是，尽管在1982—2002年这段时间的任意两年时间里，井口价格波动幅度从0到20美元不等，但交易油价的波动从未超过2美元/bbl。20年间，所有交易的单桶价格始终保持在4.3~8.6美元，而井口价格的波动区间却宽泛得多，为10~40美元/bbl。

对于大部分储量为天然气的交易，数据情况是相似的。尽管有过井口价格剧烈波动的情况（最明显是在 2001 年，气价超过 9 美元/10^6Btu），在那一年交易平均气价维持在 1.25 美元/10^3ft^3 的相对保守水平。1992 年，气价处于历史低点，平均井口价仅为 1 美元/10^3ft^3，但天然气储量出售价格却仍然保持在平均 0.7 美元/10^3ft^3 水平。

前文讨论的以储量为基础计算每种产品价值的市场乘数没有考虑廉价交易的情况，在这种类型的交易中，由于资产很快将面临弃置，储量被以最低价格出售。这类劣势资产的交易市场乘数非常低，所以不被用来预测交易价格。若将弃置成本考虑在内，这类资产的交易乘数便接近一般资产乘数的市场水平，因此资产出售价格加弃置成本被用来作为买方支付交易对价的替代指标。

正视这种比较价格的波动性，在收购或出售资产时用到的预测油价组合的重要性远超仅仅是确定资产市场价值需要采用的某一参数。能够最好地预测井口价趋势的公司可以做出更准确的资产组合管理决策，相比于其他并购市场中的参与者犯更少的错误。

即使很小的井口价格变化，也会对项目利润产生很大影响。假设在基础方案中气价是 3.25 美元/10^3ft^3，如果运输费是 1 美元/10^3ft^3，采掘税和矿费比率共 25%，那么项目利润率就是 1.44 美元/10^3ft^3。若价格上涨 25% 至 4.06 美元/10^3ft^3，利润率就会增加 42% 至 2.04 美元/10^3ft^3。这种情况反向也成立，如果价格下跌 25% 至 2.44 美元/10^3ft^3，利润率会下降 42% 至 0.83 美元/10^3ft^3。

上面的案例展示了价格波动的影响。再例如，操作成本很高的重油资产在市场中出售并不多见，其竞争性也无法与那些能获得高市场乘数的资产相比。井口价格下跌仅几美元就可以迅速蒸发重油收购项目的全部利润。反过来，对重油项目，实际价格较交易定价中使用的预测价格上涨也能产生其他操作成本项目难以企及的利润涨幅。对于任何一个谨慎的收购项目，如果价格较评估时意外持续上涨一段时间，项目资金都应加速到位。

行业内大幅的价格波动几乎每几年就会出现一次，多数项目在生命期内会经历多个价格周期。相比收购时的预期，资产经历的收入波动可能非常巨大且令人不安（尤其在价格低靡时期）。这就是为何控制成本如此关键。在低油价时期，较高的成本结构会迅速影响项目利润率。

套期保值策略是被用来防止由未预期到的价格下跌导致项目收购失败。通常买方会对收购后最初三年的大部分油气资产做套期保值。这样做的目的是当项目其他假设条件都实现的情况下，能确保用于偿债的现金流到时可用。出于这一原因，通常为交易出资的项目权益合伙人也会要求产量进行套期保值的最低比例。

直到2009年，单桶油价（bbl）和$1×10^3 ft^3$气价（Mcf）都以约10:1的比例联动变化，1桶油价格约合$10×10^3 ft^3$天然气价格。在这段时间，油气交易报告都是以油当量（BOE）为基础口径。这一价格关系在2009年年初被打破，彼时美国非常规页岩气的大规模商业开发使得市场上天然气供应过剩，从而拉低了气油价格比（图2-1）。随后油气价格之差持续拉大，到

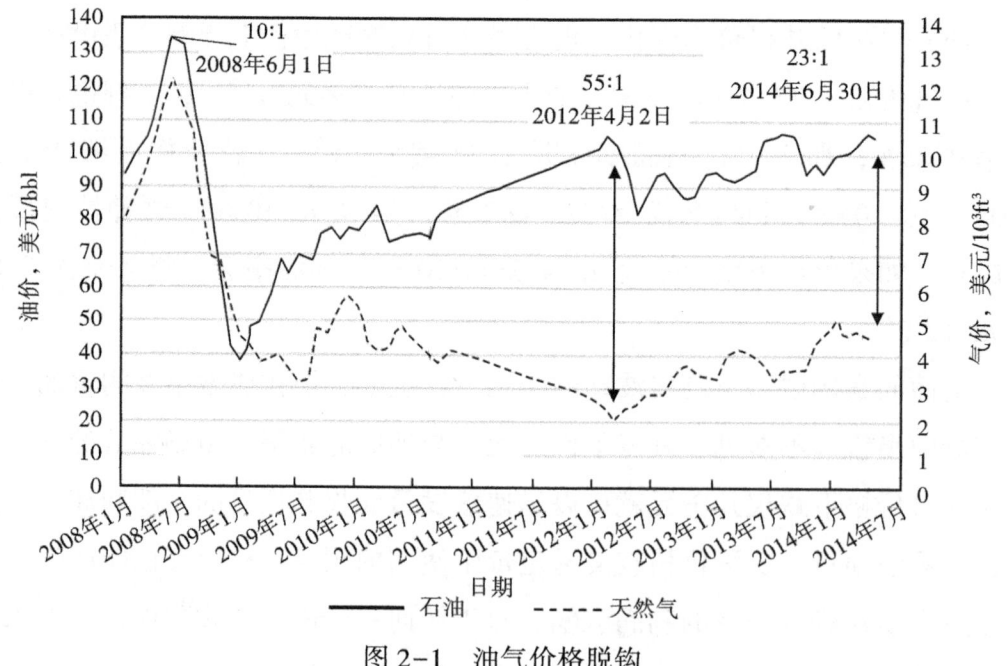

图2-1 油气价格脱钩

2012年年初，油气价格比已经达到 55∶1，平均气价下跌至 2.5 美元/10^6Btu，而当时国际市场油价已经升至 100 美元/bbl。国内天然气存储量达到历史高点，本土的作业者们也意识到若国内非常规页岩气盆地不断开发，气价被抑制的局面将会持续。作业者们开始计划缩减钻井，随后三年里，预期天然气产量下降使得气价会升至 4 美元/10^6Btu。这一措施使得油气价格比在 2014 年降低至约 20∶1。

另一个影响油气价格比的主要因素是全球原油供应过剩，油价自 2014 年年底开始下跌。到 2015 年年初，油气价格比已经回落至 16∶1。这些数据表明了自 2009 年油气价格脱钩以来价格比的波动性，反映出两种商品供需不平衡的局面。

价格脱钩导致在交易中使用报道的油当量市场价格乘数，而非使用交易中主要产品的价格乘数的方法产生了很大的不确定性。行业操作应对的方法是在记录报道交易情况时，使用主要产品的价格乘数以防止确定市场指标及进行可比交易预测分析时产生错误。

2.4.7　评价估值

买方进行估值分析时应该考虑能够影响油田现金流的每一个因素。评价中两个主要的组成部分是油田收入和成本。油田收入基于预测的产量和产品价格来估算。在此基础上，由于原油密度、天然气热值差异会对产品价格进行微调，同时会考虑天然气液产量以及天然气损耗。成本预测则基于作业成本、资本性投资、设备维修以及弃置费用。运输成本和环保费用也需要考虑在内。经济评价我们将在第六章"经济评价"中详细讨论。

如果对各重要评价参数的敏感性进行分析，在收购后最初三年可能出现的任何情况就可以被合理地预估在模型中。敏感性分析非常重要，通过这项工作，交易面临的最大风险可以被避免，或至少能得到公司的足够重视与密切跟踪，并在早期采取缓解措施。天然气产运不平衡、留存在租赁储罐中的原油、保险及购买重新解释的地震数据所需的费用也需要得到考虑。

2.4.8 融资选择

收购可以使用自有资金或贷款。当公司有所需资金来支持收购交易时，他们相对于必须贷款完成交易的公司处于有利地位。买方如果不需要贷款收购，就可以为交易支付稍多的金额，因为他们不需要承担债务成本，并且对后续油田额外开发工作的时间和工作范围有完全的控制力。卖方在有选择的情况下，也倾向于出售资产给使用自有资金收购的买方，原因包括：

(1) 这样的买方公司其交割时间安排不受贷款机构审核资料的影响；

(2) 不需要第三方储量报告来支持决定交易价格的评估储量；

(3) 交易不会因买方无法获得必要的融资而面临失败风险。

收购资金可能有多个来源。其中银行立场最为保守，能够借出探明在产储量价值的60%~65%，探明未投产储量价值的25%~35%，以及探明未开发储量价值的10%~20%。融资成本最昂贵的渠道是夹层融资，这种形式下，借款方会部分参股交易资产，并在完成投资回收或取得一定倍数的成本和矿费收益后退出。夹层融资比较常见，常被缺乏抵押资产或市场价值来取得银行贷款的小公司所采用。

3 卖 方

3.1 驱动因素

多个原因会导致公司希望出售一个资产。多数情况下，一个理由就足够了。有时，也会有一系列因素支持公司出售资产的决策。通常被提及的出售资产的原因包括：

(1) 某个地理区域已经不再具有吸引力；

(2) 资产的财务指标较差（较高的运输费用或较低的利润率）；

(3) 资产类型已经与公司资产组合战略方向不匹配；

(4) 监管趋严或与土地所有者产生纠纷；

(5) 剩余的资本性投资无法达到公司要求的最低利润；

(6) 资产没有升值空间，没有其他的钻井机会；

(7) 关键生产井发生机械故障并且无法修复；

(8) 生产已经动态恶化，采收率岌岌可危。

另一个比较常见的出售资产的原因是公司收到了超过资产评估保留价值的主动报价。资产的作业者可能并不理解为什么主动报价会如此之高。当出现这种情况，尤其是在当前作业者认为他们应该比不拥有资产的买家更了解油田的升值空间时，公司会尝试找到潜在买家这样评估资产价值的原因。当报价的资源基础无法确定时，资产所有者一般会卖掉资产，争取资产更高的变现价值。

某地理区域从遍布盈利能力很强的新油田到满是接近生产末期的老油田的演进过程见图3-1。图3-1展示的是一些位于路易斯安那州南部湿地的高产油田，这些油田被德士古公司于20世纪60年代开始开发。到1980年，这一地区油田产量较高峰时期有很大程度下降，原因是一些规模较小的油田已经开始关停弃置工作，钻井计划大面积逐渐减少，油田利润也逐步下降。到2000年，由于产量下降过多，大部分油田被出售或不再得到公司核心技术团队的关注。在夕阳时期，大部分油井已经闲置，部分土地在生产停止后被归还给土地所有者。图3-1中展示了油田从被发现到最终废弃的一些关键指标数字的变化。

在这40年油田生命周期里，平均每年油田产量递减率为10%。

1960年	1980年	2000年
100×10^4 bbl/d	12.5×10^4 bbl/d	1.5×10^4 bbl/d
10个油田	8个油田	5个油田
主要进行勘探活动	主要进行开发开采活动	主要进行开发活动以及资产转让
高投资	投资下降	油田处于看管状态
大量在建工程	油田扩建活动极少	面积减少、作业活动减少
油田产量扩大	现金流产出高	弃置工作影响大，多数为废弃井
		到了该出售的时刻！

图3-1 路易斯安那州南部湿地核心地区产量损失

油田在几十年的起落中呈现出的各项特征为读者提供了一个主要产区的生命周期全景。在产区生命周期前三分之一时段钻井生产活动盛行，在随后的时间里则逐渐被更高的操作成本、效果逐渐衰微的钻井活动、由于土地所有者要求而逐渐失去租约、设备作业效率降低及开始弃置工作等情况所取代。

如果公司不希望承担产区弃置和环境修复的义务及成本，那么公司应该在资产剩余价值尚能引起几家资质过硬的买家兴趣的阶段筹划退出。

3.2 卖方迟疑的原因

业内进行收购的前期标准做法是公司应该研究目标油田临近油田的情况。这一工作应该基于公开数据和从供应商或该区域作业承包商处收集的信息秘密进行。当评价人员完成了希望收购资产的分析后，一份主动报价会提交给资产所有者。通常潜在买方会要求召开一次面对面会议来递交报价。这样做的原因是主动报价可能会令资产所有者感到意外，并且如果报价被当面展示并讨论，买方就能够知道卖方公司权利人收到了报价，并听取了相关背景信息。在收到并评估报价后，资产所有者将做出决策，拒绝、反报价或同买方进行谈判以达成交易。

卖方不希望出售资产的原因也有很多。一个使业主继续持有资产的理由，是及时报价在剩余价值的基础上提供了一个合理的利润。对于业主来说，找到或新建产量来替代出售产量是很困难的。出售的储量可以通过勘探和收购两种方式来取代，但采取每种方式所面临的结果都是不确定的。如果卖方并不急需出售资产带来的现金流，并且该资产在其资产组合中契合公司战略，那么若想卖方考虑出售，报价必须高于正常水平。储量替代是任何公司都无法忽视的问题。

另一个剥离在产资产的关键考虑因素是出售资产将会对公司资产组合中的剩余资产带来影响。如果其他油田同目标出售油田联动作业，其运营协同效应的丧失将可能会引起其他油田管输费上涨，这可能会导致其他油田维持产量的利润率降至一个公司不可接受的程度。

审查大型油田的报价，尤其是具有很大勘探潜力的大型油田，一个常见的阻碍因素是为进行适当评价工作而需要投入的资源。公司的技术人员一般都在运营项目上工作，不总能抽出时间参与支持出售油田的评价研究。当管理层确实想评估一个报价时，如果只投入了有限的资源或评价工作并进行得十分仓促，就会产生另一个问题，即评价工作有缺陷，其结果不具备参考价值或可能误导工作方向。

做出出售决策的另一层困难是产品价格可能上涨。如图3-2所示，产品价格上涨会带来非线性比例的、巨大的利润上涨，卖方通常不希望放弃享受这部分利润的权利，除非买方在收购价格中能体现一定程度的补偿。在出售前几个月油价稳定或上涨的情况下，这种情况尤其可能发生。若油价从50美元/bbl上涨至65美元/bbl，30%的油价上涨带来的利润上涨达到了45%。这种利润上涨是卖方在可能情况下希望在交易中得到保护的。

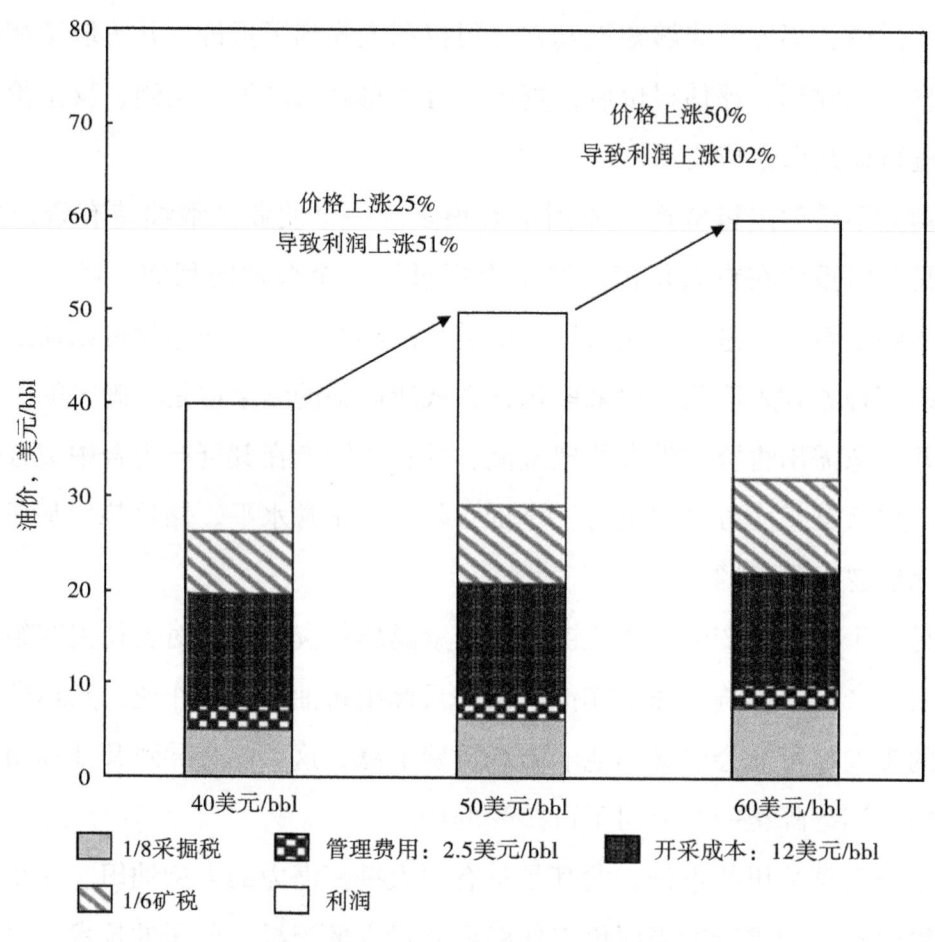

图 3-2　价格上涨带来的利润上涨

另一个抑制出售在产资产的因素是联邦政府征收的资本利得税。通常，资产的出售价格会超过资产剩余的税基（尚未完成折旧冲销的资本性投资）。资本利得使得卖方在一般情况下必须缴纳一定税费。因此，卖方希望资产出售价格应该超过资产价值加上交易税费成本，以便公司能在税后基础上完成出售目标。如果资产剩余的税基很低，而卖方希望买方在为储量升值空间支付溢价之外承担税负，那么双方很难谈定一个彼此都能接受的交易价格，因此，交易也不太可能继续进行。

3.3 出售方式的选择

每一个资产都有其独特性，当油田特点被同公司目标和现有资源结合起来考虑时，公司会选择适合的资产出售策略。出售资产的方式有很多，每一种都有各自的优势和劣势。即使出售已经完成，公司是否选择了最好的出售方式也仍然不一定有定论。因此，为了确保出售的资产最有可能吸引到资质良好的买家，获得最高的报价，卖方公司应该在资产被推向市场前运用有效的决策流程，将所有手头信息考虑在内。

所有资产出售方式的基石是建立一个能够公正客观地反映资产价值的数据包。这些数据必须由卖方亲自收集并编排分类，以使买方能够快速评估证实储量价值，设想油田的升值空间，理解油田作业情况，并研究资产的其他特性。如果这项工作能够有效完成，资产的信息能充分传递给市场，那么资产出售应该可以吸引到大量感兴趣的买方，从而使资产的出售价格更接近其市场价值。

3.3.1 拍卖

油气资产拍卖清算公司（OGAC）掌控着美国石油资产拍卖市场约75%的业务。本章中使用的石油资产交易历史数据来自OGAC。数据显示以这种方式出售在产资产被买方和卖方普遍接受。

（1）选择拍卖的理由。

价值较低的资产（单个资产价值在1000万美元以下）通常都会选择用拍卖方式出售，原因如下：

① 生产商更倾向于将其内部资源集中于优先级更高、能产生更多利润的经营活动，而非投入在低价值资产出售项目中。

② 拍卖过程非常高效。一般情况下，拍卖使用的是资产转让安排，而非签署资产购买与出售协议，因此没有协议谈判和法务原因延迟交割的情况。

③ 资产拍卖通常是以"按现状出售"方式进行，因此买方没有回溯权利，除非出售资产的所有权有缺陷，但这一缺陷在拍卖后很短时间内就能够被买方发现。这种出售方式要求买方在参与拍卖前自己做好尽职调查工作。

④ 若卖方为资产设置最低价，那么卖方就不会面临资产被以低于其内部测算的保留价值出售的风险。

⑤ 拍卖过程给几乎任何类型的低价值在产资产所有者提供了流动性便利。

⑥ 若卖方一次性拍卖大量资产，而非仅仅几个资产，那么有很大的可能性这些资产拍卖的总收入将超过这些资产的总价值。

⑦ 若卖方有众多价值差距悬殊的资产要出售，那么价值较高的资产可以采用谈判方式出售，而价值较低的资产可以进行拍卖。这种情况下，买方对低价值资产进行现金流折现分析的情况就可以被避免。

⑧ 操作在产资产拍卖出售的公司对这部分业务有很高的专业性，其采用的流程也非常顺畅高效。

（2）截至2004年拍卖市场的增长。

2000年前，价值超过10万美元的资产不经常被拿来拍卖。卖方不希望冒资产被以期望价格以下的低价售出的风险。不过，当前价值超过100万美元的区块经常参与拍卖，这说明出售价值更高的资产拍卖流程取得了成功，接受度也大大提高。潜在买家的范围近年来也有了明显的扩大，对于希望将品质资产价值在一个竞争性环境中变现的卖方而言，价值较高的资产被拿出拍卖成为一个惯例流程，卖方无须担心其用来拍卖的资产对于这个流程而言过于贵重。

图 3-3 展示了自 1993 年开始拍卖资产金额以惊人的增速上涨至 2000 年的 2 亿美元，2000 年是油气资产拍卖有史以来交易最活跃的年份。2001 年和 2002 年紧随其后，这两年由于生产商选择继续持有资产，交易量有所下降，业界引述最多的原因如下：

（1）由于那段时间油价高企，油田利润较预期要高得多，因此低价值油田仍然值得持有。

（2）由于其他资产产生了高于预期的现金流，生产商不再迫切需要资金。

（3）此时出售资产将会增加公司税负，当时多数公司的税负已经超出预期。

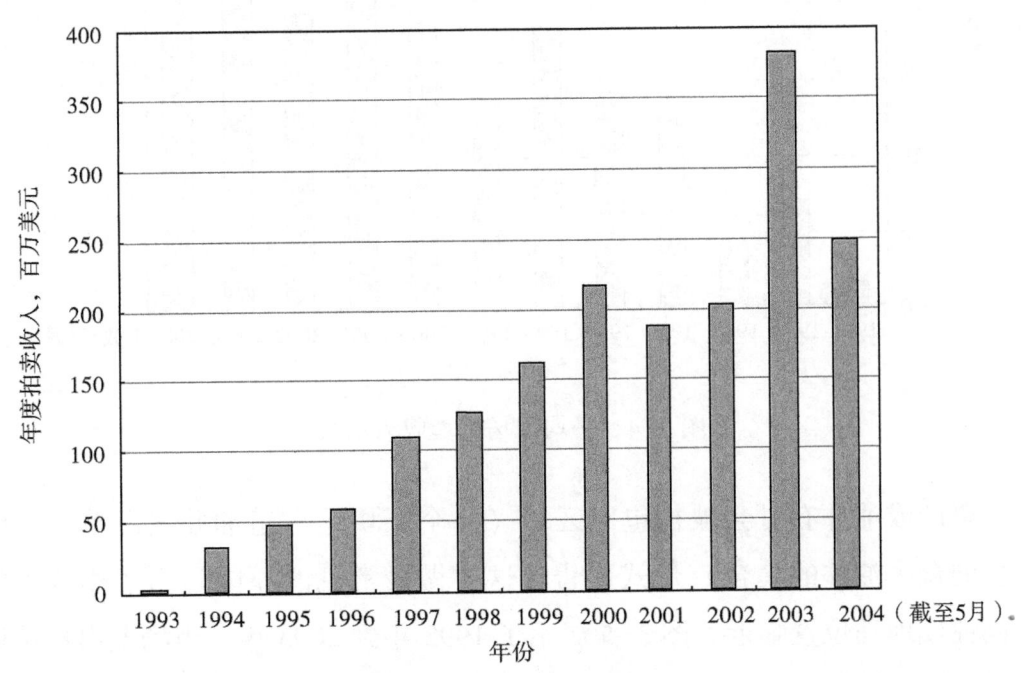

图 3-3　拍卖收入增长

到 2002 年，尽管油价持续上涨，以前公司本打算在非高油价情况下出售，而因为高油价搁置了出售计划的存货资产被推向市场，2003 年拍卖资产总金额暴涨至近 4 亿美元。

紧跟这一上涨趋势的还有交易资产的平均规模，如图 3-4 所示。现场拍卖平均收入从 1993 年的 200 万美元上升到 2003 年的近 5000 万美元。

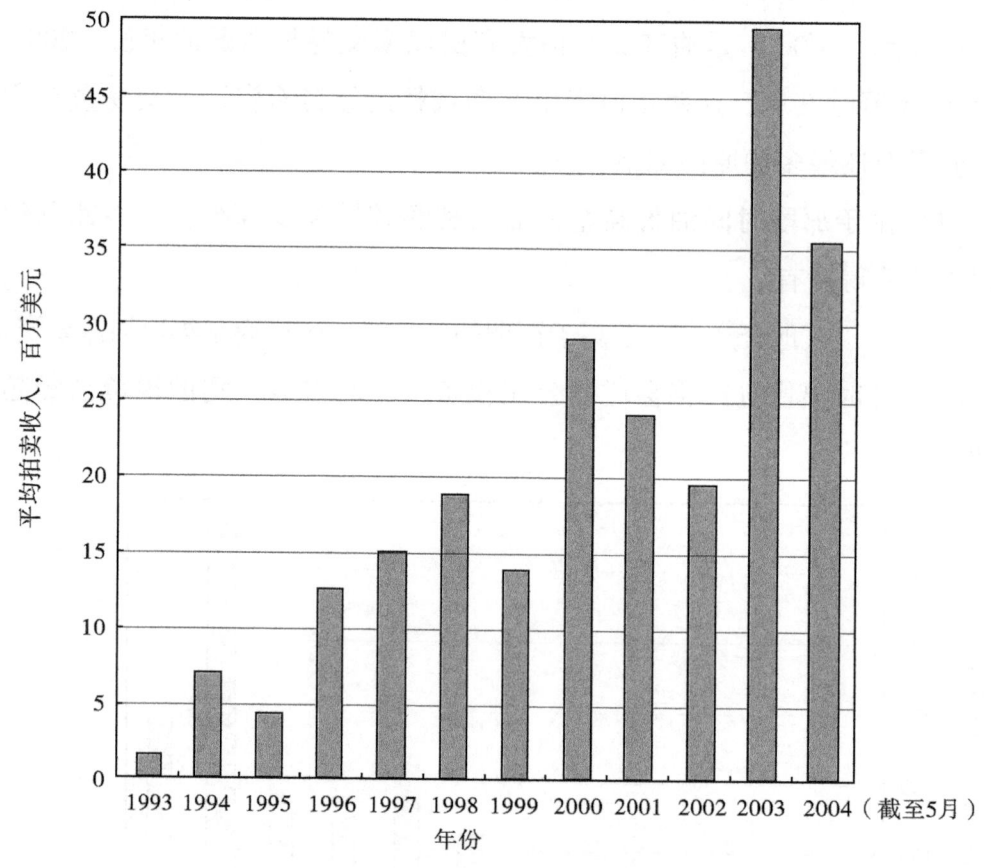

图 3-4　平均现场拍卖收入增长

资产或油井有时会被打包以区块（一个区块是一组油井或以单一合同出售的众多油井的集合）形式出售。这样做最常见的原因是为了作业上的协同性或地理位置临近。图 3-5 展示了 1993 年到 2003 年，市场上出售价值超过 25 万美元的区块数量从 1 个增加到近 450 个。在同一时期，出售区块的平均价格从 8000 美元增加至 18 万美元，如图 3-6 所示。

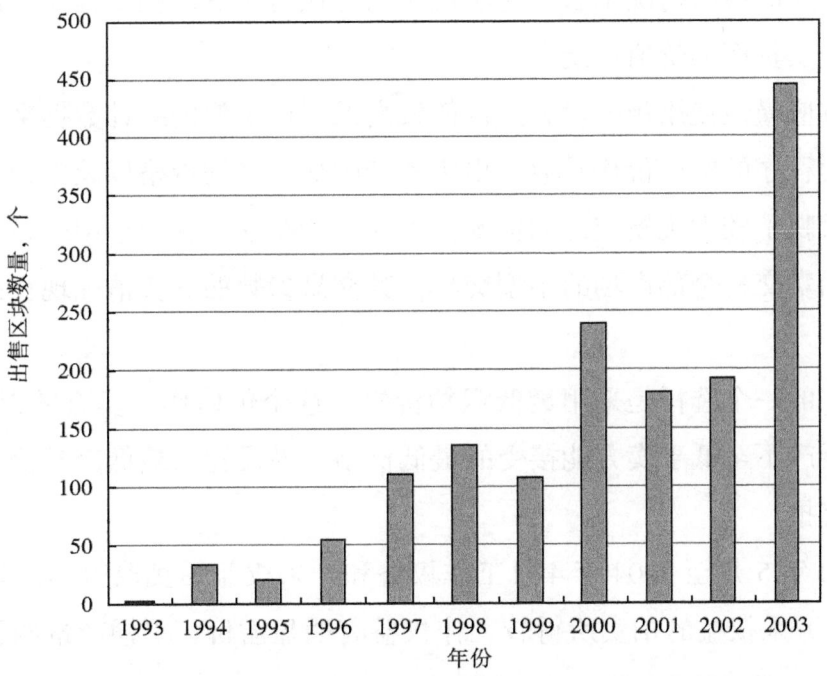

图 3-5 价值超过 25 万美元出售区块数量增加情况

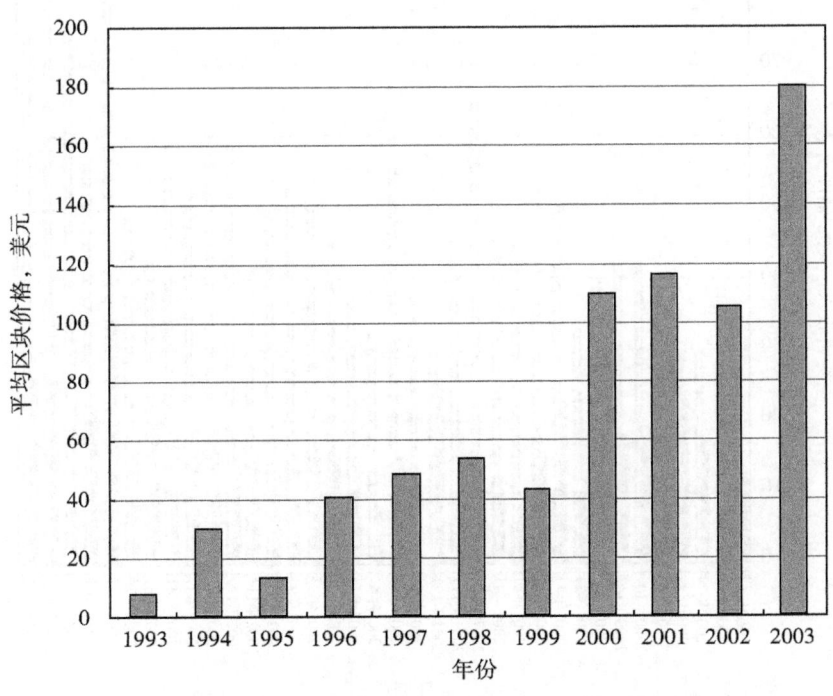

图 3-6 拍卖区块平均价格增长情况

从行业的参与情况来看，显然市场已经认可了资产拍卖程序，以及买卖双方对拍卖资产的价值评定。

卖方应谨慎使用规模较大、价值较高的资产出售的统计数据来估计即将进入拍卖程序的资产价格乘数。出售资产的加权平均价格以及单桶产量价格数据只反映了较大规模交易的情况，因为这些交易会吞没小型交易数据。曾经占据拍卖交易全部市场的小型交易，其交易参数的真实情况现在已经无从知晓。

卖方的一个选择是采用最低竞拍价格，这个价格作为卖方的保障手段，使出售资产不至低于卖方能接受的最低价格。被设置了最低交易价格的资产有时会流拍。

2000年5月至2004年4月工作权益和开采权益拍卖取得的产量乘数见图3-7。开采权益的拍卖所得较工作权益有明显溢价，单桶产量两种权益的

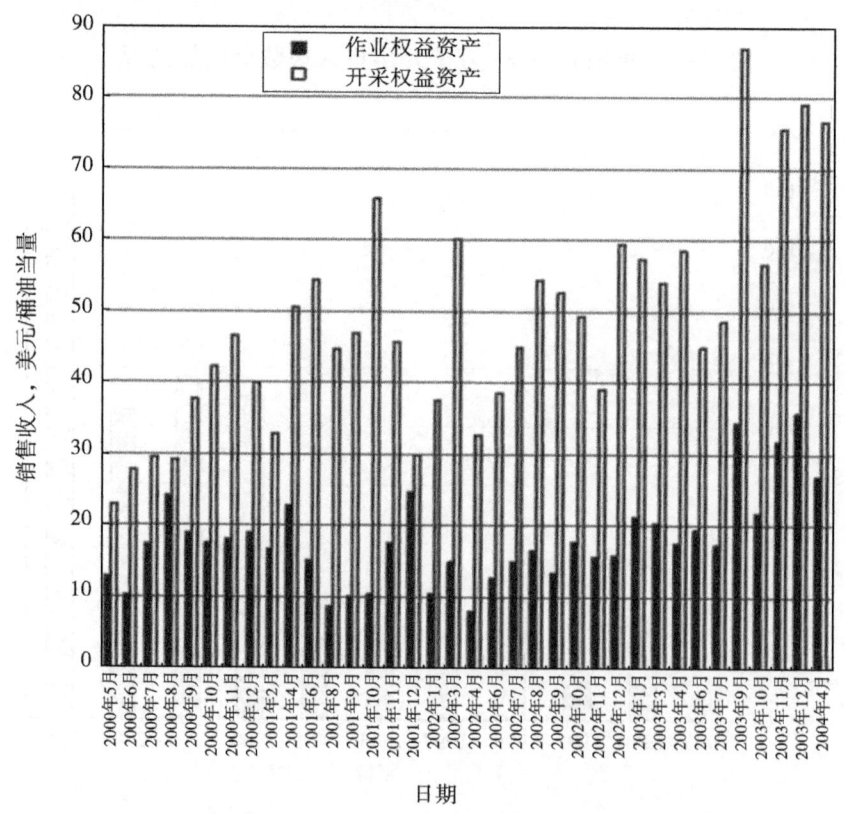

图3-7　拍卖销售收入——作业权益和开采权益对比

拍卖成交价格差在两倍以上。在统计期间，工作权益乘数从 10000 美元/桶油当量上涨至 30000 美元/桶油当量，开采权益乘数从 25000 美元/桶油当量上涨至 75000 美元/桶油当量。

如图 3-8 所示，权益交易价值的上涨看上去似乎并不合理，但油价和产量的市场价格乘数之间有很强的相关性。若将范围扩大至所有美国本土的交易，则油价和市场价格乘数之间的相关性更强，其中的原因可能有两个：

（1）一个资产从被确定为出售对象到交易完成所需的时间，采用拍卖方式要比其他任何资产出售方式都短；

（2）同时拍卖出售的资产很少是非在产类型。

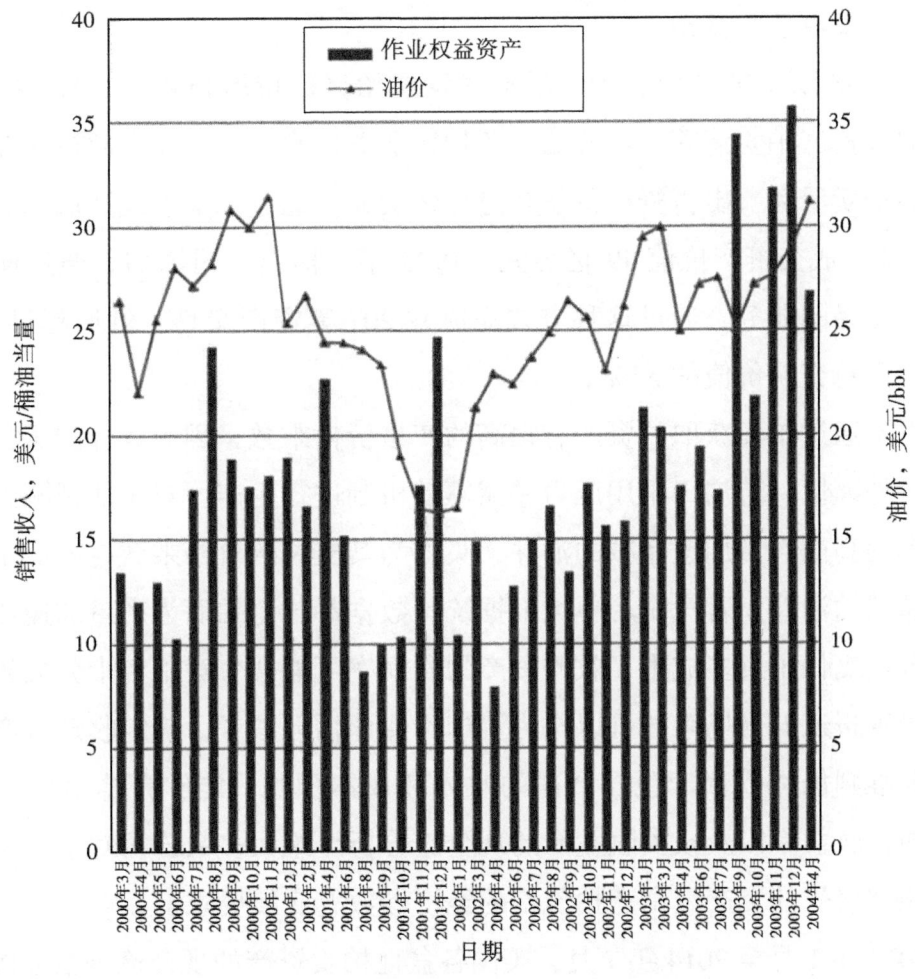

图 3-8 拍卖销售收入和油价的联系

(3) 当前市场活动。

数据管理对于拍卖流程的有效性和对买卖双方的益处都起到十分关键的作用。最初的拍卖流程中，资料室中的数据都是纸质文件，这给交易双方都造成了不便，也促进了纸质资料室向能够提供买方评价所需的所有数据的电子资料室（EDR）的转变。电子资料室规模可能非常庞大，包含了海量信息数据。电子资料室网站会持续更新，数据和交易相关信息可以全天候查阅。

拍卖形式也发生了演进。最初所有交易均为现场拍卖，竞拍者必须本人到场。现在，拍卖可以采用混合形式，如果竞拍者选择不亲自到场，还可以通过网上渠道参与竞拍。

直至成书的 2015 年，拍卖活动的发展始终保持增长势头。自 1993 年，美国油气资产拍卖清算公司开始经营拍卖业务以来，共组织了超过 31000 场成功的拍卖活动，出售资产价值超过百亿美元。通过拍卖形式达成的交易有 31582 笔，成交资产价值 49 亿美元。1999 年，拍卖公司添加了通过谈判协商达成交易的业务，通过这种方式完成共 207 笔资产交易，价值超过 58 亿美元，占总交易价值的 55%。

由于通过拍卖获取的资产有很高的产量价格乘数，因此竞标的买方应该保持格外谨慎。若油田采用压力递减驱动机制进行生产，对于能预测到由于含水率提高而产量加速递减的油井，买方为其支付的价格乘数应该低于产量稳定递减的油井。若竞拍者单纯根据统计数据参与竞拍而为产量加速递减的油田区块支付了过多成本，收购资产的利润率可能会令竞拍者十分失望。

尽管报道的市场乘数可以作为资产价值评估的参考，确定收购资产价值的黄金准则仍然依赖于包含严谨的收入和成本预测，能够计算出投资回收期、项目收益率以及投资收益率的现金流分析。绝大多数公司对于上述用来决定能够接受的资产最高竞拍价格的经济参数有底线要求。

2013 年 1 月至 2014 年 7 月，美国各盆地拍卖资产的现金流乘数如图 3-9 和图 3-10 所示。这些数据按照工作权益和开采权益分开统计，取自卖方设

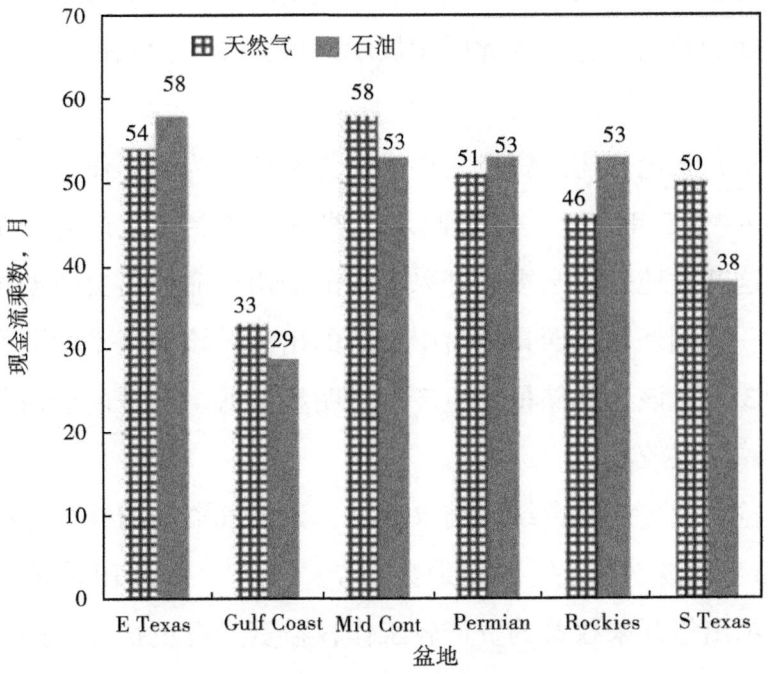

图 3-9 拍卖销售——作业权益现金流

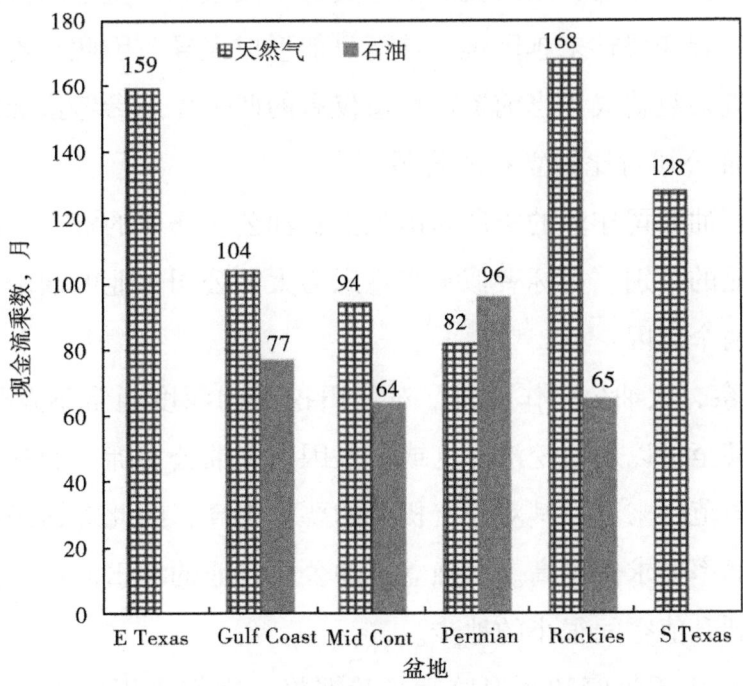

图 3-10 拍卖销售——开采权益现金流

置有最低竞拍价格的区块和资产拍卖。这些资产本身在所有出售的资产的价值区间中就处于较高位置，因此图中展示的乘数无法为低价值资产报价提供很好的参考。

如图所示，无论出售的资产主要产量为油还是为气，作业权益的现金流乘数一般为4~4.5年。这一乘数暗示这些资产的剩余生产寿命最低应为7年，这也同这些盆地采用衰竭式开采方式的油田寿命的历史数据相一致。统计结果中唯一的例外是墨西哥湾沿岸资产的出售，该地区平均资产价格现金流乘数低于3年。该盆地储量的生产寿命明显偏低。这是由于该盆地主要采用水驱，油藏断层较小。

开采权益的现金流乘数统计结果显示，天然气资产的乘数远高于石油资产（Permian盆地除外）。气田的乘数为7~14年，而油田乘数为5~8年。这些乘数显示出售开采权益的资产较工作权益资产有更长的生产寿命，且面临的风险更低。

由于市场价格波动，用历史的报道交易中储量和产量市场价格乘数作为交易估值的基础变得越来越困难，甚至可能形成误导。因此，资产的现值计算以及现金流乘数就成了当前资产估值仅有的两个可用参考指标。

（4）大油公司对比独立石油公司。

由大型石油公司作业的资产与由独立石油公司作业的资产在出售时，价格乘数有明显的区别。竞标者似乎更愿意为大油公司作业的油田支付更高价格，有如下两个原因：

① 据观察，大油公司作业时，对油田挖潜的深度通常不及规模稍小的公司，有时甚至可以忽视挖潜。这或许是因为大油公司拥有的资产组合规模较大。从公司范围来看，其对投资机会的要求更高，因此对钻修井工作和油田项目的利润率要求也更高。由独立石油公司作业的油田通常被认为在出售时已经挖潜到升值空间很小的地步。

② 同时，由于政府和环保监管日趋严格、内控流程比较完善，以及更多的使用自有而非外部承包商进行油田作业，大油公司的油田通常维护情况

更好。

基于以上观察结果，对于同一个油田，在大油公司作业的情况下，出售时能获得的价格乘数要高于独立石油公司作业的情况。对于作业者权益和非作业者权益也同理。作业者出售权益时几乎总能得到更高的报价，因为买方在收购资产，成为新的所有者后，同时能够取得项目成本支出和投资时间进度的控制权。

（5）交易文件。

卖方通常会在拍卖前准备好待售资产的交易文件（通常为转让情况）供买方检查。由于竞拍者必须原样接受书面的交易文件，在其他类型的资产出售活动中，买方和卖方需要同意签约文本的漫长沟通过程得以被省略。因此，所有竞拍者都被鼓励在拍卖开始前审阅交易文件。由于交易文件不可以谈判，竞标者被通知要根据交易文件的条款向上或向下调整他们的报价。例如，如果竞拍者认为文件中某一条款可能造成日后的困难，或造成交易价值的减损，那么竞拍者就可以降低其愿意支付的竞拍价格，或完全退出竞拍。也是基于这个原因，交易文件被鼓励撰写得简明易读。

3.3.2 交易经纪人

公司经常会选择交易经纪人来代为出售资产，有如下几个原因：

（1）经纪人专门从事资产出售业务，经多方证实其出售资产的流程和联系人都优于专门从事勘探与生产活动的公司。这种情况在生产型公司并不经常动用内部力量出售资产导致出售项目或专业人员在其连续性方面有所不足时体现得尤为明显。

（2）大多数经纪人在联系潜在买家时都会广泛撒网，因为他们经常与买家团体保持联系。

（3）当买方经过竞标程序后被选定时，如果协议谈判陷入胶着状态，中间人通过居中协调或提议修改合同条款会对促成交易有所助益。

（4）一些经纪人同金融机构有联系，可以提供公正的第三方观点。这种第三方观点是某些公开上市公司验证出售价格是否能使出售的资产给股东提供合理补偿时必须提供的。在需要公正的第三方观点时，选择能够出售资产，同时能提供观点报告的公司既便利又能节约成本。

公司可能需要给经纪人行为设置一定限制。卖方会在出售流程早期阶段就同经纪人讨论这些行为界限，并印发行为指引，以保证经纪人出售资产的处理流程和方式与公司政策相一致。需要为经纪人准备行为指引的原因如下：

（1）卖方可能需要明确规定买方必须有一定的最低资本净值，作为证明其财务实力的一项指标。这样做主要为了保护自身利益。交易资产可能面临很高的弃置费用，而资产租约上明确规定如果作业者没有能力妥善完成油田弃置工作，这一责任将会转回给上一任资产所有者。

（2）卖方或许需要审阅经纪人的潜在买方名单，删除那些过去与自身有争议、有未结账款或待议事项的公司。

（3）卖方可能希望所有报价都直接发送给自己，而非发送给经纪人，这样就可以对整个资产出售过程中的关键部分保持控制。

（4）卖方可能会告知经纪人不参加协议谈判过程。部分公司的工作人员相信谈判工作在全部由公司内部人员参与执行的情况下能取得最好的结果，谈判的保密性也能得到保障。

资产出售的过程可能历时良久，通常分为几个阶段。有许多情况会打断这一过程，并且在仅仅有一家潜在买方认定出售流程不公平时，资产出售可能会陷入耗资费时的法律纠纷、法律诉讼，甚至仅仅是威胁要将公司告上法庭，都可能使卖方出售资产的努力脱离轨道，使众多涉及其中的人受到影响。

经纪人会为能够协助客户取得满意成果而勤勉工作。经验丰富的经纪人需要维护自身在业内的声誉，包括尽责的客户代表、诚实的买方沟通人以及能够以溢价向合格的买方公司出售资产的中间人，这是经纪人看重的激励因素。

3.3.3 内部资料室

有一些因素会使许多公司，尤其是大型公司，亲自完成资产出售过程。这些因素包括：

(1) 大公司有足够的人员能够轻松地临时组建团队并派员给项目组。

(2) 各个资产出售项目需要用到的大量经验可以被保留在公司内部。

(3) 在公司目标发生改变时，资产出售的时间进度安排可以被加快、延迟甚至终止，而不会违反同经纪人或参与资产出售的外部公司签订的合同。

(4) 公司可能希望保留对传递给市场的信息以及出售过程的完全控制。

(5) 还有个看法是如果没有给经纪人支付佣金，或在拍卖中支付定金，那么卖方出售资产的行动不会给公司造成成本的增加。

不过，也有一些公司选择不用自有人员完成资产出售，原因如下：

(1) 公司没有能够完成资产出售项目的专业人员或必备技能。

(2) 出售资产所需的时间、空间以及其他公司内部资源不可用。

(3) 随着电子媒体的应用，资产出售环境日益专业化。

(4) 资产出售几乎从不是公司管理层的优先关注工作。

中小型公司通常使用内部人员创建和维护的资料室来进行资产出售。他们的技术人员对公司资产的价值基础有最全面深入的了解，应该是最有能力展示资产升值空间支持数据的人，有他们来完成信息介绍最能够使买方产生兴趣。许多私人公司的资产出售就是以这种方式管理的，这样公司的竞争性数据就无须被广泛发布到范围更大的买方市场。

3.3.4 征询资产共有人报价

在一些情况下，资产所有者相信油田资产的共有人应该是最理想的买家。此时，资产所有者会从共有人处征询报价。如果收到报价，双方将共同商定双方都能接受的最终交易价格以及合同条款。若资产所有者能够就其公司为何重视这次资产出售给出合理原因，甚至可以由卖方提议出售价格。这种情况可能发生的案例包括：

（1）油田孤立于卖方公司的其他资产，卖方希望退出该油田所在地区。

（2）油田有独特的法律纠纷风险或较高的弃置成本。

（3）资产共有人在油田所在区域担任其他油田的作业者，且操作成本低于卖方，因此可以为资产给出一定溢价。

（4）资产共有人非常积极地收购油田临近区域资产。

然而，经验表明，即使向资产共有人首先征询报价是多么符合逻辑，通常还是在油田所在区域没有拥有过资产或没有作业经验的买方更容易报出高价。出现这种局面的原因是资产的共有人比任何其他买家更了解油田风险、未来成本及资产的不利情况。非共有人买方可能由于缺乏相关知识经验，或无法将资产的负面特征很好地融入资产评价中，而对资产给出过高估值。

3.4 主动报价

许多并没有被拿来出售的资产因收到买方的主动报价而最终被出售。当公司收到一份对某资产的主动报价时，工作人员通常会研究为何买方会希望收购该资产，并进行快速评价确定报价是否在合理范围。很多时候，主动报价都会明显低于资产的评价估值，这种情况出现时，卖方甚至不对报价做任何响应，几乎不会给出一个更高的反报价。若资产所有者之前已经在考虑出售资产，意识到资产应该被列入出售名单或报价合理时，那么买方会收到回复。通常如果资产所有者决定出售，或至少希望了解报价可能会上涨到多高水平，所有者会准备数据包，创建资料室并准备资产的介绍材料。在准备主动报价时，资产的价值评估则基于买方从各种渠道收集的公开信息和数据。

因此如果资产所有者希望分享额外信息，资产评价的准确性将大大提高，或许能使买方在决定交易交割时采取更积极的态度。

3.5 资产出售流程

资产出售是时间和资源密集型工作，要遵循一套有组织的工作流程，以保证资产出售过程的高效性和市场中的透明度。

3.5.1 工作时间表

在做出出售资产的决定后，完成资产出售流程可能需要 6 个月到 1 年。从始至终，流程中必要的工作包括但不限于：

（1）项目组织与评估。
①审阅资产特征；
②确定当前资产的账面价值和税基；
③进行油藏工厂分析和经济评价；
④量化资产的勘探潜力和储量升值空间；
⑤估算可接受的最低资产交易价格及出售资产的财务影响。

（2）准备建立资料室。
①为披露保密数据取得资产共有人的许可；
②确定展示地震数据时的局限性；
③收集井身结构图和设施分布平面图；
④撰写作业计划的解释说明；
⑤准备土地和租约情况概述报告以及地图；
⑥说明市场供应义务和产量销售方向选择。

（3）出售工作。
①选择销售方案；

②列出对竞标者资质的要求；

③确定弃置环保工作履约保证金要求；

④将信息资料打包上网；

⑤联系潜在买方，预约安排会见。

（4）资料室管理。

①创建资料室和地震资料工作站；

②编写资产介绍材料；

③事先准备好技术资料；

④接待各买方公司并介绍待售资产。

（5）评估报价。

①接受并审阅报价；

②计算出售资产带来的财务影响；

③选出最佳报价并通知买方。

（6）交割程序。

①安排现场探勘和尽职调查；

②协商最终交易价格与合同条款；

③获取管理层批准；

④联系具有优先购买权的资产共有人；

⑤取得土地所有者的转让许可；

⑥同买方完成交割。

（7）后续工作。

①告知未中标的竞标者；

②向买方移交办公文件；

③联系监管机构，告知作业权转移情况；

④完成交易财务会计程序收尾工作，同买方确定最终价格调整金额。

签署的各项工作可能在不同交易中会有变化，这取决于资产出售方式和资产类型。买方参与者会在不同时间点参与，可能需要买方参与不止一次。

上述交易流程不是完全按顺序排列的，通常为压缩交易用时，各项工作会有重叠。

3.5.2 资料室

1995 年之前，物理资料室是向买方传递信息的唯一形式。资料室中存储了评估资产现值、升值空间及风险必需的纸质版文件。其内容包含了土地所有权与矿权在内的资产所有权情况和油藏、产量、地质、油井、油田、财会及原有销售方面的信息。有时关键信息子集会被事先复印用于分发。卖方通常要求买方复印其所需的额外信息、感兴趣的构造图或等厚图，通常在离开资料室时会带走大量的纸质版资料。

进入资料室通常有两个主要工作内容：

（1）查阅信息。如本章前面所述，这是买方确定油田价值以及相关开采风险的基础；

（2）听取卖方对资产升值方案的介绍，包括提高采收率相关作业、再完井以及钻井计划。

有时若租约面积足够大，更深地层没有进行测井，卖方会介绍租约区块内的其他勘探层系。这一资产的升值因素是非常重要的，若某一买方看到了其他买方没有发现的储量升值空间和前景，那么该买方就可能为收购报出更高价格。第二项工作中对油田升值空间的评价风险更高，因为这项工作更多是推测性的，不像第一项的油田价值评估工作是较为确定的。

近年来，3D 地震数据解释技术的发展为资料室创建和流程展示带来了额外的复杂性，这种复杂性主要来源于使用许可及各种早先版本的地震数据。卖方必须在开放资料室前决定下述事项：

（1）买方能够查看何种 3D 数据（包括纸质版和工作站）？

（2）买方如何进行地震资料处理（手工处理还是数字处理）？

（3）买方能在多大程度上自己操作工作台查勘地震资料？

（4）买方可以从资料室带走何种复印件（构造图、剖面图或地震测线）？

尽管如刚才介绍，展示 3D 地震数据会使资料室工作更加复杂，3D 技术的发展确实为市场评价储量和资源量提供了全新的平台。在进行地震勘探前，被认为是高风险的储量累加计算现在有了足够的技术支持依据供买方进行充分测算。同时，勘探和开发钻井机会在 3D 技术的支持下有了更高的确定度，随之产生的结果是市场由于有了充足的支持依据而能够为资产的勘探潜力支付合理价格。

在信息时代，资产出售方式有了更多不同选择，向买方市场传递信息的工作变得更加高效。存储海量信息的网站和光盘已经替代了，或至少极大地改变了纸质资料室的形式。登录经纪人或资产所有者的网站是进入物理资料室的一种替代方式，使得买方足不出户就能够评估资产吸引力以及收购成本。买方通过这种方式能够快速浏览多笔交易，对于对自身不具备吸引力的资产，买方可以在浏览网上资料室后简单选择放弃物理资料室之行。

自 1990 起到 2000 年后，资料室的特点发生了极大的变化和演进，卖方由相对被动变换为以更加主动的方式开展各项工作，见表 3-1。资料室和资产出售过程在数据传递方面更加高效，将所有信息，甚至包括占用很大存储空间的各种测绘图进行数字化传输已经是司空见惯的情况。

表 3-1 卖方资料室的演进

内容	20 世纪 90 年代	2000 年以后
资料室地点	公司内部	多种选择
资料媒介	纸质	虚拟资料室（VDR），邮件
技术水平	低	最新
组织方式	卖方导向式	买方友好式
买方携带设备	便携式复印机	笔记本电脑
成功中标基础	对探明储量价值的激进评估	对油田全部储量潜力价值的激进评估

尽管资产出售方式的选择变得多样化，买卖双方仍然有必要就很多重要事项进行面对面讨论，包括资产的升值空间、作业实践、合同条款以及资产遗留的法律纠纷。

3.5.3 储量确定

卖方对储量价值的评估通常比较容易。卖方拥有各个年度的储量报告，包含了估算的储量规模以及资产组合中每个资产能够产生的现金流预测。这些数据会被仔细审核，尤其要确保资产评价中没有对任何一部分资产评价不足而造成资产估价过低。当公司的储量报告中没有量化概算储量、可能储量及资产钻探潜力时，卖方要确保这些数据充分同买方分享。

3.5.4 经济评价

卖方还需要在评价中使用所有能形成现金流预测的资产相关数据。如前文所述，经济评价包括收入和成本预测两部分内容。被用来计算这些数据的每一个参数预测都来自历史数据或行业解读数据。一般情况下卖方对产量的预测会与买方有差异，卖方可能会选择其他的排产方案。这种差异通常是买方估值高于卖方的主要原因，从而导致了交易价差出现。卖方还可能将由交易产生的上级管理费及人员成本的减少反映在评价中，以得到剥离资产对自身产生影响的情况。

3.5.5 第三方储量报告

如前文所述，买方或卖方是否需要第三方顾问提供储量报告依具体情况而定。储量报告对卖方有所帮助的原因列示如下：

（1）能够帮助买方了解市场对出售资产的看法。通常报告中的估值要低于卖方期望，因此买方要调整其期望到市场能够接受的范围。

（2）若某资产被一起打包出售，但最终交割时无法被纳入资产包（可能由于租约权益问题），报告就能够在资产被移出交易时作为公证的价值确定依据。

（3）准备咨询报告的公司通常有资产所在区域丰富的技术评价知识与经验。

下述原因解释了为何一些卖方不愿意提供第三方储量报告：

（1）若资产包规模很大，取得第三方储量报告的成本可能很高，不论从顾问费的角度还是内部员工提供给顾问的支持数据所需时间的角度来考虑。

（2）接触顾问并开展第三方评估工作可能比较耗时，会拖延资产出售进度。

（3）报告可能会限制买方对资产的估值，消除卖方收到超高报价的机会。

（4）报告可能会使卖方希望下调或消除市场给出充分估值的储量或勘探潜力。

4 独特的生命周期风险

每个油气资产都有一个生命周期，其勘探开发成本、采收率风险、生产率预测以及相对其他资产市场价值都是独特的。然而，每个资产从发现到枯竭的相同阶段中，这些特性可能是不同的，其取决于油田规模和折耗方案。生命周期可能短至几年或者长至一个世纪。本章讨论生命周期每一个阶段进行收购评价的价值分析。

4.1 勘探

一个新的租约需要作业公司向土地所有者支付每英亩的现金红利、生产前每年的租金费用，说明作业人员钻井情况和开发业务的安排，以及在成功钻井活动后产量的矿税率。未勘探区块通常以每英尺多少美元成本来估价，接近整个地区相似资产的支付价格。如果资产的地下数据近似已建立生产的租赁区，则还要付一笔额外费用。如果该地区没有产量且租赁区设置目标是钻一口野猫井，那么支付价格通常是在产租赁区价格的一部分，且该区与被考虑的租赁区距离不远。

如果获取的地震数据减少了试井的干井风险，或者表明了储量比最初预计的更大时，那么钻井前的租赁区的价值就会增加。相似地，如果获取的新数据增加了可能钻干井的可能性，或者数据缩小了被评估资产潜在发现的规模，那么关于该区块的其他租赁区资产价值都会减少。

既然租赁区购置成本是总项目成本的一小部分（包括采集和解释地震

数据、钻勘探井和钻评价井成本及生产设施和外输管道成本），收购新的租赁区是很有竞争力的，未勘探区块很少被单独打包出售。如果一个租赁区在评估之后被视为没有前景，作业者决定不在该地区钻井，大部分公司就会接触其他的作业者，试图移交该租区。如果转让区块不成功，租赁区在下一次租约支付前就会终止到期，然后返还给承租人。如果评估成功，承租人会在推广的基础上钻井；如果有了发现，初始的土地所有者就会有一个杠杆价值。

4.2 发现

在收购和资产剥离市场中，新的油田发现是种独特的资产。在生命周期的这个时候，一个令人鼓舞的发现中的风险储量价值是总潜在资源价值的一部分。有了发现的卖家不太可能在评估之前就得到一笔接近他们考虑市值的金额，因此将该发现作为一个单独资产出售不太常见。可能的情况是当一个公司或子公司被出售时，资产包含在投资组合内而被剥离。

描述发现之前，评估资产的每一个方面几乎都有风险和不确定性。确定资源规模、决定油藏驱动机制到确定最终油井数量、初始产量时间、开发方案以及未知市场选择，概率分析都是最佳方法。对于一个发现，没有产量递减曲线、油管压力曲线图或者历史作业成本电子数据表格供创建一个可靠的现金流预测，评估者所能做的最大努力就是从油田动态外推来得到较好的模拟数据。在这个阶段，良好的工程分析通常会产生一个保守值。因此在获取更多数据之前，上涨潜力机会都是悬而未决的。

4.2.1 出售原因

公司想要替代产量是非常困难的，因此需要知道为什么一个新的油田发现权益会被出售。有时候出售会是如下一些原因：

（1）该发现非常大，项目开发成本高昂，卖家没有或者无法获取财务资源来为他们承担的资本份额提供资金。

（2）如果卖家没有大的或多样性的投资组合，他可能不是一个能够负担现存风险的公司。

（3）迄今为止的钻井已经非常成功，沉没成本已经倍数回收，能比预期创建一个更早的、更高的资本回报。

（4）对于分配给开发的现金和资源，卖家有其他被视为具有更好用途的机会。

（5）该发现的开发可能被资源国政策、管道定成的费率缩减或者有财务困难的合作伙伴所阻碍。

通常风险不会按照公司意愿被量化或减轻。这个情况通常是部分或完整出售发现的前兆。这些风险包括：

（1）对地质生烃系统理解贫乏，导致评价钻井项目失败概率很高。

（2）如果海底下泵、水平钻井或者钻穿盐层不是公司的专业领域，那他们可能在开发发现的技术方面处于劣势。

（3）储层缺乏连续性导致对每口井的采收因素和储量保持怀疑。

（4）可能油藏很小，需要有效开采大量的井。

（5）产品价格预测提供给发现的收益甚微。

（6）高机械风险致使开发需要未经试验的或成本极高的技术。

尽管可能存在风险，公司对收购新油田发现很有兴趣，原因如下：

（1）在有了发现和生烃系统被证明存在之后，目标勘探方面的高风险得以缓和。

（2）高流体压力的新井具有高比率的自喷期产量，这提供了良好的现金流。

（3）对于储量潜力，即使有巨大的优势，购买价格也应该合理。因为生命周期这个阶段的资产证明储量的价值有限，而大多数发现对于巨大资本支出都有一个近期需求。

4.2.2 买家评价

从购买价格计算的新油田发现的市值倍数会小于公开的在产资产乘数，这个乘数可能是无意义的，原因如下：

（1）买家仍需要投资来开发油田和投入生产。在产资产的市值倍数并不承担卖家的沉没投资成本。

（2）在开发之后会产生油田的初期产量，因此对比开始生产的同样储量，未投产储量的发现是折现的。

（3）油田开发之前，尽管已经收集了最好的数据来分析评价该发现，巨大的风险和不确定性仍然存在。

如果需要将待定开发成本增加到现金购买价格中，可能要计算相对销售价格乘数，匹配在产资产桶油成本的收购储量市场乘数，其代表的是一个更优的全面购买价格，而不是最好的。

4.2.3 深水案例

墨西哥湾的深水发现在油田评估、项目批准和初始产量之前进行了局部作业权益的出售。在为该发现制定标准之后，分批销售新油田发现通常能使这些高成本、高潜力的资产作为一个较大的资产组合的一部分，按照公司战略重新排列。下面计算中举例说明了一个潜在的方案，一口勘探井在支出了700万美元勘探成本之后发现了3500万桶原油，油田开发成本是4900万美元。表4-1中的计算序列提供了一个墨西哥湾深水发现价值的说明。使用目标特定数据和概率储量评估不能有效替代严格风险现金流分析，但是仔细考虑交易时应该完成这一点。

公司考虑剥离所有或部分发现资产时有三个选择。

（1）完全转让，即全部销售：销售价格可以成倍地覆盖沉没成本，其依赖于地质风险和估算的持续发展收益率。

表 4-1 深水发现的价值

发现规模		3500万桶价值 百万美元	单价 美元/bbl
总收入和油价		1750	50
发现对公司的价值			
发现成本	租赁权收购	2	0.06
	地震、地质和地球物理	3	0.09
	勘探钻井成本	65	1.86
	小计	70	2
开发成本	平台、管道和钻井	490	14
	作业成本和矿税	805	23
	小计	1295	37
总发现和开发成本		1365	39
只考虑成本的发现价值		385	11
由于收入延期，减少20%		308	8.8
如果开发了新油田之后出售的预期市值	储量价值	1750	50
	更低的作业成本和矿税	805	23
	只考虑成本的发现价值	945	27
	由于收入延期，减少20%	756	21.6

注：表中不考虑储量类别风险。

（2）部分转让，即减持资产：新的合作伙伴可以支付下一口井的费用，以换取项目中的非优先股权比例；或者一个新的合作伙伴可以在下一口井中支付提高的权益，以在项目中获得全部权益。

（3）不转让：为一口井投资，公司保留完全的控制权、所有权和项目风险。最差的结果是临近位置推翻了最初的产量估测，目标区开发没有经济价值，沉没成本不能回收。最好的情况是评价井成功减少了地质风险、提供了附加储量并增加了目标区的市值。

4.2.4 评价

在描绘了一个发现之后，很可能就产生了销售。在这个阶段，需要选择开发方案，完成一个合理的、精确的资本成本评估并确定作业机制。因此，可以界定成本方面的分析。与发现时相比，高采收率（也可能是低采收率）的储量估算相关的生产率也会更加清晰，但这些储量仍然是不确定的。在这个阶段，目标区每一个作业权益的所有者都必须做出决定，是否该油田的预期开发方案和现金流对他们公司的资产组合是一个良好的附加值。所有者必须参加项目批准或者通知他们不参加。投不赞成票使合作伙伴产生附股权益的情况很少见。自然地，不赞成的合作伙伴会向其他公司交易或出售他们的权益，取代了继续向该发现的计划开发和生产资本项目投资资金。

4.3 开发

生命周期的开发阶段是初步钻探油田生产井并开始生产的时期。典型的油井开始以高生产率生产，油藏压力是初始压力，不需要油井人工举升或压缩气井。油井动态和油藏驱动机制被密切监控，最终采收率估算被持续改进。这一阶段资产的工作权益很有价值，因为：

(1) 初始自喷期产量生产率很高，相关现金流也很高。

(2) 钻井和设备完全安装之后，成本超支风险有限。

(3) 储量被量化到每一点，不太可能过高估计。

(4) 资产可能有再完井潜力和延期钻井的机会，可产生未来的优势价值。

(5) 弃置业务仍远在未来且折现很大。

(6) 油田两侧或更深层结构具有勘探潜力。

这个时期出售的资产很少能达到高市值倍数，卖家通常会得到高额回报，补偿其沉没成本。

4.4 生产

油田开发排产之后，作业成本、油藏驱动机制、油井数据和地震数据的连接及最终采收率都要合理地确定。如果进行交易，油田生命周期早期的资产产生了较高的权益，因为它们有较高的利润率和上涨潜力。这个阶段的油田通常不会出售，由于其属性使得其在很多公司的资产组合中会位于核心位置。有前瞻性的买家会积极追求这种资产，但通常他们不会成功。如果产生交易也只会是这一类买家。

随着时间推移，油田开始生产，当自喷期高生产率回落后，作业利润下降，资产进入低收益率时期。这些资产通常会有下面几个特征：

(1) 产量比早年要低，生产井变少。

(2) 关停井比生产井多。

(3) 固定作业成本上升，以至于油田利润率下降，跌落出公司核心资产组合的位置。

(4) 剩余钻井机会风险高。

(5) 弃置成本开始影响油田现值。

(6) 造成的任何环境问题都很明显，且可能会越来越突出。

这些属性具有这个阶段市场上交易的大多数油田的特征。只要有足够的上涨空间，他们就有正向价值，并吸引一些具有更好勘探资源的公司。如果一个公司在一个作业区有很多成熟的油田，也不太有机会改进利润，就应该开始审查是否要在整个区域最好采取退出策略。由于与某油田的经营协同效应，对买家来说通常大包的油田比单独的油田更有吸引力。

4.5 重新开发

在初始油井达到递减末期时,很多油田会被翻新。较小层加密钻井以及邻近圈闭钻探测试是充分开发油田常用的方法。通常,在油田的财务指标下滑严重,导致资产已经滑落到被剥离的候选状态前,就要进行修井。油井翻新的普遍原因如下:

(1) 接收新技术应用,以缩减成本和增加采收率。

(2) 新的地震数据比刚发现时的数据更好,因此根据钻井程序可以开发以前没有发现的目标区。

(3) 油井产量数据表明附加井或者补偿井可以增加或加速采收率。

(4) 当油藏动态表明要维持油层压力需要使用油田采收率的最大值,就要启动二次采收程序了。

油田翻新常常会有利可图,因为支持产量的基础设施还仍然存在。许多公司是很有前瞻性的收购者,他们会寻找没有翻新的油田,因为在这个阶段的油田中常常能找到高质量的区块。钻井区域潜力下降是因为每口井的储量目标不如初始开发阶段储量那么大,仅仅是因为最大的、最有价值的油藏已经先被开发了。在产量价格不断爬升,新的地震数据不断识别未钻圈闭的时期,油田可能已经经历了几个翻新项目,每个都会延长油田寿命,将不可避免的弃置成本远拖到未来。

4.6 末期

油田生命周期的末期阶段接近于弃置,获利机会甚微。油田可能仅有几口生产井,如果其中一口关键井停产,公司就会承受巨大的风险。因为重新开井来恢复产量是无利可图的。末期油田的生产设施可能是特定规格的,处理更多的流体体积就会使当前较低产量的处理效率低下。井孔可能非常老旧，如果开始修井作业就会有高机械风险。由于最小值为负，这个阶段的油田自然很难卖出去。因此，如果卖家想要剥离这种油田，通常将其作为大包资产的一部分交易或出售，大包资产会包含物质价值更好的油田。

5 储量分析

5.1 储层分析数据

油气资产进行并购和剥离交易的技术分析基本步骤包括地质评估、储量标定、经济分析、风险和不确定性评价及合理销售定价确定。下列是一个油气资产储量测定中需要数据的部分清单。

(1) 地质和地球物理数据：

①地下岩层测井曲线，包括相关性曲线和构造图；

②井斜测量；

③岩心分析和描述；

④底图；

⑤地震速率测定和地震剖面；

⑥有利区预测图；

⑦监管机构标准化订单和展示。

(2) 工程数据：

①探井、井孔产量和压力数据；

②油井性能曲线；

③静压、流压分析；

④地层水样实验室分析；

⑤地层压力；

⑥地层温度；

⑦复合流体样本的压力—体积—温度（PVT）分析；

⑧租约和区块的原始收益及净收益。

（3）探井历史：

①初始完井描述；

②完井、二次完井和修井报告；

③油井增产措施；

④增产前、后的测井；

⑤每个产区在一口井内的产量记录；

⑥管输区后的识别；

⑦井孔图。

（4）储层流体识别——原油：

①原油重度（API度）；

②气油比（ft^3/bbl）；

③溶解气相对密度；

④地层体积系数（B_o）；

⑤油黏度（$mPa \cdot s$）；

⑥饱和压力（lbf/ft^2）。

（5）储层流体识别——天然气。

①天然气重力——分割气和全井内液气流（FWS）；

②冷凝物含量（$bbl/10^6 ft^3$）；

③冷凝物密度（API度）；

④热值（$Btu/10^3 ft^3$）；

⑤天然气偏差系数 Z；

⑥地层体积系数 B_g。

资产的技术分析决定了一个成功的并购或剥离交易，其依靠可获取数据的质量和数量。评估人员需要仔细审查所有的可获取数据，并且不能仅仅依赖于由卖家或准买家提供的预选数据集。

5.2 地质评估

对于买家和卖家，若希望进行一个成功的交易，在完整的技术评估中，一块资产的详细地质和岩石物理评估必不可少。除识别被评价资产的沉积环境之外，地质工作还应提供详细的关于储层连续性和分布范围的储层描述和解释。需审查和解释的数据包括地震速度测量和剖面。岩石物性分析必须结合地质测井曲线相关性、岩心数据和试井来识别储层性质和流体接触。在地震和岩石物性数据被分析之后，与井数据相关的关键地层数据、其他地层数据及包括地层构造、断层发育和等体积图在内的地质图就可以准备了。利用等体积图，使用测定体积计算就可以推断储层体积。在地质评估中记住关键要素非常重要，因为其会被合并在可获取的油井动态中。每一次都要尝试确保地质图和油井动态互相吻合。当可获取油井数据的地质评估和油井动态计算数据互相支持时，就可以完成一个具有较高置信水平的低风险的技术评估。

5.3 储量标定

一块油气资产的技术分析主要涉及将作为储量或资源量的可采油气量进行定量和归类。将适当的储量和资源量类别分配至油气量中对一次并购或剥离交易中合理的风险及最终的价值分配至关重要。油气储量评估中使用的方法包括类比法、容积法和性能方法。储量标定使用的方法依赖于资产的开发阶段和可获取数据的质量及数量。在可能的情况下，应该至少使用两种方法进行储量标定，其中一种方法作为对另一种方法的相互检验。

5.3.1 储量和资源量定义

石油工程师协会（SPE）、美国石油地质学家协会（AAPG）、世界石油大会（WPC）及石油评估工程师协会（SPEE）已经制订和发起了一系列关于储量和资源量的定义和指南，并将其命名为"石油资源管理系统（PRMS）"，现已被广泛应用于国际石油行业。

PRMS 在储量和资源量之间进行了区分。储量是大量的油气"通过应用开发项目在确定条件下使用既定数据推测已知的沉积物，预计具有商业可采价值"以及必须是"可发现的、可采的、具有商业价值的和剩余的（在给定日期内）"。PRMS 储量包括证实储量、概算储量和可能储量，下面是关于 PRMS 更高阶的储量定义。

（1）证实储量：与已确定的不确定程度相关的评估可采储量的储量类别。证实储量是来自给定日期和已知油藏的那些大量的原油，在确定的经济条件、运营模式和政府法规下可进行合理商业开采。如果使用了确定性方法，则"合理的确定性"这一术语旨在表达定量可采的高度置信度。如果使用了概率性方法，那么至少应该有 90% 的概率，实际可采量应该等同或超过估算量。这些储量通常被称为 1P，也叫作证实储量。

（2）概算储量：与已确定的不确定程度相关的评估可采储量的储量类别。概算储量是与证实储量相比不太可能可采，但是与可能储量相比却更能确定可采的额外储量。实际剩余可采量大于或者小于估算的证实储量加上概算储量（2P）均可能发生。在本文中，当使用了概率性方法，应该至少存在 50% 的概率，实际可采量等于或者超过 2P 评估储量。

（3）可能储量：与已确定的不确定程度相关的评估可采储量的储量类别。可能储量是地球科学分析和技术规范数据建议与概算储量相比不太可能可采的额外储量。一个项目最终的可采总量超过证实储量加上概算储量和可能储量（3P）的概率很低，这相当于高估算方案。当使用了概率性方法，应该至少有10%的概率，实际可采量等于或者超过3P评估储量。

证实储量、概算储量和可能储量是已开发储量和未开发储量子范畴的进一步划分。对于已开发储量，需进一步区别已开发投产储量和已开发未投产储量（关井和管道延期等）。

对于资源量，PRMS借助关于PRMS更高阶的定义对待定资源和远景资源归类进行区分。

（1）待定资源：在给定时间内，通过在已知沉积中利用开发项目，被评估的资源存在潜在可采价值，但由于一个或多个因素，当前不能进行商业开采的资源量。待定资源是已发现可采资源量的一类。待定资源被细分为待定开发、无类别开发、暂停开发和开发不可行的成熟度子类。

（2）远景资源：在给定时间内，从未发现沉积中被评估为潜在可采的那些资源量。依据项目成熟度，远景资源被细分为有利圈闭资源量、远景圈闭资源量和区带资源量。

除PRMS之外，人们也开发了专用的储量系统，如美国证券交易委员会（SEC）使用的体系，列于美国证券交易所中公开上市交易的公司必须用其报表。一些国家也存在不同的储量体系，例如俄罗斯和加拿大。然而，使用PRMS基本上已成为国际标准。

5.3.2 储量评估的三个时期

一个油气资产生命期内储量评估的三个时期最早由 J. J. Arps 在 1956 年发表的题为《原油储量估算》的论文中提出。油气资产生命周期的第一时期是预钻井或勘探阶段，此时探井和性能数据比较有限或并不存在。在这个时期，储量评估是基于在同一区块且出自相同地质层系的相似的油田、油井和油藏作为被评估的石油资产进行类推。此外，进行类推的油井应该也具有相似的完井和布井。由于可获取数据有限，此阶段的储量评估具有重大风险和不确定性。

在油气资产生命周期的第二阶段，地表下数据取自初始的钻井，包括测井曲线、岩心分析、储层内流体数据、储层压力和温度。这些数据被用于构造油藏结构和等体积线图，以推测油藏体积。上述信息可以与储层性质（孔隙度、含水饱和度、流体特征、压力和温度等）相结合，储层性质数据根据测井曲线、岩心、储层流体样本推断进行储层体积估算，用于油田权益的转移。在石油资产生命期中的这一阶段，其储量评估与预钻井或勘探期相比，显得更加精确。然而，这一时期仍然存在相当大的不确定性，这归因于油藏驱动机制的不确定性外加用于推测油藏体积的地质图的不确定性。

在油气资产生命周期的第三阶段，油藏开始呈现产量和压力衰减趋势。这时，需使用递减曲线法和物料平衡法改善地质图和储量评估精度。如前文所述，如果在性能评估和测定体积储量评估之间能达到良好的效果，那么储量评估就可以达到一个高置信水平的程度了。

5.3.3 容积法

如前所述，当钻了足够的井之后，就可以获取基本的油藏数据，通过体积计算来测定储量。测井曲线和岩心分析的基础数据可以用来确定储集岩的物理性质，如油藏产层有效厚度、孔隙度、渗透率、流体饱和度，包括油水界面、气水界面、气油界面的流体界面。通过试井和油藏早期生产得到的油藏流体样本经过实验室分析后可确定油藏流体的物理性质，如流体类型、黏度、压缩率、气体溶解率及收缩率。油藏压力和温度也可以通过直接测量来确定。通过这些数据，可以构造地质结构和等体积线图，以估算油藏的总体积。之后，就可以输入油藏总体积、储集岩和流体性质等数据进行体积计算，使用标准计算公式（5-1）就可以算出原始石油地质储量储罐桶数（STOOIP）和原始天然气地质储量（OGIP）：

$$STOOIP = 7758 \times \phi \times (1 - S_w) \times 1/B_o \times RBV \qquad (5-1)$$

式中 STOOIP——原始石油地质储量储罐桶数，bbl；

ϕ——孔隙度；

S_w——含水饱和度；

B_o——油层体积系数；

RBV——油藏总体积，ft^3。

$$OGIP = 43.56 \times \phi \times (1 - S_w) \times B_g \times RBV \tag{5-2}$$

$$B_g = (p \times T_{sc})/(p_{sc} \times T \times Z) \tag{5-3}$$

式中 OGIP——原始天然气地质储量，$10^3 ft^3$；

ϕ——孔隙度；

S_w——含水饱和度；

B_g——天然气体积系数；

p——油藏压力，lbf/in^2；

T——油藏温度，°R；

p_{sc}——标准状况下压力，通常取 14.7psi；

T_{sc}——标准状况下温度，通常取 520°R；

Z——气体偏差系数；

RBV——油藏总体积，ft^3。

为确定可采原油或干气，接下来会在 STOOIP 或 OGIP 中使用一个合适的可采系数（气体情况下会使用收缩系数），这个系数是基于预计的油藏驱动机制。

可采原油：

$$STB = STOOIP \times R.F. \tag{5-4}$$

可采干气：

$$Mcf = OGIP \times R.F. \times S.F. \tag{5-5}$$

式中 R.F.——可采系数；

S.F.——收缩系数，为 1 减去气体收缩损失百分比。

常规油气藏可采系数的一般范围取决于油藏的驱动机制（水驱、溶解气驱、重力泄油、气顶驱动和溶解气），见表5-1。

表 5-1 油藏驱动机制

油藏类型	驱动类型	初始 HCs 最终采收率,%
油藏	溶解气	5~20
油藏	气顶驱动	20~40
油藏	水驱	30~60
油藏	重力泄油	25~80
气藏	压力衰减	50~90
气藏	水驱	40~75

下列公式可利用储层性质以估算不同驱动机制油藏的可采系数。

油藏水驱：

$$可采系数 = (1 - S_w - S_{or})/(1 - S_w) \times S.E. \tag{5-6}$$

气藏水驱：

$$可采系数 = (1 - S_w - S_{gr})/(1 - S_w) \times S.E. \tag{5-7}$$

油藏中液体膨胀超过饱和度或泡点压力：

$$可采系数 = (B_{ob} - B_{oi})/B_{ob} \tag{5-8}$$

气藏压力衰减：

$$可采系数 = (p_i/Z_i - p_a/Z_a)/(p_i/Z_i) \times C.F. \tag{5-9}$$

式中 S_w——含水饱和度；

S_{or}——剩余油饱和度；

S_{gr}——剩余气饱和度；

p_i/Z_i——初始油藏压力除以初始气体偏差系数，lbf/in^2；

p_a/Z_a——弃置油藏压力除以弃置气体偏差系数，lbf/in^2；

S. E.——波及效率;

C. F.——波及系数;

B_{oi}——原始地层体积系数;

B_{ob}——泡点压力下的地层体积系数。

5.3.4 性能法

当一个油藏开始呈现出产量和压力下降的趋势时,就可以使用递减曲线法和物料平衡法来提升储量评估的精确度并改善地质图。用于储量测定的标准性能法包括产量递减法、累计产量递减曲线法和物料平衡法。当使用递减曲线法和物料平衡法来评估油井性能并分配储量时,解释引起一口油井自然递减率变化的外部因素尤为重要。这些因素包括:

(1) 探边井完井的干扰;

(2) 气举装置;

(3) 泵装置;

(4) 油井维修;

(5) 配产或容许限制流量;

(6) 油井油嘴尺寸的变化;

(7) 减少到最佳流量。

对这些因素解释错误会造成对一口油井产量分配严重过多或者过少。

(1) 产量递减曲线法。

分析产量和压力数据动态的初始步骤包括汇编产量和压力历史,并准备数据的特征平面图。被用于确定储量的典型特征平面图例包括以半对数曲线格式绘制的月度生产率对应时间曲线图,及在笛卡尔坐标图格式上的月度生产率对应累计产量图。图5-1展示了以半对数曲线格式绘制的递减产量表现的四种基本类型。他们包括常数百分递减或指数递减、双曲线递减、线性递减及调和递减。

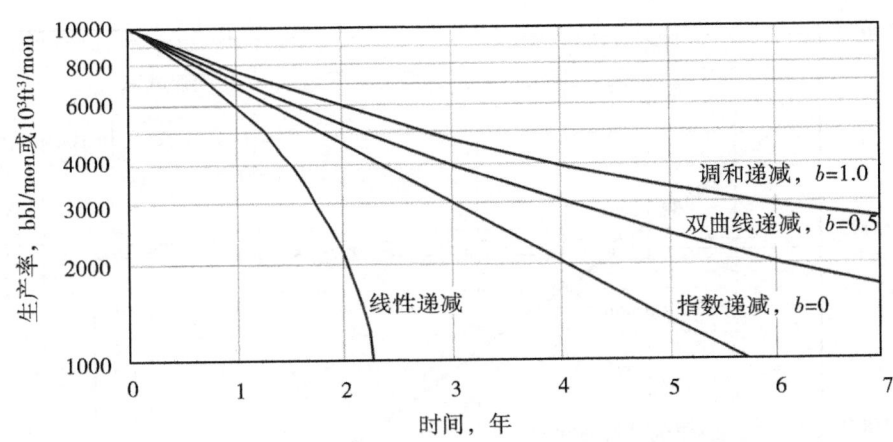

图 5-1 半对数的生产率对应时间递减曲线图

b—双曲线指数

许多油井被发现呈现出指数递减、双曲线递减的一些形态或者指数和双曲线合并递减。许多常规油藏呈现出指数递减。由于其易用性，指数递减法可能比其他方法使用得更多。如图 5-1 所示，指数下降趋势在半对数图格式上绘制为直线，诸如此类表现趋势可以被线性外推为确定剩余储量的经济或物理限定以及评估一口油井的最终采收率（EUR 等于迄今为止的产量加上剩余储量）。图 5-2 给出了指数递减曲线分析的一个例子。

对于指数递减，可以使用下列公式计算储量递减：

$$R = 12 \times (q_i - q_{el}) / [\ln(q_i/q_{el})/L] \tag{5-10}$$

式中 R——递减的储量，$10^3 ft^3$ 或 bbl；

q_i——原始生产率，$10^3 ft^3/mon$ 或 bbl/mon；

q_{el}——最终或经济生产率限定，$10^3 ft^3/mon$ 或 bbl/mon；

L——递减寿命，a。

对于双曲线递减表现，产量递减曲线类似于绘制半对数曲线格式的双曲线图。许多非常规油藏和低渗油藏呈现出一些双曲线形态的外形。对于一些呈现出双曲线形态的油井，可以用下列公式计算储量递减：

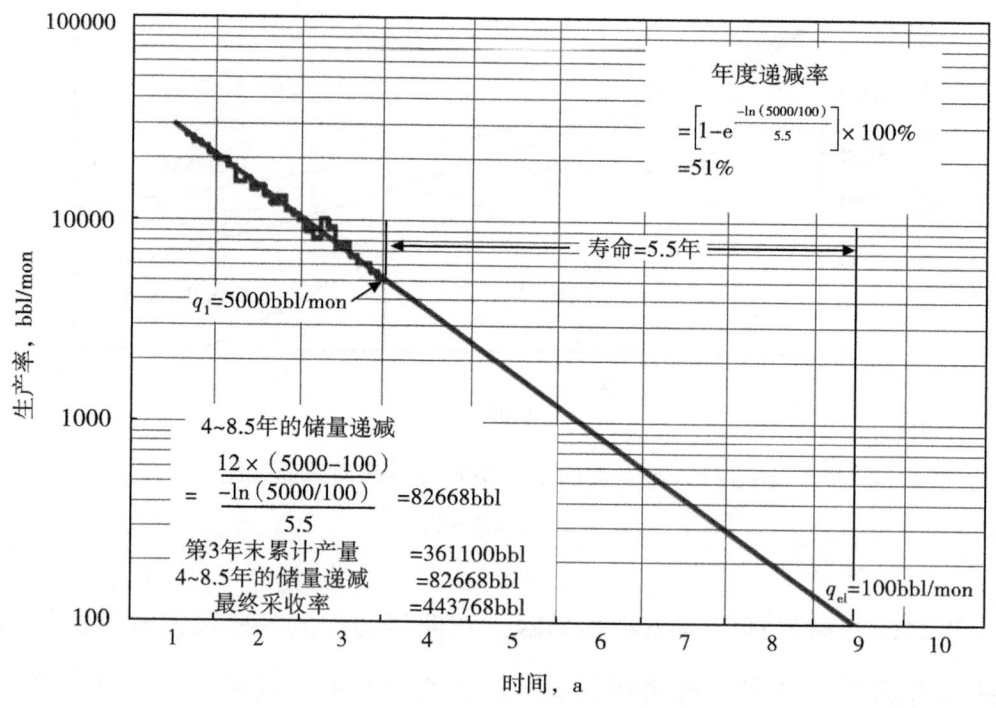

图 5-2 指数递减曲线示例

$$R = \{q_i^b/[a_i(1-b)]\} \times (q_i^{1-b} - q_{el}^{1-b}) \quad (5-11)$$

式中　R——递减的储量，$10^3 ft^3$ 或 bbl；

　　　q_i——原始生产率，$10^3 ft^3$/mon 或 bbl；

　　　q_{el}——最终或经济生产率限定，$10^3 ft^3$/mon 或 bbl/mon；

　　　a_i——递减开始时的递减率；

　　　b——双曲线指数。

伴随双曲线预测的最大难题通常是确定合适的双曲线指数，因为 b 因子会因油藏的不同而不同，并且可能在给定油藏寿命随产量发生变化时相差已经很大了。双曲线指数因子通常起初是以类比相似的探边产量为基础。在某些情况下，如果不能进行类比，就必须对储量估计量做出最好的推测以确定 b 因子的值。许多常规油藏呈现出双曲线形态，其 b 因子会随之下降到 0~1。然而，许多非常规油藏的 b 因子可能超过 1.5。因此，在使用 b 因子进行双曲线预测估算储量时，应该仔细考虑，因为呈双曲线递减的油井对于使用的 b 因子非常敏感。双曲线递减的一个特例是调和递减，如图 5-1 所示，此时 b 因子等于 1.0。调和递减会在一些非常规油藏中显现，也可以在一些重力泄油的油藏中观测到。位于加利福尼亚州科恩郡贝尔里奇油田的硅岩油藏在一次采油之后就是调和递减的一个示例。

图 5-1 中展示的产量动态另一个形式是线性递减。在笛卡尔坐标系对应时间的图形格式上，线性递减形态呈现出一条直线。重力泄油驱动机制、有效水驱和一些完井时油井产水的油藏中会观测到线性递减。对于呈现线性递减的油井，储量递减可以使用下列公式计算：

$$R = (q_i - q_{el})/2 \times L \times 12 \qquad (5-12)$$

式中　R——递减的储量，10^3ft^3 或 bbl；

q_i——原始生产率，$10^3 \text{ft}^3/\text{mon}$ 或 bbl/mon；

q_{el}——最终或经济生产率限定，$10^3 \text{ft}^3/\text{mon}$ 或 bbl/mon；

L——递减寿命，a。

（2）累计产量递减曲线法。

用于确定一口井油气储量的合适的性能法可以外推为生产率趋势对应累计产量。一口井的日生产率或月生产率可以绘制成在笛卡尔坐标系上对应的累计产量，及（或）生产率在纵坐标轴、横坐标轴绘制成累计产量的半对数图表。接下来，递减产量趋势可推测一个物理或经济终止率，以估算最终的采油或采气量。之后，最终的可采量中减去累计产量就是估算的剩余可采储量。如图 5-3 所示，笛卡尔坐标系中一个直线走向表明的是指数或常数百分递减。许多常规井呈现出指数或常数百分递减，因此，这些井很多情况下会应用比率对应累计产量的笛卡尔坐标图。如图 5-4 所示，半对数图上的直线趋势表明调和递减。有人指出，在分析由于修井、设备或管道停工造成的延长关井时间时，生产率对应累计产量图对于将此影响最小化很有用处。延长关井时间与油井并不相关，而油藏性质易使生产率对应时间趋势的分析复杂化。

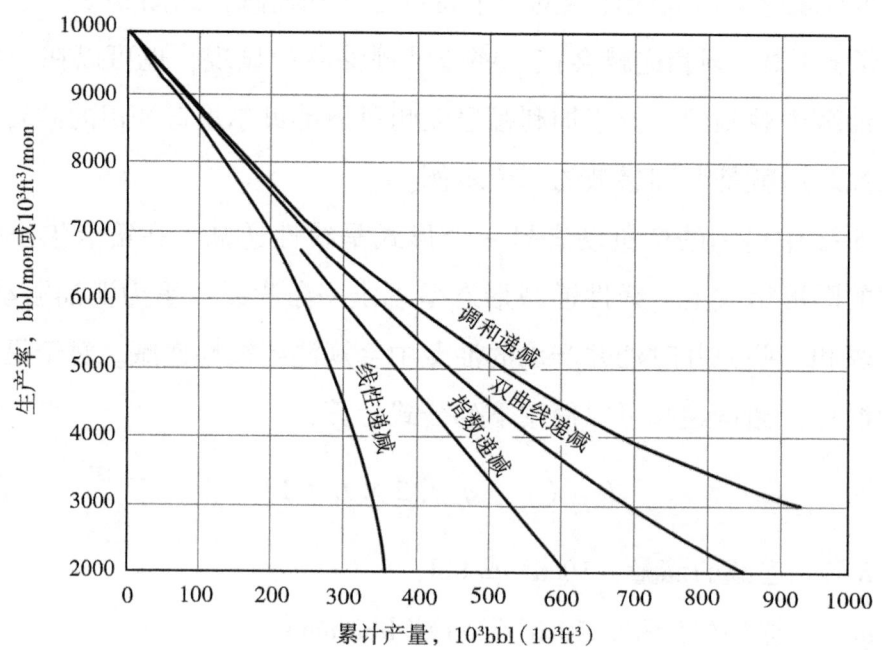

图 5-3 生产率对应累计产量（笛卡尔坐标）

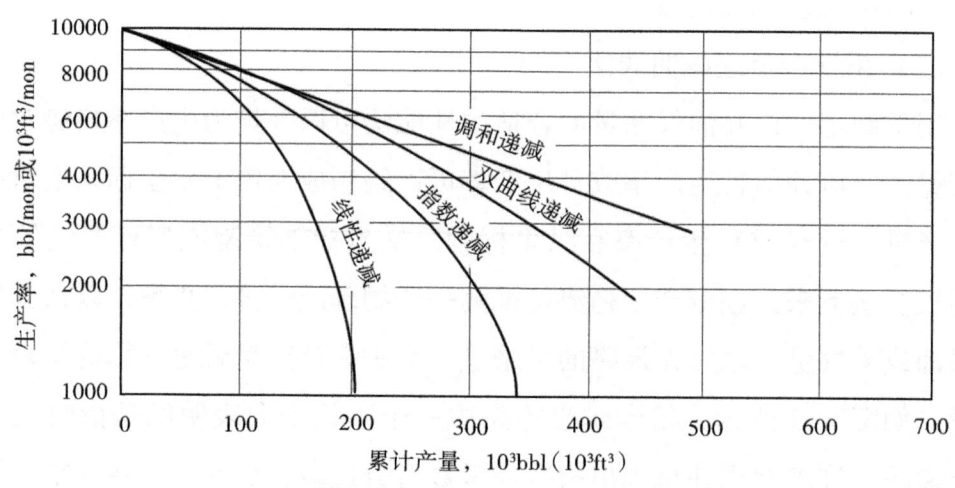

图 5-4 生产率对应累计产量半对数图

累计产量递减法通常用于分析水驱油藏的生产井，包括在半对数或笛卡尔坐标图上的"含油量"（即产出流体中原油的百分比）对应累计产量图。水驱油藏生产井主要呈现出总产出流体（油加水）中含油比递减的趋势，因为含水部分霸占了生产井中的储层。下降的"含油量"趋势可以推测出最终采收率估计截止时间的一个物理或"经济限定"。图 5-5 给出了一个"含油量"对应累计产量图及油井预测的例子。另一种常用于评估水驱油藏的是水油比（WOR）半对数图对应累计产量图。

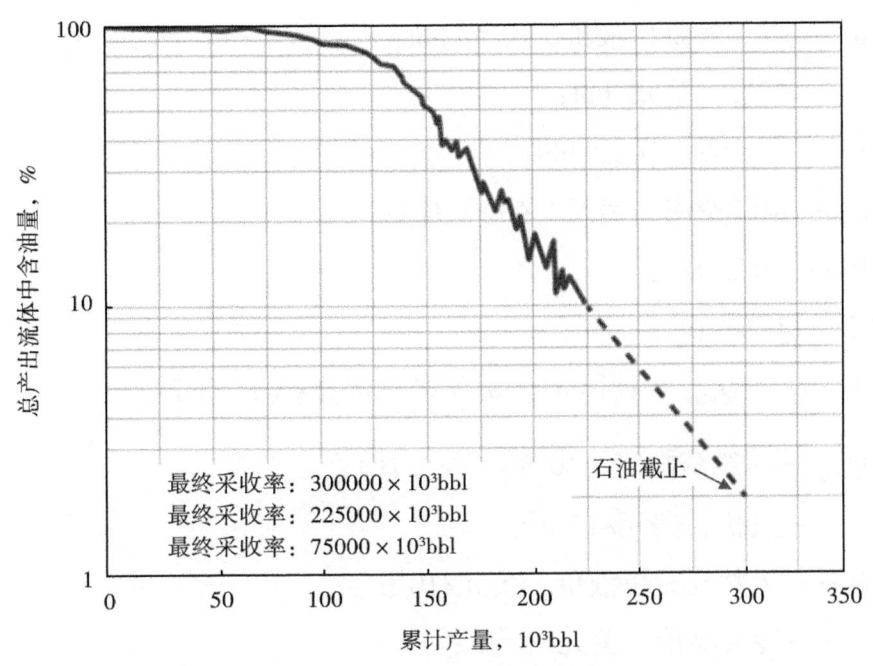

图 5-5 "含油量"对应累计产量图

累计产量递减法也可以用于评估一次采油的第二阶段（即油井的伴生气和气井的凝析产物开采）。累计油或气产量（初始阶段）对应溶解气或凝析产物（第二阶段）绘制在一个两坐标轴全用对数的比例图上，之后可以推测趋势走向。根据估算最终采收率第一阶段的内容（例如通过递减曲线分析），第二阶段的最终采收率就可以很容易确定。要谨慎确保有足够的累计产量，并构造以预测第二阶段合理确定性的可靠的趋势走向。

在本章前面曾提及，产量递减曲线通常可推算出表示经济或物理限定的终结率。经济限定是一口油井经营成本的关键所在，等于油井产量的收益。测定一口产油井或产气井经济限定的计算公式如下所示。

对于一口油井：

$$Q_{\text{eloil}} = e / [(a + b + c - d)(1 - \text{RI})] \qquad (5-13)$$

式中 Q_{eloil}——经济限定，bbl/（井·月）；
   a——油价，美元/bbl；
   b——天然气凝析液价，美元/bbl；
   c——气价，美元/bbl；
   d——生产税，美元/bbl；
   e——运营费用，美元/（井·月）；
   RI——矿区权益。

对于一口气井：

$$Q_{\text{elgas}} = e / [(a' + b' + c' - d') \times (1 - \text{RI})] \qquad (5-14)$$

式中 Q_{elgas}——经济限定，10^3ft^3/（井·月）；
   a'——气价，美元/10^3ft^3；
   b'——天然气凝析液价，美元/10^3ft^3；
   c'——冷凝物价，美元/10^3ft^3；
   d'——生产税，美元/10^3ft^3；
   e——运营费用，美元/（井·月）；
   RI——矿区权益。

（3）物料平衡法。

物料平衡法是另一种用来估算油藏原始油气地质储量和最终采收率的方法。分析原始烃类地质储量及最终采收率，使用物料平衡法可以与体积分析法和其他的递减曲线法进行对比，以进行相互交验并帮助确定最终合理的结果。物料平衡原理是应用油藏里保持的物质，指在一个油藏里，油藏产出流体的体积加上油藏剩余流体体积一定等于最初的流体体积。

压力递减法是分析非伴生天然气藏的方法之一，其基于气体的物质平衡，在一个笛卡尔坐标轴上，通过使用校正非理想气体的关井地层压力

（p/Z）对应满井内液气流生成气体绘制而成。在自然压力衰减情况下，气藏内没有水侵入，p/Z 数据是一条直线，这种形式可以被用来进行测定储层枯竭压力的 EUR 和气藏的剩余储量，见图5-6。

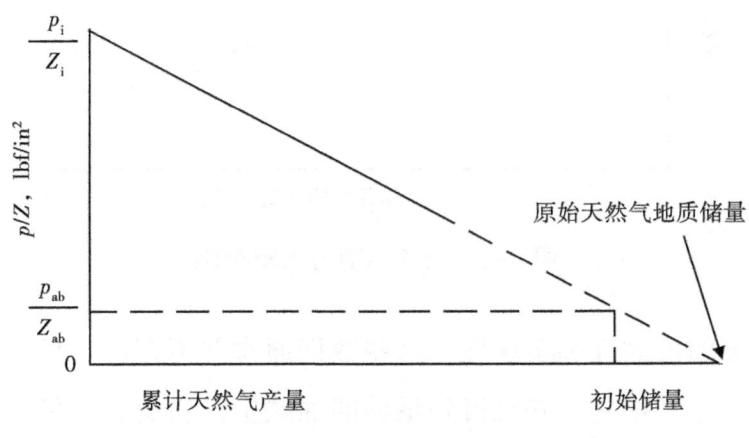

图 5-6　p/Z 对应累计产量图

如图 5-6 所示，原始净天然气地质储量（OGIP）与通过地质图和油藏性质测定体积确定的 OGIP 相对比，直线推断可以延伸到 0（$p/Z=0$）。因此，在证明解释地质地图的精准性方面，如 p/Z 对应累计产量这种绘制图是非常有用的。来源于地质图和体积计算得出的 OGIP 应该与 p/Z 对应累计产量图产生的 OGIP 相匹配。如果差别巨大，那么就需要评估和调整地质解释图和压力数据，以保证两种储量确定方法达成一致。

p/Z 对应累计产量图也可以作为确定气藏驱动机制的有力工具。如图 5-7 所示，由于累计产量，p/Z 走向变得平坦，这说明水驱油藏的 EUR 会比仅有压力衰减机制油藏的 EUR 小一些。

（4）模拟法。

油藏模拟是利用计算机模型结合有限差分法来预测油藏系统生命期内流体（油、水和气）动态的一种评估方法。油藏模拟需要利用所有的技术手段对油藏系统进行评估，通过多学科结合（即地质学、地球物理学、地层评价、油藏工程、开发工程、钻井和经济学）来开发精确的模型。模型结

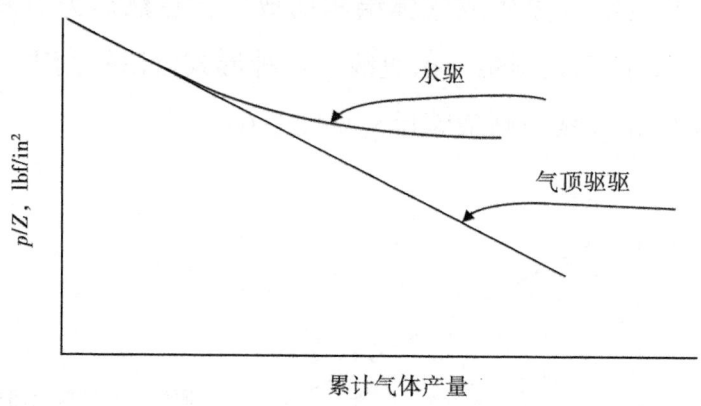

图 5-7 气顶驱动与水驱对比

果依赖于数据的可靠性和实用性,这些数据通常并不存在,只有等所有的或者绝大多数井已经钻完,并且得到足够的油藏生产历史,才可以进行精确的历史匹配。油藏模拟通常成本极高且耗时极长,通常仅在需要大量密集资本开发的复杂油藏情况下应用。因此,尽管油藏模拟研究可以得出最为可靠的产量和储量结果,但是对于大多数储量评估通常是无法使用的。值得注意的是,在各方面钻井和开发案例中,油藏模拟对一块油田的储量评估和经济状况都是极为有用的一种工具。

参 考 文 献

[1] Society of Petroleum Engineers (SPE), American Association of Petroleum Geologists (AAPG), World Petroleum Council (WPC), and Society of Petroleum Evaluation Engineers (SPEE), "Petroleum Resources Management System" (2007).

6 经济评价

6.1 税前经济评价

当待评估资产的储量和产量预测确定后，就可以进行储量和预测产量的经济评价了。下面是油气资产评价中税前经济模型的基本要素（BTAX）。

总产量价值-体积缩减、放燃和现场使用量价值
=销售总量×净收入
=净销售量×单价
=收入总额-操作成本-开采税和从价税
=税前净营业收入-投资
=税前净现金流量

图 6-1 是利用商用计算机软件制订的典型的税前储量和经济评价输出结果示例，示例来源为 TRC 顾问有限公司的 PHDWin 经济与递减曲线程序，该程序在业内有着广泛应用。程序会生成数个输出结果表来反映评价的各个方面。产量、总收入、成本或盈利数据也可以导出电子表格，用于其他附加分析。评价中关于贷款方面的内容通常无法在输出格式中单独找到，贷款可以被作为费用项目入账，以便在计算净营业收入时扣除贷款成本。

下面几节中定义了现金流预测的各个要素。

```
Date:          08/24/2015                ECONOMIC PROJECTION
Project Name:  Jul-15                    As Of Date: 07/01/2015         Case: Test PHDWIN case
Partaer:       All Cases                 Discounk Rate(%): 10.00        Reserve Cat: Proved Producing
Case Type:     LEASE CASE                    Custom Selection           Field: Gas Discovery
Archive Set:   715                                                      Operator: Gusber Inc.
                                                                        Resetvodr: Boodin
Cum Oil (Mbbl):     0.00
Cum Gas (MMcf):     0.00                                                Co.,State: LAFAYETTE, LA
Cum NGL (Mbbl):     0.00
```

Year	Gross Oil (Mbbl)	Gross Gas (MMcf)	Gross NGL (Mfbbl)	Net Oil (Mbbl)	Net Gas (MMcf)	Net NGL (Mbbl)	Oil Price ($/bbl)	Gas Price ($/Mcf)	NGL Price ($/bbl)	Total Revenue (M$)
2015	96.67	3420.00	6.84	22.53	762.93	1.59	48.50	3.68	24.50	3939.40
2016	156.81	7320.00	14.64	34.25	1519.17	3.19	48.50	3.68	24.50	7329.03
2017	94.54	6405.29	12.81	16.47	1071.67	2.23	48.50	3.68	24.50	4797.42
2018	30.03	2964.52	5.93	5.23	495.99	1.03	48.50	3.68	24.50	2104.37
2019	8.57	1246.62	2.49	1.49	208.57	0.43	48.50	3.68	24.50	850.60
2020	2.29	483.57	0.97	0.40	80.91	0.17	48.50	3.68	24.50	321.22
2021	0.00	0.00	0.00	0.00	0.00	0.00	0.00	0.00	0.00	0.00
Rem	0.00	0.00	0.00	0.00	0.00	0.00	0.00	0.00	0.00	0.00
Total	389.19	21840.00	43.68	80.38	413925	8.62	48.50	3.68	24.50	19342.04
Uit	389.19	21840.00	43.68							

(a)

Year	Well Count	Net Tax Production (M$)	Net Tax Ad Valorem (M$)	Net Investment (M$)	Net Lease Costs (M$)	Net Well Costs (M$)	Other Costs (M$)	Abandon. Investment (M$)	Anmual Cash Flow (M$)	Cum Disc. Cash Flow (M$)
2015	1.00	0.00	385.27	0.00	9.94	45.34	312.54	2437.50	748.80	671.02
2016	1.00	312.93	701.44	0.00	19.90	90.73	606.00	0.00	5598.03	5756.83
2017	1.00	226.33	438.05	0.00	15.15	73.13	415.67	0.00	3629.10	8743.70
2018	1.00	90.25	183.40	0.00	10.70	73.13	188.70	0.00	1558.19	9908.22
2019	1.00	33.66	70.66	0.00	10.70	73.13	78.26	0.00	584.20	10303.68
2020	1.00	11.97	25.51	0.00	9.41	64.34	30.08	0.00	179.91	10414.51
2021	0.00	0.00	0.00	0.00	0.00	0.00	0.00	195.00	195.00	10311.23
Rem		0.00	0.00	0.00	0.00	0.00	0.00	0.00	0.00	0.00
Total		675.14	1804.32	0.00	75.81	419.79	1631.25	2632.50	12103.23	10311.23

```
Major Phase:     Gas                     Abandonment Date:   11/17/2020
Perfs:           0-0                     Woeking Ing:        0.32500000       Present Worth Profile (M$)

Initial Rate:    608333.33 Mcf/month     Revenuo Int:        0.23237500       PW   5.00%:   11161.82
Abandonment:     30146.67 Mcf/month      Disc.Inicial Invest (M$): 2534.807   PW  10.00%:   10311.23

Initial Decline: 0.00  % year            Roimvestment (discyamdisc): 5.07/5.60 PW 15.00%:    9541.52
Beg Ration:      0.031 bl/Mcf            Years to Payout:    0.42             PW  20.00%:    8843.76

Ead Ratio:       0.004 bbl/Mcf           Internal ROR(%):    291.00           PW  25.00%:    8209.99
                                                                              PW  30.00%:    7633.16
```

(b)

图 6-1 典型的储量和经济报表示例（软件截图）

6.1.1 净销售量

净销售量定义为总产量乘以净接收权益(NRI)。NRI等于工作权益(WI)乘以1减去矿区权益(RI)。例如,如果WI是1.00,RI是0.25,那么NRI等于1.00×(1-0.25),即0.75。其他将总产量调整为净销售量的调节量包括热收缩、除沉积物和水引起的收缩(BS&W)以及气体处理引起的收缩等地表体积收缩损失。一次分离后,原油的热收缩和BS&W能占到原始产量体积的多达7%。气体处理回收天然气凝析液(即乙烷、丙烷和丁烷),以及去除如硫化氢和二氧化碳等杂质的过程中,可能会使气体总量在一次分离后再次发生额外收缩。其他从总产量到净销售量之间的调整还包括为租赁或油田自有生产设备和设施提供燃料而消耗的原油和(或)天然气消耗量。所有的收缩损失和产品的现场使用消耗都必须得到适当考虑,以便正确区分产量和销售量。

6.1.2 油气定价

净销售量确定之后,就可以用油气净销售量乘以实现的原油和天然气价格计算出收入总额。油气价格主要受到产品质量、地理位置造成的运输条件限制以及市场波动影响。产品质量引起的油价调整因素包括原油API度和硫含量。通常,较低的API度和(或)较高的含硫量会导致原油价格较低。天然气价质量调整包括天然气热值、水蒸气、氧气、二氧化碳、硫化氢和含硫总量的调整。除租约内操作成本之外的价格调整还包括为使油气产量达到市场可销售标准而进行的脱水、压缩、集输以及高含硫气体"脱硫"等处理发生的成本。

如前文所述,油气价格也会受地理位置造成的运输限制影响。近几年,受运输条件限制,美国威利斯顿盆地巴肯产区产出的原油相比西得克萨斯中质原油(WTI)基准价格有一个很大的负差价。同样,美国落基山脉产出的天然气也因缺少销往美国东北地区主要消费市场的管道运输能力，其价格较市场基准价格也有大幅度负差。

当产品质量和差异调整被正确考虑在资产评价里使用的油气价格之中后，下一步就是预测在待评估资产计划生产期内油气的价格。一般情况下，评价会在能够正确反映产品质量和差异调整的原油和天然气当前价格之上考虑与目前和可预计的未来市场条件相一致的通货膨胀因素，使用的预测油价会在一个合理的时间段内逐年上涨，之后保持不变，直到资产达到经济极限。在变幻莫测的国际市场中预测油气价格是非常有挑战性的，这一点在2014年末和2015年初的油价骤降事件中也得到了证明。市场发布的大宗商品期货合约反映了买方愿意在未来时点为指定数量的油气商品支付的价格，能够为确定合理的价格涨幅提供一定参考。值得注意的是，向美国证券交易委员会（SEC）报送的材料中，油气资产评估时需要假设价格在资产的生命期内保持恒定，不允许考虑通货膨胀。

6.1.3 操作费

操作费是油气井完钻后产油或产气的费用支出，其示例如下：

（1）油田作业、维护和维修产生的劳动力和材料成本；

（2）维持油井产量的修井工作成本；

（3）天然气处理厂、盐水处理系统以及注气或注水装置的营运费用；

（4）现场管理费；

（5）在作业协议中约定的每口井每月的固定支出。

操作费一般分为固定成本和可变成本。固定成本是与井数和油气产量无关、始终保持不变的部分。可变成本是随井数和油气产量变化的部分。一个海上油田生产平台的主要操作费通常大部分是固定成本，因为维持和运营平台的成本基本是固定不变的，同平台井数和产量无关。可变成本则包括化工产品、燃料、水处理及一些随油井数量和生产水平降低而需要降低的劳动力成本。

操作费一般以总成本（美元/月）或单位成本（美元/bbl 或美元/$10^3 ft^3$）的方式来表示。在使用单位成本方式计算操作时要特别注意，因为这种方式可能在油田计划减产或产量递减严重时期大幅度低估成本。操作费在评价计算时通常逐年增加，以体现通货膨胀。如在第五章"性能法"一节中讨论过的，操作费的计算在确定单口生产井或整个油田资产的经济极限（即使收入与成本完全相等的产量）时是非常重要的。在分析成本时，一定要注意只有那些当一口井废弃时，即不存在的收入和成本应该被纳入考虑。例如，如果一个泵油工人在一口特定油井停产后仍继续留在生产区，那么这个工人的工资摊给这口井的部分就不应该在成本中予以考虑，因为它不是该井的相关成本。

6.1.4 开采税和从价税

如本章前面税前经济模型所示，总收入扣除开采税和各类从价税以及操作费，才能得到净营业收入。开采税是基于产量、产品价值或两者共同作用而收取的生产和节能税种，由州政府征收。从价税是基于地下储量、平均日产量、设备和资产的评估价值或者其他因素的税种。

6.1.5 投资

投资通常被定义为开发新的油气产量或产生多于一个财务期间（通常为一年）的收益而产生的支出。油气的资本性投资示例如下：

（1）钻井和完井相关的支出；

（2）为提高油藏产量而为油井配备相关设施及将产量从井口运输到油田终端处理设施的相关费用；

（3）保持油井生产的操作费之外的未来支出。

为能够合理处理所得税相关事宜，投资被划分为有形成本和无形成本。

有形成本是与实物设备相关的支出，只能通过折旧方式税前抵扣。无形成本与实物设备无关，不能为所得税抵扣而进行资本化处理（例如安装地面设施的劳动力成本）。同操作费一样，资本性投资也通常逐年递增，以反映通货膨胀。

6.1.6　其他费用

在油气资产经济评价中需要考虑的其他费用主要是勘探成本和弃置成本。勘探成本主要发生在获取远景油气资产以及开展勘探活动时。勘探成本包括地质和地球物理工作费用、法律成本、评价费用、矿权、资产收购成本、租约贡金及无法以实物资产代表的资本化的无形钻井和开发成本（IDCs）。

弃置成本为生产类资产达到经济极限后和（或）归还给土地所有者前发生的油井和地面设施废弃以及地面恢复相关的成本。一项可以抵消部分弃置成本的元素是设备达到其使用寿命后的残值。对于陆上油田，通常假定设备资产的残值可以全部或大部分抵消资产的弃置成本。陆上油田或许确实情况如此，不过，海上油田的设备资产残值通常只能抵消很小一部分弃置成本，因为移除海上平台会产生巨大的费用。

6.2　税后经济评价

绝大部分位于美国本土的油气资产的评价结果是基于税前的，而对于国际资产，基于税后（ATAX）的评价是行业惯例。美国联邦税法针对美国和国际油气资产的征税方式超出了本书范畴，但是，在评价中关注税务影响的重要性是很关键的。简单说来，联邦所得税是由应纳税减去所有扣除项再乘以公司税率得来的。应纳税所得取决于包括折旧成本、折耗、无形钻井和开发成本及经营现金流的利息支出等费用项目的扣除。

6.2.1 折旧费用

折旧费用允许对应记折旧的资产，在其预计的使用年限内发生的磨损和淘汰进行成本回收。应记折旧的资产包括油井设备和地面设施。对于在美国的资产，绝大多数有形应计折旧的资产使用"修订的加速成本回收机制"（MACRS）中设定的方法进行回收。在折旧扣除项的计算中不考虑残值。油气设备规定的回收期为 7 年，采用 200% 双倍余额递减法，随后转换为直线折旧法进行计算。

6.2.2 折耗费用

折耗费用承认烃类是不可再生资源，允许权益所有者回收开采资源的成本和原始获取成本。折耗费用是成本折耗或百分率折耗中的较大者。矿产资源成本损耗包含的项目大致有地质和地球物理工作费用、法律成本、评估费用、矿权收购成本、租约贡金以及不能以实物形式代表的资本化无形钻井和开发成本。成本损耗以单位产量法计算。百分率折耗法允许矿藏资产总收入的某一百分比用作税前抵扣，其初始目的旨在为作业者未来的勘探开发投资提供一个相对低成本的融资渠道。在历次税法改革中，百分率折耗法基本上已经被废止，只有一些类别的天然气生产项目或某些产量较小的独立生产商和特许权所有者是例外情况。

6.2.3 无形钻井和开发成本

IDCs 包括诸如劳动力、燃料、维修、井场搬运和物资供应、钻井和完井以及生产和完井所需地面设施等费用项目。IDCs 也包括在井筒里安装有形设备的费用。IDCs 可以作为费用抵扣，或进行资本化和折旧扣除。独立生产商可以 100% 扣除其当年产生的 IDCs。大型一体化石油公司可以扣除 70% 当年发生的无形成本，但是必须将剩余的 30% 费用以直线法在 60 个月内进行摊销。

6.3 测算利润率

在完成油气资产储量评价和产量预测之后，评价工作的下一步就是应用各种利润率测算法来评估项目税前和税后的净现金流。在油气产业中广泛应用的利润率测算方法包括净现值、收益率、投资回收期、利润投资比及折现后的利润投资比。然而值得注意的是，在下文中我们将讨论的这些利润率指标在单独应用的情况下，都存在其内在的限制。因此，通常的做法是将这些指标结合起来，以充分评价意向投资的利润率及相关的税前和税后净现金流。

6.3.1 净现值（NPV）

净现值法在评估项目净现金流时利用了金钱的时间价值这一概念（即复利与贴现）。净现值法是基于复利公式 $F = P \times (1+i)^n$，将未来资产价值（F）和资产现值（P）以一个给定的利率（i）在给定的时间段（n）里联系起来。利用复利公式的一个示例是，在年利率为 10% 时，今天的 10 美元在 5 年后将增值到 16.11 美元，也可以说 5 年后收到的 16.11 美元相当于今天收到的"现值"为 10 美元。

当评价油气资产时，我们通常对比较当前或评价基准日的现金流更感兴趣。因此，复利等式的改良形式（如"现值等式"）为 $P = F \times [1/(1+i)^n]$。等式中 $[1/(1+i)^n]$ 的部分是在净现值分析中计算贴现因子（年末现金流复利）用的。一般而言，油气资产通过年终折现进行评价，这导致贴现因子的计算公式有少许调整，变为 $1/(1+i)^{n-0.5}$。表 6-1 中给出了一个 NPV 计算的示例，例子中假定了复利年度计算，年终折现率为 10%。

表 6-1 净现值计算示例

年度	净现金流 千美元	折现系数小数 （10%）	折现 10%的净现金流 千美元
0	−1750	1.000	−1750
1	1000	0.953	953
2	700	0.867	607
3	500	0.788	394
4	300	0.716	215
5	170	0.651	111
6	100	0.592	59
总计	1020		589
			=NPV@10%

在本例中，175万美元投资在6年期间产生了277万美元的净现流。现值计算表明在第零期或评价基准日，175万美元的投资取得了10%的回报率外加总计588570美元的现金回报。588570美元的正净现值代表了当市场收益率等于折现率（10%）时，项目收益超过市场回报的当前现金价值。或者说，588570美元的正净现值是在项目取得折现率收益（10%）回报率的情况下，能够投入项目的额外投资。如果表6-1中的净现值等于0，那么175万美元的投资将会产生的回报率等于折现率（10%）。如果NPV是负值，投资产生回报率将小于折现率。

净现值法是油气行业中广泛采用的确定项目经济可行性的评价方法。在税前和税后都是用同一个折现率，操作十分简便。这种方法使得公司可以将一众相互竞争的投资机会进行排序比较。通过这种方法，公司也能够直截了当地对项目风险和不确定性做出量化比较。最后，这种方法考虑了投资机会中金钱的时间价值。净现值法的劣势包括对于项目早期实现的现金流给予的评价权重远远超过项目后期。同时，净现值法并未考虑竞争性项目的规模对现金流造成的影响。例如,两个项目可能拥有同样的净现值,但是,一个项目相对比另外一个项目,可能需要更大量的前期投资。因此,净现值法通常同其他评价方法(如投资回收期和利润投资比法)结合使用,可以充分评价项目的净现金流情况。

6.3.2 收益率(ROR)

收益率被定义为使项目净收入现值等于投资额现值的折现率,也就是说,收益率是使一个项目或投资机会的净现值等于零的折现率。计算收益率是一个试错过程,将不同的折现率应用于净现金流分析找出使净现值成为 0 的折现率的值。表 6-2 给出了一个收益率的计算示例。

表 6-2 ROR 计算示例

年度	净现金流 千美元	折现系数小数 (32.8%)	折现 32.8%的净现金流 千美元
0	-1750	1.000000	-1750
1	1000	0.867624	868
2	700	0.653122	457
3	500	0.491652	246
4	300	0.370101	111
5	170	0.278601	47
6	100	0.209723	21
总计	1020		0
			0 NPV@32.8%

在表 6-2 中,一个 175 万美元在 6 年的时间里产生了 277 万美元净现金流的投资,其 ROR 被确定为 32.8%。相当于这 175 万美元投资的利润率等同于将 175 万美元存入一个年利率为 32.8%的复利储蓄账户。收益率法在比较具有相似生命期和现金流情况的投资机会时是非常有效的。收益率法也是

一种将项目收益同资金成本或公司某一年度特定的增长目标等各类最低门槛值进行比较的非常便利的方法。然而，同净现值法类似，收益率法也具有对于项目早期实现的现金流给予的评价权重远远超过项目后期的劣势。另外，与净现值法一样，收益率法也未考虑竞争性项目的规模对现金流造成的影响。该方法的另一缺陷是增产项目或在末期需要大额支出的项目会产生多个收益率计算结果。最后，收益率法默认项目现金流再投资收益率同初始收益率相同，这或许不是一个公司合理的考虑思路。

6.3.3 投资回收期

投资回收期被定义为项目产生的净收入中完成投资资本回收的时间。投资回收期在油气行业内得到广泛的使用，对大多数油气投资，通常可以接受的回收期为2~5年。尽管应用广泛，投资回收期法也存在一些不足，它没有考虑项目取得回报的时间和意向投资总体的利润回报情况。因此，投资回收期法通常要结合其他方法（如净现值、收益率法和利润投资比法）一起使用，以评价投资和相关的净现金流情况。表6-3给出了一个投资回收期的计算示例，表中使用的数据来自前面净现值和收益率法示例中的净现金流数据。

表6-3 回收计算示例

年度	净现流 千美元	175万美元投资回收净现流 千美元
0	−1750	—
1	1000	1750−1000=750
2	700	750−700=50
3	500	50/500=0.10
4	300	—
5	170	—
6	100	—
		回收期=2.1年

如表6-3所示，该175万美元投资在6年里产生277万美元现金流的投资回收期为2.1年。

6.3.4 利润投资比

利润投资比被定义为总未折现净利润（总现金净收入减去投资额）除以投资额。另一种类似于利润投资比的、被广泛使用的利润率指标是净收入投资比。下例中给出了一项投资额为175万美元，产生277万美元净现金流的投资项目的利润投资比和净收入投资比的计算方法。

$$未折现利润投资比 = (2770000 - 1750000)/1750000 = 0.58$$

$$净收入投资比 = 2770000/1750000 = 1.58$$

利润投资比和投资回收期通常被一起用来评价投资机会。业内比较公认的、可接受的投资机会的净收入投资比应大于2:1，投资回收期为2~3年。利润投资比被广泛应用于油气投资机会评估。但是，它与投资回收期法有同样的一个弱点，即无法反映项目收益的速度。例如，两个投资项目可能有相同的利润投资比，可是一个项目取得收益总额的时间是另一个项目的一半。因此，利润投资比法和投资回收期法通常要和其他利润指标如净现值及收益率一同使用，以充分评价投资机会的净现金流情况。

6.3.5 折现的利润投资比（DPR）

折现的利润投资比法类似于利润投资比法，不同于后者使用未折现的净利润除以投资总额，它使用投资机会的净现值除以投资额的现值来计算。DPR代表了投资机会产生的超过平均每一美元投资收益率的净利润的折现值。下面示例展示了表6-1中，175万美元投资在10%折现率情况下取得588570美元折现净现金流时，项目的DPR和折现净收入投资比的计算过程。

折现利润投资比 = 588570/1750000 = 0.34

折现净收入投资比 =（588570+1750000）/1750000 = 1.34

DPR 在业内广泛应用，很多人认为这种方法是最能够真实反映一个投资机会收入潜力的评价方法。DPR 法使得作业者能够以最大化的每一美元投资利润为基础，轻松地为投资机会排队。无疑，一个稳健的投资策略是在由资金制约的投资组合中选出能够使 DPR 最大化的项目。

6.4 公允市场价值

决定油气资产收购或出售价格的起点是估算出资产的市场公允价值。市场公允价值是一个理想概念，通常被定义为在买方和卖方都充分了解相关知识信息的前提下，没有任何强制的买卖压力时自愿将资产交易转手的价格。但在多数交易中，现实情况是买方和卖方通常都有购买或出售资产的压力，并且很多时候他们对相关知识和信息可能了解，也很可能不了解。尽管如此，确定资产的市场公允价值对于资产的收购或出售过程是很有帮助的一步工作。市场公允价值评估也被一些借贷机构广泛应用于借贷目的，被美国国家税务局应用于继承权等税额确定事项，在破产法院和法庭事项中也得到采用。确定市场公允价值常用的方法如下：

（1）相似资产的出售价格；

（2）收购价格加一定的收益率（如 15%~30%）；

（3）为达到特定的投资回收期需要取得的净收入（如 2~3 年）；

（4）未来净收入现值的指定百分比（如 50%~80%）；

（5）地下储量每桶的折现价格（如市场价格的 1/3）；

（6）特定折现率下（如 15%~25%）的投资和未来现金流净现值；

（7）资产未来未折现净收入的一个百分比（如比例范围可以是对于较新资产 40%，对于老油田资产 25%）；

（8）对资产剩余生命期第一年日产单桶油给出指定价格。

为了确保公允，评估中通常将这些方法联合起来使用。在一篇题为《确定市场公平价值的方法对比》（SPE 13796）的论文中，J. B. Gustavson 推荐，市场公允价值应该是至少三种方法计算结果的算术平均数，而这三种方法确定的市场公允价值彼此间差异应在 10% 以内。他的确定市场公允价值的方法包括：

（1）桶油当量价值；

（2）风险调整后的资产现值；

（3）累计三年现金流；

（4）现值的 25%。

给资产确定一个价值额外的考虑是资产的特定属性，这些特性可能给交易造成额外的风险和不确定性，并可能最终会影响到交易整体的利润率。这种资产的特定属性包括：

（1）单井资产对比多井资产；

（2）资产价值集中在少数几口油井；

（3）油气产量高含水；

（4）油田临近经济寿命末期；

（5）生产历史有限；

（6）开展了提高采收率工作，但产量或模拟表现没有明显改善；

（7）高昂的作业费用；

（8）海上对比陆上资产；

（9）不稳定的产量动态；

（10）环保问题；

（11）已开发在产储量（PDP）、已开发未生产储量（PDNP）、已探明未开发储量（PUD）、未证实储量的百分比；

（12）缺少生产模拟；

（13）资产增值或储量增长机会缺乏；

(14) 资产开发时间进度问题，例如合作伙伴批准、政府审批、技术影响等。

在确定市场公允价值或决定资产的收购或出售价格时，上述所有因素都应该进行仔细考虑。

6.5　未开发区块评价

很多情况下，一次资产收购中可能包含了数个未开发区块。作为收购价格的一部分，买方要为未开发区块分配价值。未开发区块权益通常采用下述两种方法之一进行估值：

（1）如果未开发的远景勘探区已经通过地质、地球物理或类推法进行了确定，对其储量也能够进行评估和预测，那么就可以使用经过了较大幅度风险调整的折现现金流法对这些未开发区块权益进行估值；

（2）如果尚未识别有利的钻井目标区域，也无法进行模拟，那么可以利用相同地区取得相似区块的成本，使用对比法进行估值。

6.6　评估风险和不确定性

确定资产出售价格的重要一步是识别并考虑储量评估、产量预测、油气价格预测及未来成本规划相关的风险和不确定性。未能正确考虑风险和不确定性会导致为资产支付过高对价，并因此影响收购项目未来的盈利能力。在招标中对收购价格做出幅度过大的风险调整会导致对资产出价过低而无法赢得目标资产。因此，资产评估中进行适当的风险调整以及确定一个合适的风险调整后的购买价格对于成功收购资产，以及后续实现收购资产预期的未来盈利都极为关键。将风险和不确定性融入资产评价和收购价格确定的方法有很多，包括：

（1）评估中应用单一的储量调整因子（RAFs）；

（2）使用当前油气价格进行评价，不考虑通货膨胀；

（3）保守的产量预测；

（4）对净现流应用风险调整后折现率（RADR）；

（5）应用风险调整后的利润率测算方法（投资回收期、利润投资比、收益率、折现的利润投资比等）；

（6）针对储量、产量预测、油气价格、操作费和资本性投资等变量进行多种情景方案的经济评价；

（7）对于评价中的各个输入变量，应用概率分布的蒙特卡罗模拟法（储量、产量预测、产量价格和成本）。

在资产评价和确定合适的风险调整后收购价格中使用复杂的蒙特卡罗风险模型是一种技术上最严谨的方法。但是，关于蒙特卡罗方法的讨论和应用已经超越了本书的范围。其他前文总结过的风险调整法，包括使用不考虑通胀的当前价格、保守的产量预测、应用风险调整后的利润率测算方法，以及进行多种风险情景的预测评估，都是相对直观的。

在确定市场公允价格或收购价格中使用净现流风险调整后折现率（RADR）也很普遍。RADR通常被应用于缴纳联邦所得税之前的净现流上。不同的RADRs也可以应用于每个等级的储量产生的净现流。石油评估工程师协会为其会员们准备了年度经济参数调查，调查会要求被调查者回答关于在资产评估中RADRs和储量调整因子（RAFs）以及其他经济参数使用情况的相关问题。2015年石油评估工程师协会的调查结果表明，调查对象中RADR最典型的应用值约为17.4%，应用的RADR范围为11.6%~47.8%。对于每个储量等级使用的不同RADR值，调查结果显示对已开发在产储量使用的RADR平均值为24.4%，已开发未生产储量使用的平均值为26.1%，探明未开发储量应用的RADR平均值为28.6%，概算储量使用的RADR平均值为53.5%，而可能储量使用的RADR平均值为60.4%。

应用RAFs，通常需要遵循以下步骤：

（1）为每个等级类别的储量及其能够产生的现金流进行最佳估算（探明产量、探明未开发量、概算、可能储量等）；

（2）在扣除成本（操作费、资本性投资和弃置费）和各项税金之前，为每个独立的储量预测确定单独的 RAF；

（3）风险调整后的储量和净现流随后会被加总，得出风险调整后的总现金流；

（4）对风险调整后的总现金流进行折现，以确定净现值；

（5）应用适当的利润率测算方法（投资回收期、利润投资比、收益率、折现的利润投资比）确定资产的市场公允价值或收购价格。

另一种方法是每一类别的储量产生的净现金流扣除成本（操作费、资本性投资和弃置费）和税金后简单的应用储量调整因子，或直接对每一个储量类别的折现现金流应用储量调整因子。前一种方法对储量应用了调整因子，但调整因子没有应用于成本和税金。第二种方法对储量、成本和税金都应用了调整因子。相比第一种方法，第二种方法会得出一个较低的风险调整后的资产估值。

业内使用的储量调整因子常常差异很大，取决于使用该因子的目的（如确定公允市场价格、收购、剥离、贷款目的等）。表6-4中展示了在石油评估工程师协会2015的调查中，调查对象在一般区域和非常规产区使用的储量调整因子情况。

表 6-4　储量修正系数

储量类别	储量修正系数（RAFs）			
	普通 %	非常规 %	差别 +/-	%
证实在产储量	96.4	97.4	-1.0	101
证实关井储量	80.2	82.9	-2.7	103
证实管输后储量	74.5	75.2	-0.7	101

续表

储量类别	储量修正系数（RAFs）			
	普通 %	非常规 %	差别 +/-	%
证实未开发储量	59.3	63.2	−3.9	107
概算在产储量	50.5	50.6	−0.1	100
概算关井储量	32.2	39.4	−7.2	122
概算管输后储量	33.4	38.3	−4.8	114
概算未开发储量	29.0	32.6	−3.6	113
可能在产储量	12.0	17.8	−5.8	149
可能关井储量	10.6	12.7	−2.1	120
可能管输后储量	12.0	11.4	0.5	95
可能未开发储量	12.1	12.2	0.0	100

上文列出的石油评估工程师协会关于 RADR 和 RAF 的信息比较有限，不过石油评估工程师协会 2015 年经济参数调查本身提供了大量有关调查结果的讨论和细节。我们鼓励读者们联系石油评估工程师协会（www.spee.org）获取完整的调查副本。

6.7 油气资产评价中的陷阱

笔者在多年来审阅和检查众多公司和咨询顾问准备的储量报告的过程中遭遇到很多陷阱。本节的目的旨在分享我们的经验，并希望能够为准备确定市场公允价值或收购价格的评价报告的读者提供一些指导意见。

6.7.1 数据采集陷阱

（1）最大的陷阱：未能获取和使用全部数据；

（2）在没有经过独立验证的情况下接受了客户或卖方公司提供的数据和信息；

（3）在没有独立支持材料的情况下接受了客户或卖方公司提供的未来新井数量、钻井时间计划，以及其他井投资信息；

（4）在没有独立验证的情况下接受了客户或卖方公司提供的权益信息；

（5）客户或卖方公司没有充分披露待评估资产或资产包的全部相关信息；

（6）评价者在评价过程中没能充分完成尽职调查工作，未能确保待评估资产或资产包相关的所有关键信息均已披露；

（7）评估报告没有充分陈述评估依赖的数据类型和来源（注：在关键数据缺失或对评估员不可见的情况下，评估报告应说明缺失了哪些信息以及确定数据对最终结果产生的整体影响）。

6.7.2 储量确定的陷阱

（1）地质绘图和体积计算陷阱。

①对故障使用井控失败；

②建立有效厚度图时没有考虑总砂岩等厚线图，且图以砂岩图为底图；

③计算有效产层时没有使用孔隙度测井及岩心数据；

④没有正确修正斜井实际垂深（与实际垂深相反），特别是对于陡立倾斜层带的情况；

⑤在测定体积和评估时在井控的最高点上建立有效产层厚度；

⑥当可靠的属性数据和分析表明了储量显然不同时使用体积估算；

⑦关于储量资源来源和可采参数不正确的假设；

⑧在体积计算中选择最大或最小参数的偏见，导致了对储量的过多或过

少的预估；

⑨检查底图失败以及确认所有井和干井都已经被解释；

⑩由类似产量区支持的体积计算中，没有确认排水区域已经指定；

⑪在钻新井和（或）更新油藏动态数据时，没有更新体积估量；

⑫没有回顾或确认管外储量或未开发储量可能被生产井抵消；

⑬水驱油藏中分配油气开发储量超过地平结构最高井；

⑭在低孔隙度、高渗透率的砂岩和石灰岩体积计算中使用了井壁岩心孔隙度数据；

⑮油井性能有效产层计算和分析中使用了从井壁岩心数据中经验推断的渗透率数据。

（2）性能陷阱。

①储量评估只基于产能数据而没有利用体积分析进行再次核对；

②应用了不同井距类型钻井中特定井距条件的单井可采数据；

③没有将性能曲线类型和油藏驱动机制性质联系起来：

a. 水驱和气顶驱动油藏使用了产量递减曲线可能会夸大储量；

b. 通过绘制油藏压力对应水驱气藏累计产量的曲线进行推断；

c. 通过绘制总产出液中油或水的百分比对应水驱仅部分有效的累计原油产量曲线进行推断。

④p/Z数据外推对应累计产量来确定储量，却不考虑p/Z原始天然气对原始天然气体积中的比值；

⑤因所有的p/Z数据点形成了直线形式，则假设气藏一定都是溶解气驱；

⑥当油藏压力达到正常梯度时，没有解释地质高压油藏中潜在斜坡变化的p/Z对应的累计产量点；

⑦p/Z图中，在地质高压油藏中使用了低油藏弃置压力来估算储量（注：地质高压油藏中弃置压力通常高于正常压力油藏）；

⑧当油藏或油井实际上已经进入末期，展现了双曲线的趋势时，使用早期生命周期中的指数进行外推；

⑨对导致油井或油藏生产率改变的外部因素错误解释，包括缩减、补偿井干扰、气举装置、油井维修、泵装置、配定生产率影响以及油嘴尺寸改变；

⑩没有考虑储采比是否合理（例如，目前生产率范围2~4年的变化）；

⑪评价日产或月产量趋势对应时间时没有考虑试井；

⑫依赖于与从运营者处直接获取的数据相反的公共记录；

⑬没有充分考虑目前和（或）未来压缩需求。

6.7.3 产量/销售预测陷阱

（1）当性能表现是双曲线、谐波或直线时使用了指数递减预测。

（2）对于强力水驱的油藏和气藏使用了递减曲线预测；

（3）没有正确解释如早前所述的影响生产率改变的外部因素；

（4）在未来产量预测时没有考虑类比；

（5）没有说明燃料和压缩；

（6）没有以确保合理性的预测销售量与历史销售量错误对比；

（7）对于伴生流，只基于当前生产量或生产率的伴生流储量分配（伴生气或冷凝物），没有考虑使用累计气产量测井图对应累计液体产量测井图。

6.7.4 价格预测陷阱

（1）未使用票均存根凭证或经营报表反映出的实际价格，而是使用原油牌价或现货原油价格作为假设依据（注：牌价或现货原油价格没有考虑原油密度和（或）硫含量造成的价格调整，以及可能的运输费用）；

（2）没有参考天然气销售协议或合同中关于接受天然气价格和交付的相关条款；

（3）没有考虑销售协议中规定的天然气价格的热值调整，以及合同中规定的任何从天然气购买者处应收取的补偿金额，如开采税和压缩费用；

（4）没有考虑合同中关于天然气中的水蒸气、氧气、二氧化碳、硫化氢或总含硫量等物质含量的限制；

（5）没有考虑天然气购买者和生产商重新谈判了气价，而新确定的气价低于销售合同中规定气价的可能性；

（6）在评价模型中首年使用了当前价格，而非预期的年度平均价格。

6.7.5 费用/投资陷阱

（1）没有使用当前可获取的最精确的信息来估算资本性投资费用（注：折现现金流对大笔资本性投资很敏感，特别是早期部分的现金流规划，过于高估或低估投资都会对累计折现现金流造成严重影响）；

（2）在估算月度操作费时没有考虑作业协议中规定的每口井每月的固定费用；

（3）以单桶产量操作费（美元/bbl 或美元/$10^3 ft^3$）形式，而非总操作费（美元/月）形式进行测算（注：在削减产量期间或产量严重下滑后使用单位成本测算会导致实际成本被低估）；

（4）没有意识到对于一个给定的在产区块，小型独立公司的投资和操作费会低于大型综合性公司；

（5）没有识别或区分出一次性或发生频率很低的成本，例如平台涂敷、管线置换、路面维修和油井维修费用；

（6）没有质疑被作业者或客户认为是一次性的成本是否真是一次性；

（7）没能区分固定成本和可变成本，特别是对于海上环境；

（8）没有理解是否将上级管理费包含在成本数据中，以及上级管理费包括什么内容；

（9）没有考虑弃置成本和其他环境清理成本；

（10）没有考虑与压缩机或泵装置相关的未来成本；

（11）没有考虑经济极限分析，只计算相关成本和收入（注：例如，如果一个泵油工人不论一口评价目标井是否被废弃都会继续留在生产区工作，那么这个泵油工人分配给这口井的工资部分就不应该在评价中予以考虑，只有在一口井被弃置的同时也终止了的收入和成本才应该在评价中考虑）。

6.7.6 经济分析陷阱

（1）没有独立地检查经济评价和收益率测算的方式，例如一个计算机程序如何计算折现。

（2）没有正确地或连续地考虑通胀因素。

6.7.7 其他的陷阱

（1）没有理解公司或客户提供的油当量（BOE）储量数据是以热值还是以价格为基础换算的；

（2）没有检核工作；

（3）资产评估时没有进行优先级排序（注：业内通常的经验是目标资产中20%的油井或资产价值占据资产全部价值的80%，因此在准备资产评价时，将精力集中于价值最高的井或资产上是比较谨慎的做法）；

（4）没有正确估算完成资产评价需要的时间（注：资产评估实际上需要2~3周或者更多的时间，如果一个公司或客户要求仅用几天就完成工作，那么这项任务需要谨慎对待）；

（5）没有意识到资产评估工作中内在的职业责任；

（6）没有使用免责声明；

（7）在分析中加总探明和未证实储量时，没有使用适当的风险因子。

参 考 文 献

[1] G. B. Wiggins III, "Oil and Gas Property Evaluation," in *The Business of Petroleum*

Exploration, ed. Richard Steinmetz, Treatise of Petroleum Geology Handbook of Petroleum Geology Series (Tulsa, OK: American Association of Petroleum Geologists, 1992).

[2] Society of Petroleum Evaluation Engineers (SPEE), The Society of Petroleum Evaluation Engineers Thirty-Fourth Annual Survey of Parameters Used in Property Evaluation, annual meeting, Halifax, Nova Scotia, June 6-9, 2015.

[3] Ibid.

7 非常规资源储量评估

7.1 资源开采定义

在评价非常规资源开采时第一步是要确定待评价的开采资源是否是非常规资源。区别常规资源和非常规资源是非常重要的,因为用于评价两者的方法完全不同,本章中会对此进行探讨。石油评估工程师协会在其第 3 期题为《资源开采中未开发储量实际评价参考》的专题论文集中对关于如何识别非常规资源开采提供了参考。在第 3 期中,石油评估工程师协会定义了资源开采具有下述的第一层特征:

(1) 探井显现出最终可采量评估(EURS)是一种重复的统计分布;
(2) 探边井动态不是未开发区块动态的可靠的预测;
(3) 连续的烃类系统就面积上而言是局部存在的;
(4) 根据流体力学,游离烃类(不可吸附的)在初始产量中不存在。

在资源开采中,根据石油评估工程师协会鉴别的附加的第二层特征如下:

(1) 需要大量增产以按照经济率产油;
(2) 油层水产出很少(煤层气和重油油藏例外);
(3) 不存在明显的断块或裂缝;
(4) 低渗透率(<0.1mD)。

如果一个开采资源被识别为非常规的,可以用合适的方法评价储量,既适用于生产井，也包括未开发区块。

7.2 非常规资源开采类型

通常认定非常规资源类型包括页岩气、致密气、煤层气、致密油、超重油、沥青、油页岩和天然气水合物。本章的目的是讨论非常规资源开采中，仅限于在过去十年主导了美国资源开发的资源开采（如页岩气、致密气、煤层气和致密油）。其他类型的非常规资源的概述和参考文献可以在 SPE 的《石油资源管理系统应用指南》中查到。

7.2.1 页岩气藏

页岩气来源于低渗透率、有机质含量丰富的页岩层，并在其中形成圈闭。页岩气藏是复杂的储集系统。储集系统包括页岩基质系统、天然裂缝及吸附过程，其中吸附过程是由于黏土颗粒和天然气之间的分子间作用力，使得天然气被吸附到有机质上。

吸附的页岩气产物可以通过解吸作用得到。当油井生产造成油藏压力降低时，就会产生解吸。由于页岩的超低渗透率，页岩气藏通常仅能通过天然裂缝和（或）水力压裂增产达到商业生产率。页岩气井会明显快速递减，之后会在很长一段时间内（30~50 年）以低速生产。

页岩通过有机质的生物降解或热降解产生了天然气。生物成因或热解成因天然气藏可以用下述的方法进行区分。

生物成因页岩气藏：

(1) 天然气产生于埋深较浅（<3000ft）、低温条件的页岩中，页岩裂缝中的细菌通过缺氧的环境对有机质进行分解；

(2) 天然气吸附在有机质上；

(3) 天然气非常干燥，几乎全部由甲烷组成；

（4）气藏的总有机质含量很高（质量分数大于10%）；

（5）由于埋深与在气藏的吸附气体流动之前使气藏天然裂缝脱水的需要，生物成因气藏与热解成因气藏相比，通常会有较低的生产率和较低的EURS；

（6）美国密歇根州安特里姆页岩气藏就是一个生物成因页岩气藏的例子。

热解成因页岩气藏：

（1）天然气在埋深较深（>3000ft）、温度较高的页岩中产生，有机质或原油沉积由于热裂解产生了天然气和液态烃；

（2）天然气存在于孔隙中并吸附在有机质上；

（3）天然气可以是干气，也可以包含大量的湿气组分，包括乙烷、丙烷、丁烷和冷凝物；

（4）气藏具有相对低的总有机质含量（质量分数大于2%），其中绝大部分的TOC已经转化成了烃；

（5）探井典型呈现出初期生产率高和双曲线快速递减的态势，产量压缩之后会有一个高值系数 b 出现；

（6）页岩孔隙空间中的游离气体控制了产量，页岩中吸附于有机质上的气体贡献很小；

（7）得克萨斯州东北部沃斯堡盆地的巴奈特页岩储层就是热解成因天然气藏的示例。

大多数页岩气藏是通过水平钻井和水力压裂增产相结合进行开发；直井横向长度为5000ft甚至更多，通常每口井会有15~20条裂缝增产处理措施。典型的页岩气藏开发会设置4个或8个平行侧井，每个640acre，垂直于储层压力的截面。有效经济开采储层所必需的钻井数量控制了每个截面上的钻井数量。在水力压裂增产措施之后评价增产储层体积（SRV），以及辅助确定页岩气藏最优井距方面，微地震技术起到了关键作用。

7.2.2　致密气藏

大多数致密气都储存于低孔隙度、低渗透率（0.1mD或者更少）的常规构造岩石、地层圈闭和盆地中心气藏中（即通常不与下倾含水层连接的、储层边界模糊的连续气藏）。储层中的天然裂缝提供了生产渠道，但是却通常需要水力压裂才能达到商业生产率。勘探开发策略通常聚焦于天然裂缝的位置及具有较高储层渗透率的甜点区。之后，会以最优化截取天然裂缝走向（垂直于开启裂缝）和甜点区的方式进行钻井。致密气井递减迅速，呈现出双曲线形态之后变得平缓。如果钻井生产时间已经足够，则使用递减曲线分析（本章之后会讨论）进行动态评估。由于延长关井时间需要准确测量储层压力，使用物料平衡法（即 p/Z 对应累计产量）来评估致密气藏的时候应谨慎行事。

7.2.3　煤层气藏

煤层气（CBM）藏中大多数的天然气是吸附在煤基质内有机质上的气体及储存在天然裂缝、基质孔隙和煤层中的小得多的游离气体。在生产过程中，天然气从煤基质逸散进入煤储层体系的天然裂缝之中，这些裂缝为天然气和水流入生产井提供了渗流通道。煤层气中也存在部分游离气体储存在天然裂缝中，然而，由于其高含水饱和度、在天然裂缝体系中的低裂缝孔隙体积，这些游离气体通常被认为是微乎其微的。大部分煤层是含水饱和的，在天然气生产之前，必须进行脱水。对于不饱和煤层（即原位天然气含量小于原位存储容量），开始生产直到达到临界解吸压力之前，只有水会进行初始流动；到临界点时，气体会开始流进裂缝，并向生产井流动。对于饱和煤层，水和气体的两相流动在生产开始时就会发生。通常情况下，煤层气的气体生产率会随着产水量的下降而增加。由于储层有效压力改变、煤基质收缩和（或）颗粒运移造成CBM储层渗透率改变，会使CBM井在使用寿命中发生改变，这一点尤为重要。同样，天然气的组成特性会由于储层压力和吸附作用发生变化。

煤层气藏的天然气初始地质储量（GIIP）使用下列公式以容积法来确定。GIIP 乘以一个采收系数可以确定最终采收率评价（EUR）：

$$GIIP = Ah43560\phi_f(1 - S_{wi})/B_{gi} + 1.3597\bar{\rho}_c\bar{G}_c \tag{7-1}$$

式中 GIIP——天然气初始地质储量，10^6ft^3；

A——储层面积，acre；

h——储层厚度，ft；

ϕ_f——天然裂缝孔隙度，%；

S_{wi}——天然裂缝的初始含水饱和度，%；

B_{gi}——初始天然气储层体积系数；

$\bar{\rho}_c$——与平均原煤体积对应的平均原煤体积密度，g/cm^3；

$\bar{G}_c$——与平均原煤体积对应的平均原位煤层天然气含量，ft^3/t。

式（7-1）反映了 CBM GIIP 主要由煤基质中吸附的天然气和存储于天然裂缝体系中的游离气体组成。如上所述，由于天然裂缝体系的高含水饱和度（被假定为或近似于100%）和低裂缝孔隙度（通常小于1%），存储于天然裂缝体系中的游离气体被认为是可以忽略的。因此，CBM 储层的 GIIP 主要就是面积、厚度、煤—气含量的函数。一个精确的煤—气含量值很难得到，但关于原位煤—气含量评价的指南已有相关著作出版。最后，可用等温吸附线、类比法和油藏模拟等一些方法来评价采收系数以确定 CBM 储层的 EUR，包括计算初始吸附气体含量（解析压力）和弃置条件。

产量递减曲线法通常用于评价储量和具有充足产量历史的 CBM 油井动态。CBM 井递减迅速，呈现出双曲线形态，之后趋平。除产量递减曲线法之外，物料平衡法和一些专为 CBM 应用的商业储量模拟器也是可用的。不用说，这些方法对可获取数据的质和量同样敏感。

7.2.4 致密油藏

致密油藏通常定义为含有中轻质原油及较低黏度的低渗透率页岩或致密砂岩储层。页岩储层中的轻质油与油页岩不同,后者含有称作干酪根的大量有机质。油页岩典型特征是在岩层表层开采原油,开采温度极高,这一过程称做干馏。对于致密页岩和致密砂岩储层,如果不使用水平钻井或多向水力压裂,储层内的原油不会流动。美国的致密油区域包括贝肯、伊格福特和尼奥布拉拉盆地。致密油储层也在二叠纪盆地中被发现,包括克利福克、思博柏瑞、迪恩、沃尔夫坎普区块和一些位于宾夕法尼亚州思博柏瑞区块的地层。

7.3 确定非常规储量

评价和分配已开发和未开发非常规油藏储量是具有挑战性的,要对研究的非常规区块内影响油藏动态的特殊因素具有非常全面的理解。非常规油藏和油井动态分析方法正处于早期开发阶段,这些方法和其他的方法以及分析手段无疑都会随着我们对非常规油藏理解的增长而逐渐进步。本节讨论的是用于评价和分配非常规油藏储量方法的一个概述,强烈建议读者重温一下本节引用的技术论文,可以帮助更好地理解讨论的公式和方法,这些公式和方法可确保能够合理应用非常规油藏的储量分配。

7.3.1 非常规油藏生产井评价

如今业内广泛应用递减曲线法来评估已给定了充足数据的非常规油藏生产井动态,常用的方法包括改良型的 Arps 经验模型及瓦尔克、董和其他人提议的方法。重要的是,鉴于美国迄今为止大多数非常规油藏体系的有限动态,一定要牢记使用这些模型时其长生命周期(50 年左右)相关的不确定性。下面是对于如今业内使用的非常规井递减曲线法评价及对于它们实际应用评价的简要总结。建议读者查阅引用的SPE论文，可以找到对下列方法完整的介绍。

1) Arps 经验模型

J. J. Arps 起初源于现代递减曲线分析和指数、双曲线及调和递减模型，在1945年一篇题为《Analysis of Dechine Curves》的论文中可见。由于其应用的简便性和兼容性，Arps模型自此之后便在全球范围内被广泛应用于常规油藏。在《Analysis of Dechine Curves》中，Arps双曲线率—时间的关系被表达如下，迄今也仍在应用：

$$q = q_i \times 1/(1 + bD_i t)^{(1/b)} \tag{7-2}$$

式中　q——给定时间段的生产率，$10^3 \text{ft}^3/\text{mon}$ 或 bbl/mon；

　　　q_i——初始生产率，$10^3 \text{ft}^3/\text{mon}$ 或 bbl/mon；

　　　D_i——初始递减率；

　　　b——双曲线指数；

　　　t——生产时间，mon。

随着非常规油藏的开发，Arps模型逐渐被利用起来，但是存在一个问题。由于非常规井早期生产时期需要一个高Arps双曲线指数（$b>1$）与之相适应，会导致晚期、长生命周期生产时期的储量被严重高估。Arps模型和大多数非常规井之间矛盾的主要原因是Arps模型优先假设了在底层钻孔中稳定流动为恒定流动（如边界控制流），而不是瞬时流动。对于大多数具有超低渗透率的非常规井，瞬时流动会出现并控制持续一段时间（可能超过该井的经济年限），直到达到储层边界。

迄今为止，解决此问题的通用方法是在Arps模型应用最小值末端指数递减，以试图合理地预测晚期、长生命期非常规井产量。这种方法存在使用合适的递减率最小值问题。在一个新资源层的早期生命中，可获取的动态数据有限，识别一个合适的递减率最小值的问题特别明显。总之，改进Arps

模型使用方便,而应用合适的递减率最小值尚存疑虑。

2) 幂次定律指数(PLE)

为了解决在前一节中应用初始 Arps 模型来分析非常规井的问题,Ilk 等在 2008 年提出了经验递减模型,命名为"幂次定律递减比"递减关系,定义如下:

$$q = \hat{q}_i \exp(-D_\infty t - \hat{D}_i t^n)$$

幂次定律递减比递减关系是基于致密气或页岩气井,Arps 的 D 系数与时间会有一个幂次定律关系,而 b 会在一口井的生命周期内发生改变。因此,Ilk 等人提出 Arps 的 D 和 b 值可以用更可预测的参数 D_∞、$\hat{D}_i$ 和 n 来代替,在前面的幂次定律递减模型中可见。这个模型的优点包括:

(1) 对于致密气和页岩气应用,与双曲线率递减关系相比,该模型能更好地与瞬时数据、过渡数据、边界控制流数据相匹配;

(2) 模型容易校准双对数图中 D 和 b 系数对应时间的数据。

Ilk 等人强调,幂次定律指数递减率关系是以致密气和页岩气动态情况根据经验推导得出,应用中尚存不确定因素,相关的结果会随着数据的有限性和(或)数据缺乏而增加不确定性。

3) 延伸指数递减模型(SEDM)

2010 年,瓦尔克和李独立地提议了另外一种 PLE 的形式,这种形式本质上和 PLE 是相同的数学公式,可以得出同样的结果。SEDM 是生产率—时间关系经验模型,表示如下:

$$q = q_i \exp[-(t/\tau)^n] \tag{7-3}$$

式中　q——给定时间段的生产率,$10^3 \text{ft}^3/\text{mon}$ 或 bbl/mon;

　　　q_i——初始最大生产率,$10^3 \text{ft}^3/\text{mon}$ 或 bbl/mon;

　　　τ——SEDM 的时间特性系数,mon;

　　　n——SEDM 模型指数。

SEDM 的应用过程分为两个步骤。第一个步骤包括拟合产量数据并确定指数 n，这会在一个 rp（采收潜力）对应累计产量图中生成一条直线，此图中 y 轴截距等于 1，而 x 轴截距等于 EUR。使用第一步中确定的系数，就可以使用前面提及的生产率—时间关系来确定产量预测了。看起来 SEDM 是对巴奈特页岩和贝肯页岩的评价井提供了可靠的、持久的方法。与 Arps 模型相比，SEDM 更加保守。然而，SEDM 对于产量历史很有限的、预测超过 50 年左右生产周期的生产井，其使用的可靠性并不明朗。

4）长周期线性流模型

长周期线性流模型是由 Anderson 等在 2010 年提出的，该模型提供了一种分析长期产量动态的方法。这种方法适用于裂缝性水平页岩气井，可在增产储层体积（SRV）边界消失时，从线性流转换到边界控制流（BDF）模型。长周期线性流模型是一个多步骤程序，使用了 3 种坐标图（对数—对数、平方根—时间及流体物料平衡）来识别控制流（线性、边界控制及非刺激基质线性流），并呈现出可以用于构造储层模型的数据以及其他的储层性质。之后，可得出产量预测来确定 EUR。这个模型的出现看似对于水平钻孔联系水力压裂，以及对巴奈特、马塞雷斯和斯维尔页岩井评价的选择给出了合理的预估。

5）董模型

2011 年，董提出了另外一种方法，在具有长周期线性或双线性流动区的非常规油藏中，用来预测未来生产率和裂缝控制井的 EURS。董模型应用的相关方程如下。

对于线性或双线性流体：

$$q = q_1 t^{-n} \tag{7-4}$$

累计气体产量：

$$G_p = (q_1 t^{1-n})/(1-n) \tag{7-5}$$

比率：

$$q/G_p = (1-n)/t \tag{7-6}$$

对于现场应用：

$$q/G_p = at^{-m} \tag{7-7}$$

使用董方法的单井分析是一个多步骤程序。在检查和修正数据之后，董模型方程式（7-7）中的 a 和 m 系数可由对应时间对数—对数图的线性回归确定。下一步是根据气体流速与 t（a，m）关系曲线确定 q_1。最后，这是以经济极限率（q_{econ}）和时间（t_{econ}）为基础，使用董模型方程式（7-7）可以确定 G_p（探井经济极限的 EUR）。董模型看起来是对裂缝控制型页岩井的瞬时流（线性或放射性）给出了合理的预测，然而，这个模型在边界控制流时可能会给出较高的预测。因此，结合董模型的瞬时流并转换到具有合适的 b 系数的 Arps 模型，似乎对边界控制流是必要的。

6）逻辑增长模型（LGM）

逻辑增长模型由 Clark 等人提出，用于评价非常规井动态。这个模型是以逻辑增长曲线为基础，最初发展于 20 世纪 80 年代，用于人口增长建模。逻辑增长模型的方程使用了一个被称为承载能力（K）的术语，表示在人口稳定和增长率终止时人口增长的容量上限。逻辑增长模型已经在不同领域的各个方面进行应用。Clark 等人提出了应用模型的一种形式，这种形式过去常用于老鼠群体被减去原始体积的三分之一后的自然再生建模。这些群体在削减前的原始体积使用的就是承载能力（或者 K）。Clark 等人用于非常规井的逻辑模型形式如下：

$$q(t) = dQ/dt = (Knbt^{n-1})/(a + t^n)^2 \tag{7-8}$$

式中　q——生产率；

　　　Q——累计产量；

　　　K——承载能力；

　　　a——常数；

　　　n——双曲线指数；

　　　t——时间。

在式（7-8）中，承载能力（K）是指一口井不受时间或经济约束经过初次递减的可采油量或可采气量，可被认为约等于 EUR。随着累计产量逐渐接近 K，K 引起的生产率最终归为 0。如果 K 可以由体积计算得出，那么其他的两个系数 a 和 n，就可以使用非线性回归法得出。如果 K 未知，那么它可以连同 a 和 n 一起通过同样的非线性方法计算。

总之，逻辑增长模型似乎避免了在应用 Arps 方法对于延伸瞬时流情况所遇到的问题。该模型似乎给出了合理的结果，尽管与其他非常规模型（PLE、SE、董以及改进 Arps）相比，此结果似乎通常比较保守。这个模型是在 Okouma 等人应用了实际井动态的各种模型的基础上建立的。与董模型一样，结合逻辑增长模型通过瞬时流转换为 Arps 模型，需要边界控制流具有合适的 b 系数。

图 7-1 展示了本内特页岩气井不同递减曲线法（SEDM、末端递减率为 5% 的改进 Arps 以及董模型）的对比结果。如图所示，模型展示出的预测结果差别是很巨大的。因此，确定和使用最能代表评价资源层井动态的模型是非常重要的。

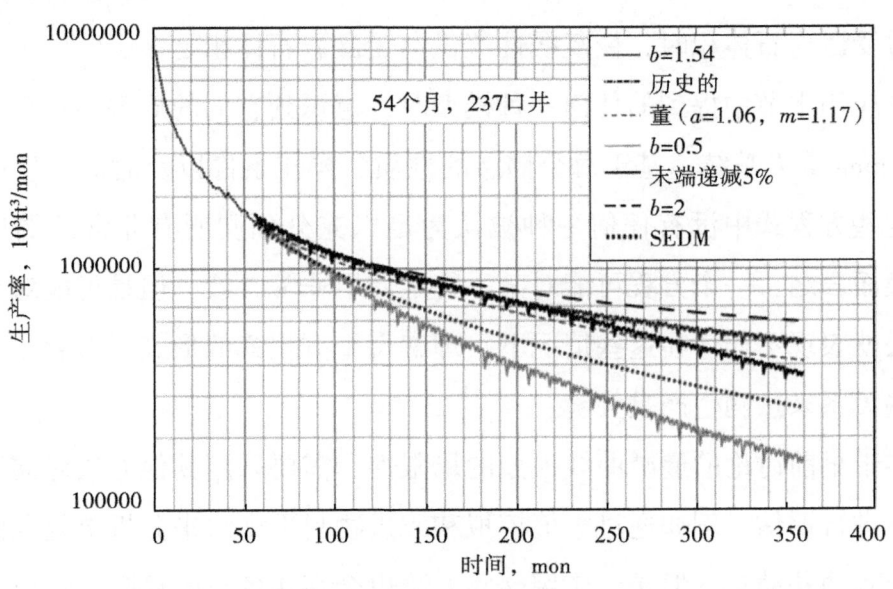

图 7-1　得克萨斯州丹顿郡本内特页岩方法对比

7.3.2 关于生产井评价的总结

关于上面提到的用于非常规生产井评价的递减曲线法，John Lee 博士做出了下述的评价：

（1）如果不采用末端指数递减最小值修正 Arps 的模型，就是不适用的。

（2）其他的模型（SEDM、长周期线性流和董）看起来比 Arps 改进模型更适用，但是却需要更多的动态数据来确认。

（3）在生产数据有限（少于一年）的情况下，使用董模型进行预测可能更为可靠。

（4）在生产历史大于 3 年的情况，SEDM、董和改进 Arps 模型可得出类似的结果。

（5）长周期线性流模型具有最健全的理论基础，但是也存在问题。

①如果还没有见到边界控制流，瞬时线性流何时结束？

②结束后会发生什么？边界控制流对于井的开采寿命是多少？当脱水区块超过受激岩石体积时，恢复线性流供给受激岩石体积是多少？

在应用本节中提到的任何一种模型时，意识到它们的局限性很重要。如同 Okouma 等人总结：基于每个储层的性质、操作条件以及时间—生产率方程，这些方程式中没有任何一种被认为足以充分预测所有非常规储层的生产。换而言之，一个方程可能对某一特定储层非常有效，但是可能对另外一个储层就表现不佳。在这些情况下，理解每个方程式的形式，然后正确地运用这些关系来预测生产是关键。

鉴于早前讨论的递减曲线模型的局限性，需要采用其他方法对储层和油井动态进行评估，例如通过数值模拟和改进物料平衡法来分析更复杂的非常规储层和油井动态。但是，应用这些方法也会存在各自的局限，这取决于可获取数据的质和量。

最后，发表在 2016 年石油评估工程师协会第 4 期，题为《Estimeating Developed Reserues in Corventioral Reservoirs》的重要著作可能对于工程师和地球物理学家在评价非常规油藏方面很有帮助。这份刊物的大纲提要如下：

(1) 非常规油藏定义（UCR）；

(2) UCR 已开发储量评价的储层描述；

(3) UCR 已开发储量评价的钻井、完井和操作；

(4) 经典 Arps 递减曲线分析（DCA）；

(5) 流体流动理论和选择递减曲线方法；

(6) 分析模型；

(7) 现代性能分析；

(8) 离散模型；

(9) 概率法、不确定性预测和最终采收率评估；

(10) 当今技术汇总和未来趋势展望。

7.3.3 非常规未开发区块和储量评价

在非常规资源层评价和分配未开发储量的任务是非常复杂的。在前面石油评估工程师协会第 3 期讨论过，关于资源层第一层特征的第二条是"探边井动态不是未开发区块动态的可靠预测"。随着钻井的生产率和 EUR 变化，特别是在开发非常规油田的早期阶段，分配补偿区块的证实储量、概算储量和可能储量可能尚有疑义。

为了分配一个油田或研究区块的证实未开发储量，石油评估工程师协会提出了表 7-1 中关于建议类比井最小值样本规模的指南，这需要准备一个具有 90% 置信水平的统计分析。类比井是那些具有类似的地质、完井、侧向长度、井间距和井孔方向的井。

表 7-1 中 P10/P90 表示在给定油田或研究区块中类比井的 P10 和 P90 分布，可用于确定准备具有 90% 置信水平的统计分析需要的井数。例如，

如果在一个油田或研究区中的一个类比井组分别具有 $6.0 \times 10^9 \text{ft}^3$ 的 P10 和 $1.0 \times 10^9 \text{ft}^3$ 的 P90，那么 P10/P90 就是 6。这说明在一个油田或研究区中准备具有 90% 置信水平的统计分析，需要的最小值样本规模为 100 口类比井。

表 7-1 建议统计分析的类比井最小值样本规模

P10/P90	建议样本大小	评价
2	15	比值可能不可见
3	35	公比
4	60	公比
5	75	公比
6	100	公比
8	130	公比
10	170	可能数据质量/类比问题
15	290	可能数据质量/类比问题
20	420	可能数据质量/类比问题
30	670	可能数据质量/类比问题

石油评估工程师协会区分了开发资源层的四个阶段：早期、中期、统计期和成熟期。早期阶段以有限钻井、宽井距和有限的井动态为特征。对于中期阶段，井数开始显著增加，然而，许多井不可以被认为是相似井，在实际钻井和完井工作中会发生变化，找到合适的钻井、完井方法可以优化给定资源层开发的生产率和采收率。在统计阶段会钻足够多的类比井，这个数字超过了油田或研究区的最小值样本。这样统计分析可以更可靠地定义未开发区块内部。最后，在成熟阶段，以高井密度开钻大量的类比井，以得出合理的油田或研究区地质描述。在这个阶段，会使用统计分析，但是井密度会致使大多数证实未开发区块可能被分配来抵消已存在生产井。

前面讨论过的给定油田或研究区资源层开发的四个阶段，表 7-2 和 7-3

反映了石油评估工程师协会推荐的证实未开发区块的分配。对于油田或研究区证实区块的推荐数量的确定，石油评估工程师协会程序如下：

（1）确定油田或研究区类比井的 P10 和 P90 比率；

（2）确定生产类比井和表 7-1 中建议最小样本规模的比率；

（3）根据第一步中 P10 和 P90 的比值和表 7-2 确定成熟阶段（早期、中期、统计期和成熟期）；

（4）根据第三步确定的成熟阶段，找出表 7-3 中已证实未开发补偿井的建议最大值。

表 7-2 资源层成熟阶段开发

项　　目	资源层开发阶段			
	早期	中期	统计期	成熟期
类似在产井生产率和建议最小样本规模比值	<1	1:4	>3	非常大
P10/P90<4	<50	100	150	>500
P10/P90 为 4~10	50~200	100~400	150~600	>1000
P10/P90 为 10~30	200~700	200~1400	600~2100	>4500

注：来源于石油评估工程师协会第 3 期图 3.3。

表 7-3 PUD 补偿区域建议最大值数量

项　　目	资源层开发阶段			
	早期	中期	统计期	成熟期
每口在产井（直井）PUD 补偿区域建议最大数量	4	8	统计	统计
每口在产井（水平井）PUD 补偿区域建议最大数量	2~4	4~8	统计	统计

注：来源于石油评估工程师协会第 3 期图 3.4。

如表7-3所示，每个生产水平井的证实未开发补偿井建议最大数量在资源层开发早期阶段是2~4，中期阶段是4~8。对于建议最小样本规模（例如，比值>3），当已经钻了足够的类比井时，就会有充足的数据在资源层开发的统计阶段和成熟阶段进行统计分析以分配证实未开发补偿。但是，在石油评估工程师协会第3期中指出，基于石油评估工程师协会方法的任何证实未开发区块的分配也应该由地质数据来支持。

关于在资源层开发的统计阶段和成熟阶段用统计分析确定证明区块，石油评估工程师协会在第3期中提出了两种方法进行这样的分析：间隔单位法和延伸同轴半径法。石油评估工程师协会推荐的延伸同轴半径法是利用锚定井，比较锚定井周围不断增加的潜在储层区块和这些锚定井的EUR分布。证明区块是那些和锚定井具有相同EUR分布的区块。石油评估工程师协会也提出了一种评价资源层未开发储量（证实、概算和可能）的方法，利用类比井、蒙特卡罗模拟和PRMS定义。石油评估工程师协会对于确定证明区块和评价资源层未开发储量的方法进行了大量的技术上的讨论，并对这些方法进行了总结。这些都超过了本书的范围，但我们鼓励读者们重温一下第3期的这些方法连同其提供的示例。

除石油评估工程师协会可参考之外，SPE也在其《石油资源管理系统应用指南》中，提出了关于非常规资源储量归类和评价的指南。对于CBM储层，根据井间距确定，证实未开发区块与证实已开发区块间隔开1井距。如果能证实其侧向连续性很好而渗透率又很高，其井间距是可以进行调整的。证实未开发区块与证实已开发区块通常很明显地有2个井距，但是如果有充足的数据支持，就会在证实区域内延伸更大的距离。可能未开发区域典型地与概算未开发区域间隔2个井距，但如果支持数据充足，也会延伸更大的距离。对于页岩气油藏，SPE PRMS指南表明了2个或3个证实未开发区域抵上生产区是合乎情理的，如果周围是以其他生产井为边界，也有充足的动态和地质数据来支持。SPE认为，如果在油田或研究区具有足够的类比生产井（50~100），那么应用石油评估工程师协会第3期的统计分析法来分配额外的早前描述的证实未开发区域是适用的。对于证实未开发区域，考虑到足够的支持数据，SPE PRMS 认为超过证实未开发区域的 2~3 个区域是合理的。最后，对于可能未开发区域，如果有足够的地质信息支持，2~3 个区域超过概算未开发区域是合乎情理的。

总之，资源层未开发区块和储量分配成功的关键是利用所有可获取的数据，连同 PRMS 定义和 SPE、石油评估工程师协会指南一起进行良好的判断。

7.3.4 观察和陷阱

下面列举的是本书作者和在本章中前面提到的各方面研究者总结的关于非常规资源评价的观察和陷阱：

（1）不能很好地理解非常规油藏的基本物理和储层机制。

（2）由于动态历史有限，不同动态模型的可靠性仍不确定。

（3）Arps 的产量递减模型夸大了储量，必须用末端指数递减最小值进行改进。

（4）其他模型（瓦尔克 SEDM、幂次定律、长周期线性流和董模型）似乎对资源层评价更加合适，但是，它们仍需要在晚期更改为边界流控制模型（如 Arps）。

（5）由于洗井，非常规井的早期动态数据（例如在起初的 6~12 个月获取的数据）可能是有误的，不能反映一个较长的产量递减趋势。因此，分析一口非常规井的历史递减趋势时，可能不应该考虑早期的数据。

（6）石油评估工程师协会第 3 期提出的统计方法似乎是最严格的非常规资源评价法，但是在资源层较小、动态有限的情况下其应用还是有局限性。

（7）非常规资源统计分析时应谨慎小心，对一些井进行排除。没有仔细考虑会影响油井性能的相关因素（地质、机械等），进而会造成油井动态不佳。一口或多口井的动态不佳反映了地质或机械问题，可能会影响未来井的动态,因此要细心考虑并把油井动态包含在分析之中。

(8) 对于非常规油藏,完成一个成功的项目开发,详细的地质和岩石物理评价必不可少。除识别非常规资源的沉积环境之外,地质工作还应提供详细的储层描述和关于储层连续性的观察,包括识别原位压力、天然裂缝、断层和甜点区。岩石物理评价必须识别储层属性,可使用相关的岩心数据测井曲线和试井结果。

(9) 在评价非常规资源中另外一个重要的考虑是压裂水经济学,包括寻找来源、运输、处理和弃置。

7.4 非常规资源收购

美国的资产收购和剥离市场近年来已经由非常规资源交易所主导。表7-4中总结了在2014—2015年近100个在产非常规资产的交易,价值超过500亿美元。这个数据与今年的行业趋势相一致。与资产交易相比,公司交易更多分配资金在储量和产量交易上。数据也反映了2014年的交易储量和产量估价比2015年高得多,这是因为油价从一年到下一年有了下滑。

表7-4 页岩区块交易量

交易时期		交易数量,个	价值百万美元	证实储量指标		产量指标	
				10^6桶油当量	美元/桶油当量	桶油当量/d	美元/(桶油当量/d)
2014储量数据	公司	3	13060	352	37.13	—	—
	资产	41	21431	1140	18.80	—	—
	总计	44	34491	1492	23.12	—	—
2014产量数据	公司	4	13063	—	—	66158	197453
	资产	72	30624	—	—	434617	70462
	总计	76	43687	—	—	500775	87239

续表

交易时期		交易数量,个	价值百万美元	证实储量指标		产量指标	
				10^6 桶油当量	美元/桶油当量	桶油当量/d	美元/(桶油当量/d)
2015储量数据	公司	2	6597	383	17.21	—	—
	资产	12	2652	350	7.57	—	—
	总计	14	9249	734	12.61	—	—
2015产量数据	公司	2	6597	—	—	87700	75222
	资产	20	4437	—	—	133819	33154
	总计	22	11034	—	—	221519	49809

来源：PLS 全球 M&A 数据库。

美国的技术可采页岩干气资源被评估为超过 $2000×10^{12}\text{ft}^3$，估计储量生命期超过 100 年。随着水平井和水力压裂技术的进步，经营者收购非常规资源开发的原始动机已经演变为寻找更加广阔的资源基础，相关的包括页岩油气、致密油气和 CBM。为非常规资产付出的价格是非常具有侵略性的，这是因为经营者在获取非常规资源时有非常激烈的竞争。同时也有其他的因素存在，但如今都归为非常规资源付出的价格太高昂。石油评估工程师协会 2014 年度会议的一个演讲中，Manoj Devashish 总结了关于非常规油气资产收购交易的几个方面，这是基于 2010—2011 年超过 73 个非常规和常规交易的综述：

（1）交易数据表明了非常规资产的价值量明显高于相应的那些常规资产。

（2）使用较高估值倍数表明 A&D 市场期望非常规资产对于常规资产具有较低的风险和（或）具有更好的增长预期。

Devashish 进一步进行了总结。为了更具竞争力，对应用于常规资产的特有的估值倍数，购买者应该对于非常规资产使用更高的估值倍数。这是因为资源层比常规资产提供了更低的风险和更好的增长预期。表 7-5 反映了

Devashish 评估了 73 个交易计算出的估值倍数。

表 7-5 非常规交易估值倍数

资产类型	价值指标			
	证实储量,美元/桶油当量		产量,美元/(桶油当量/d)	
	平均值	中值	平均值	中值
常规	11.33	9.91	54836	47613
非常规	15.43	13.51	109591	93067
常规以上的额外费用	36.2	36.3	99.9	95.5

数据来源：Manoj Devashish,《非常规油气资产评估投标尽职调查和定价》, 2014 年石油评估工程师协会年会出版。

表 7-5 表明付给非常规及常规交易的 36% 和 100% 的附加费是基于各自的估值倍数。Devashish 先生进一步观察到，这些结果与储量调节系数（RAFs）是一致的（如用于储量或现金流的风险系数）。RAFs 是非常规资产收购 PUD 储量的风险与常规资产收购 PUD 储量风险之比，这在石油评估工程师协会 2013 年年度资产评估适用参数调查中可见。实际上，石油评估工程师协会 2013 年的调查反映了调查对象平均使用了较高的 RAFs（即较少的风险），这个结果是针对所有的概算储量和可能储量类别。对于相同的储量类别，则是非常规交易的 PUD 类别比上常规资产较低的 RAFs（较高的风险）。在石油评估工程师协会 2014 年和 2015 年的调查里，用于非常规资产交易比上常规资产交易的 RAFs 有同样的趋势。

总之，上面表中的估值倍数反映了在 A&D 市场，非常规资产与常规资产相比，具有较低的风险性和较高的增长潜力。当非常规井 EURs 呈现出重复的统计分布时，储量风险较低。同样，集中价值的风险被资源层的规模和开发区块需要的庞大钻井数量削弱了。开发非常规油藏潜在的额外优势被 Devashish 先生归纳如下：

（1）低渗油藏油井排水面积有限而使井距降低的潜力；

（2）未来技术进步可改进采收率；

（3）开发资源层需要的大数量钻井导致的经济规模使资本支出和LOE下降。

参 考 文 献

[1] Society of Petroleum Evaluation Engineers (SPEE), "Guidelines for. the Practical Evaluation of Undeveloped Reserves in Resource Plays, Monograph 3" (2010).

[2] Society of Petroleum Engineers (SPE), "Guidelines for Application of the Petroleum Resources Management System" (2011), http://www.spe.org/industry/docs/Petroleum_Resources_Management_System_2007.pdf.

[3] SPEE, "Monograph 3"; SPE, "Petroleum Resources Management."

[4] SPE, "Petroleum Resources Management."

[5] Ibid.

[6] SPEE, "Monograph 3"; SPE, "Petroleum Resources Management."

[7] Ibid.

[8] Ibid.

[9] D. Ilk, J. A. Rusing, A. D. Perego, and T. A. Blasingame, "Exponential vs. Hyperbolic Decline in Tight Gas Sands—Understanding the Origin andImplications for Reserve Estimates Using Arps' Decline Curves" (SPE116731), paper presented at the SPE Annual Technical Conference andExhibition, Denver, September 21-24, 2008.

[10] John Lee, "Estimating Reserves in Unconventional Reservoirs: How Well Do Simple Models Work?" presentation to SPEE Annual Meeting, Stowe, Vermont, June 10, 2014; P. P. Valkó and W. J. Lee, "A Better Way to Forecast Production From Unconventional Gas Wells" (SPE 134231), presented at the SPE Annual Technical Conference and Exhibition, Florence, Italy, September 19–22, 2010; C. S. Kabir, F. Rasdi, and B. Igboalisi, "Analyzing Production Data from Tight Oil Wells" (SPE 137414), presented at the Canadian Unconventional Resources and International Petroleum Conference, Calgary, October 19-21, 2011.

[11] Valkó and Lee, "A Better Way to Forecast Production."

[12] Ibid.

[13] Kabir, Rasdi, and Igboalisi, "Analyzing Production Data."

[14] SPEE, "Monograph 3."

[15] Lee, "Estimating Reserves in Unconventional Reservoirs."; D. M. Anderson, M. Nabakht, S. Moghadam, and L. Mattar, "Analysis of Production Data from Fractured Shale Gas Wells" (SPE 131787), presented at the SPE Unconventional Gas Symposium, Pittsburgh, Pennsylvania, February 23-25, 2010.

[16] Anderson, Nabakht, Moghadam, and Mattar, "Analysis of Production Data."

[17] Ibid.

[18] A. N. Duong, "Rate-Decline Analysis for Fracture-Dominated Shale Reservoirs" (SPE 137748), presented at the Canadian Unconventional Resources and International Petroleum Conference, Calgary, October19-21, 2010.

[19] Lee, "Estimating Reserves in Unconventional Reservoirs."

[20] A. J. Clark, L. W. Lake, and T. W. Patzek, "Production Forecasting with Logistic Growth Models" (SPE 144790), presented at the SPE Annual Technical Conference and Exhibition, Denver, October 30-November 2, 2011.

[21] V. Okouma, D. Symmons, N. Hosseinpour-Zonoozi, D. Ilk, and T. A. Blasingame, "Practical Considerations for Decline Curve Analysis in Unconventional Reservoirs—Application of Recently Developed Time-Rate Relations" (SPE 162910), presented at SPE Hydrocarbon Economics and Evaluation Symposium, Calgary, September 24-25, 2012.

[22] Lee, "Estimating Reserves in Unconventional Reservoirs."

[23] Ibid.

[24] Okouma, Symmons, Hosseinpour-Zonoozi, Ilk, and Blasingame, "Practical Considerations."

[25] SPEE, "Monograph 3"; SPE, "Petroleum Resources Management."

[26] SPE, "Petroleum Resources Management."

[27] Manoj Devashish, "Due Diligence and Valuation of Unconventional Oil & Gas Assets for

Acquisition Bidding," presentation to the 2014 SPEE Annual Meeting, Stowe, Vermont, June 7-10, 2014.

[28] SPEE, 32nd Annual Survey of Parameters Used in Property Evaluation (June 2013).

[29] SPEE, 33rd Annual Survey of Parameters Used in Property Evaluation (June2014).

[30] SPEE, 34th Annual Survey of Parameters Used in Property Evaluation (June2015).

[31] Devashish, "Due Diligence."

8 商业分析

8.1 卖方评价

用来评价资产价值的工程分析是通过另一种分析扩充而来,后者是通过工程分层来理解在公司层面交易的影响。交易可能产生的税费、对公司报告收益的影响、如果资产发展成熟可能对公司产生什么价值的判断,这要进行一系列的充分评价来确定一个交易是否真正有益。

8.1.1 财务决策

本书随后的部分会讨论确定交易对公司税收和收入影响的计算。这些讨论不能完全区别税收和收入分析的细微差别。公司一定会向专家咨询,金融事务专家在考虑公司情况之后,使用能与交易相匹配的特定的税务和收入指南来提供相关信息。当一个区块被挑选为出售候选,可以执行下面的两种计算来评价财务影响:

(1) 应纳税额或亏损净额,以及相关的税收影响;
(2) 净收益的增加或减少,以及相关的收入影响。

在进行市场营销的任何努力之前,进行这两种简单计算的价值是很明显的。如果公司管理层不想在一笔销售中承受任何税收增加或负面收入的影响,消耗大量时间来评估和销售资产的努力就浪费了。另外,当潜在的购买者正在评估资产时,公司也不能牺牲它的商誉和名声而做出尴尬的决定以终止销售。

如果管理层决定售卖一块会引起负面财务影响的资产，缓解这种影响的一种途径是将这块油田和其他资产打包，后者有更高的价值和积极的经济获益补偿。之后，当计算打包资产的净影响时，交易就不会很被动，而可以说是中立的或者是积极的。自然，售卖一块本来不会被销售的、较高价值的资产，这需要做出艰难的决策。

几乎每个油田在某个时间都是一个出售候选，其原因和售卖相关时间随环境而变化，这点在第3章中已被提及。除战略因素之外，公司的财务政策决定了下列的经济因素是最重要的：

（1）当投资资金或债务清偿需要的资金超过了自由现金流，可能就需要将在产的资产货币化。财务报表中能产生必需收益，最具有价值的油田就会被挑出来销售。有时候需要的资金巨大，那么核心的资产就必须被出售。在这种情况下，当一块高质量油田被剥离了，市场预期的市盈率就会很高。

（2）有很多油田对其他的公司来说比现在的所有者更有价值。一个例子是当一个公司运营的一个小资产毗邻了一个较大的油田，可能这个主要资产的运营者有一个较低的成本结构，既然这样，小公司曾经可能意识到继续拥有所有权的生产会具有价值，与之相比，邻侧公司可能更愿意购买这个油田，较小区块的运营者会向大区块运营者请求一个报价。

（3）由于成本的不确定性或支出未被列入预算，一些公司会放弃投资作业或环境清理。由于法定义务，一些在产区块在其生产末期，即使现金流为正，价值也会逐渐趋近于零。如果一个公司不想成为执行弃置或清理的一方，那么这块油田就必须被剥离。理想情况下，这块被交易的油田的储量可以抵消未来的成本，且有足够的剩余利润来吸引潜在的买家积极交易。

表8-1中显示了一个电子数据表，这个表可以简便地建立计算未来油田价值，以预测这个油田应该何时被出售。对于一个较低弃置成本的油田这个分析可能并不重要，但是，对于涉及年度现金流成本巨大的油田，这个分析有价值得多。第一纵列是逐年列举，也包括了弃置年。第二列是每年的年

度未折现现金流。电子表格之后会继续计算每年的现值直到油田枯竭，表明了油田枯竭的减值情况。这个例子中使用了 10.5% 的折现率。每年的油田现值总数在底端行进行了汇总。这个例子中的油田应该至少在 2018 年被交易，因为这一年是现金流变负之前的一年，现金流仍然为正。而油田弃置仍然在未来的几年。

表 8-1 确定未来现值

年份	年度未折现现金流 SM	未来折现年度现金流，百万美元							折现系数（10.5%）
		2015 年	2016 年	2017 年	2018 年	2019 年	2020 年	2021 年	
2015	1650	1571							0.952
2016	1250	1076	1190						0.861
2017	1550	1211	1335	1476					0.781
2018	1100	776	859	947	1047				0.705
2019	650	415	458	508	560	619			0.638
2020	250	145	160	176	195	215	238		0.578
2021	−1400	−732	−809	−893	−987	−1093	−1205	−1333	0.523
未来现值		4460	3192	2213	815	−259	−967	−1333	

之前表格中的数据可以被绘制成图 8-1。图 8-1 表明了随着产量递减，未折现年度现金流也会随之减少，在 2021 年当弃置发生时才会结束。图 8-1 也表明了现值在 2018 年当弃置影响了计算时会垂直下降。如图 8-1 所示，现值在 2019 年降到了 0 以下，表明在这一年及以后，除非油田与其他更大价值的资产打包，否则都不可能被出售。

图 8-1 说明了市场价值的递减，而图 8-2 提供了一块在产区域年度现金流随时间变化的情况。如果资产本身被出售，那它应该在油田价值仍超过当年现金流时就被交易。尽管那时卖家已经取得了大部分的油田价值，一些潜在的买家仍然会对获取油田感兴趣。

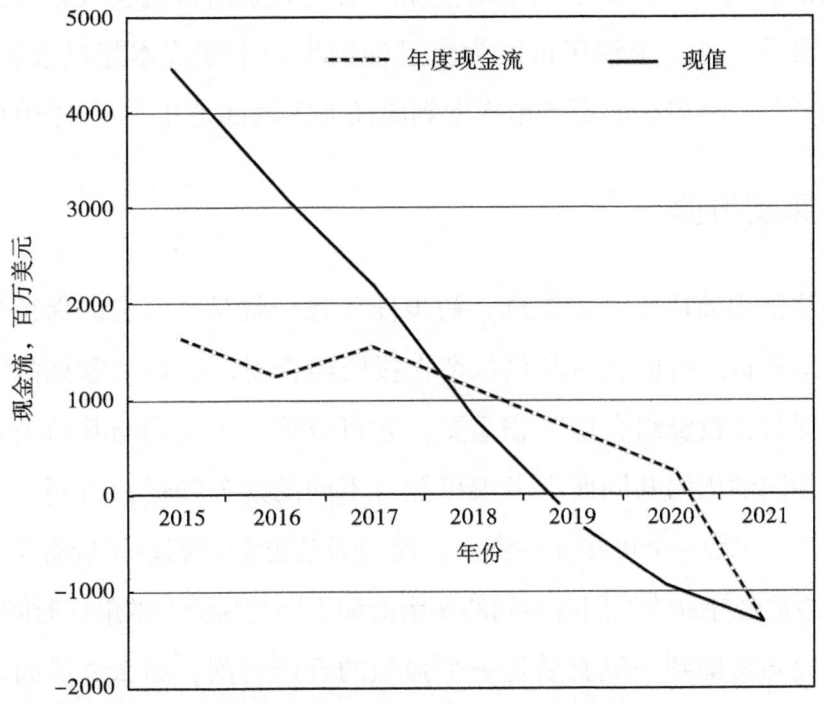

图 8-1 进入市场最佳时间预测

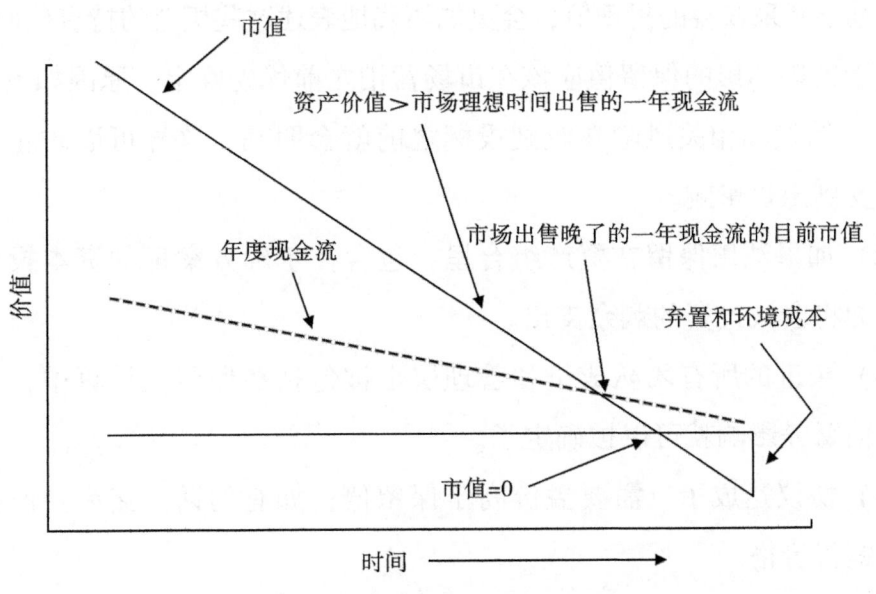

图 8-2 选择市场时间范围

在油田价值下降到少于当年现金流之后，买家出价就会大幅收缩。如果市场营销滞后，当一个油田价值为负且油田生命末期成本超过数量价值时，那之后想要在一个单独的资产销售中剥离任何区块都是几乎不可能的情况了。

8.1.2 保留价值

当一块油田被认作销售候选，初步任务之一就是计算它的保留价值，界定为被管理的资产价值就像其仍保留在投资组合里。这句"管理的资产价值就像其仍保留在投资组合里"很重要，它可以将一个公司与其他公司区分开来。一个相同油田的共同所有者很可能有不同的财务和运营机制，来确定对他们来说什么才是一个可接受的资产。他们通常也会对剩余储量有不同的技术解释。这通常会导致伙伴们有不同的保留值和不同交易资产的最佳时间思考。

如果公司考虑到一笔交易是一个强烈的资产剥削，那么之后的未钻机会就会在一个风险基础上进行估值，在他们的分析中会假设他们会开钻这口井。如果公司识别了钻井机会但却不会投资，之后，与获取自租让协议的收入流类似，基于开采权益的折现值，会更加精确地表述这些机会的持有价值。

用于销售油田的保留值应该在市场营销之前优先确定。原因如下：

（1）储量和相关风险在收到投标之前就会明确，这样可以防止保留值的计算受到出价影响。

（2）如果油田保留在资产组合里，包含在基础方案里的资本投资机会被认定为将会被投资的剩余支出。

（3）买进的所有团队成员和管理层也被包括在保留值计算中，所以交易的预估财务影响就可以被确定了。

（4）协议达成了，需要溢价高于保留值；如有的话，交易要设置最小可接受销售价格。

（5）至于为什么资产不应该被出售可在整个进程的早期进行阐述，以鼓励讨论为什么该资产是一个很好的销售候选，以及出售是否可以完成理想目标。

8.1.3 纳税影响

卖家关于纳税影响的评价是利用油田保留值和销售价格评估来确定的。计算包括下面的步骤：

(1) 油田保留值被定义为资产的税后净现值。

(2) 税收成本被定义为是课税收入应纳税额，这是销售价格和以资产为基础的税之间的差别。

(3) 净收入被定义为出价减去销售的税务成本（如有）。

净收入应该超过考虑出售的油田保留值，除非是由于战略因素出售，这点比销售止损更为重要。

图8-3和图8-4给出了税收计算的两个例子。这些问题使用了本章中早前提及的公式，以确定一个资产的出价在资产所有者支付了交易的资本收益税后是否会产生利润。示例说明了决定交易不是仅仅基于达到出售储量表面上的利润。在一块油田枯竭之前，产量价格可能会出乎意料地增长，一个只轻微地超过保留值的出价是不足以补偿卖方的意愿的。

如果一个油田税后保留值是100万美元，课税基础80万美元，一个出价是130万美元，那么交易利润多少？公司是35%有效税率。

税务成本是出价减去课税基础后乘以税率：

$(1300000-800000) \times 35\% = 175000$（美元）

净收入是订单减去税务成本：

$1300000-175000=1125000$（美元）

利润率是净收入减去油田保留值：

$1125000-1000000=125000$（美元）

图8-3 简化的交易税收计算（高课税基础）

在这个例子中，卖家从交易中获得了125000美元的税后利润。由于储量测算和产品价格的不确定性，超过保留值12.5%的溢价不会被打造成令人信服的论据来出售资产。资产所有者也许是想要商谈一个更高的报价来覆盖这些不确定性，他们相信会收到一个公平的价格。

> 如果一个油田税后保留值是 100 万美元，课税基础 20 万美元，一个出价是 130 万美元，那么交易利润多少？公司是 35% 有效税率。
>
> 税务成本是出价减去课税基础后乘以税率：
>
> （1300000-200000）×35% = 385000（美元）
>
> 净收入是订单减去税务成本：
>
> 1300000-385000 = 915000（美元）
>
> 利润率是净收入减去油田保留值：
>
> 915000-1000000 = -85000（美元）

图 8-4　简化的交易税收计算（低课税基础）

在这个例子里，卖家在税后基础上损失了 85000 美元。像这样的情况，买家那里已经提供了溢价。而买家有一个低课税基础，即使双方公司都想要进行交易，也是不会达成协议的。如果税务成本是卖家最小可接受售价的一大部分，并且卖家坚持买家来承担这部分成本，买家很少能成功地获取资产。

前面的讨论说明了资产如果有会对卖家产生高昂税务成本的低课税基础，要产生一个交易，买家要比卖家需要在资产上分配更多的价值。认知差别会频繁产生于支持较老资产的交易。买家通常希望开始实施资本投资项目来开发更多的储量，以增加产量和降低作业成本。如果买家很自信这些项目完成能增加油田收益率，他可能同意付出更高价来完成交易。同样，因为卖家通常比买家更了解资产，这意味着买家需要非常好的技术雇员来研究资产以找到附加价值。

尽管前面的讨论说明了如果税后价值损失，那么交易可能不会产生，但是一些资产会出于战略因素或财务因素被剥离，即使销售价格并不高到足以止损。

8.1.4　同类资产交换

资产销售经常会产生资本收益。这些收益造成了纳税义务，除非公司的资本损失抵消了收益。如果没有资本损失，另一种保护收益的方法是在同一纳税年度获取与销售收益相似的资产。为减少或消除税务成本，单独的剥离和兼并交易的整合称为同类资产交换。

想要利用这个机会，一系列 IRS 限制条款必须要满足：

（1）一个单独的法人实体可以销售、移交和接收同类资产；

（2）法人实体和资产必须是美国的；

（3）必须是真实的资产交易；

（4）同类指的是资产的基本属性，不是资产质量；

（5）销售收益必须保管在第三方账户；

（6）合格的第三方代理必须被告知识别资产的名称；

（7）账户供资之后，公司有 45 天来确认被购买的资产；

（8）资产可以确定为超过账户资金价值；

（9）账户提供资金的 180 天之内，必须购买新资产；

（10）如果交易资产不是相同的价值，现金根可以是交易持平；

（11）账户里的现金离开了 180 天之后，必须被返回给公司，并为资金缴纳资本利益所得税。

延期或取消交易税金的能力是非常强大的动力，可以使公司在交易定价中更加积极。公司支付的为同类资产交换交易供资的买价可以超过资产分配的市场公平价值。表 8-2 给出了如何使用好同类资产交换来避免销售税金。

表 8-2 使用同类资产交换的节税和储量保留

单纯出售		出售之后购买同类资产交换	
出售收入	300 万美元	出售收入	300 万美元
课税基础	100 万美元	课税基础	100 万美元
资本收益	200 万美元	购买新油田（使用出售收入）	300 万美元
税基	35%		
税务支付	70 万美元	无税务支付	0
净值	230 万美元	净值	300 万美元

在这个例子里,销售产生了两个结果。一是未进行同类资产交换的税后现金收益230万美元,另一个是进行了同类资产交换的另一个资产并购价值300万美元。当执行了同类资产交换时,并购资产继承了初始被售出资产的课税基础,这对两个不同价格的交易进行了调节。不同于这个例子,当一个公司出于销售或法人目的需要现金,如果其有纳税义务,就可以在一个资产被剥离后进行同类资产交换。

8.1.5 收入影响

按季度向公众报告的公司拥有的收入对公司股票价格有影响,因此,要进行收入损失或资产减值管理以避免可能情况发生。当资产售价小于剩余账面价值时,出售就会导致销售损失。当油田在其末期被售出时,油田具有高额的弃置成本(包括油井、设施和平台)或环境义务(包括维修、地下水污染以及油井或设施周边资产),销售损失常会发生。

投入资产的资本总额被概括为资产的累计账面价值。当储量被生产出来,投资的比例份额就被当作成本在收入计算中被注销。因此,当储量没有超额或不足,最后一桶油产出的时候,最后一笔美元投资就会被注销,而此时损益表中也没有损益。

但是,在很多油田里,储量都被预订过多了。当油田被反复研究,替代或增加储量的压力经常会导致预定的风险更高,包括对于侧向位置进入顶层油藏、更小的储层钻井、获取泄油区储量的再完井下塞技术,以及采收率要求压力越来越低的储量获取。当油田在未来多年后枯竭时,这些部分不能占据油田储量的很大比例。然而,当油田枯竭,如果油井报废、储量被认定为高风险或开发获利甚微,不是所有的公司都能及时地注销储量。油田生命到后期,储量减少会引起收入变为负值。因此,如果发生了油田售卖而储量被预订过多,UOP率就会人为地降低,因为买家不愿意为高风险储量买单而发生账面减值。

通过2002年的萨班斯—奥克斯利法案，允许不经济或不存在储量保存在账面上的习惯本质上已经被遏制了。法案对于公开上市交易公司股东的误导性惩罚是严苛的，旨在打击欺骗性财务报表。改进审计程序、管理评审和更好的技术教育都能帮助确保储量报告在SEC规定下被验证是确定的。

如果一个油田没有弃置成本而被预订储量又正好反映了最终采收率，那么资产出售中就几乎没有资产减值。但是这不是典型案例，因为所有的油田都有生命末期成本。当剩余储量的折现值等于并能抵消弃置折现成本时，油田价值就是0。如果中和点的价值发生的年数早于弃置可能发生的年份，剩余的投资就不会入账。图8-5给出了出售油田的会根据出售时间对应剩余储量变化的收入影响。

这个示例给出了同个油田在不同时期市值和收益影响计算，此时案例1有$200×10^4$ bbl 原油剩余，案例2有$100×10^4$ bbl 原油剩余，案例3油田枯竭。

储量价值=18美元/bbl

弃置成本=900万美元

剩余储量=$200×10^4$ bbl

待投入剩余投资=1800万美元

UOP账面价值核销率=9美元/bbl

为简化起见，以上显示的是税务影响和折现之前的值。

参数	案例1	案例2	案例3
储量，10^6 bbl	2	1	0
储量价值18/bbl（百万美元）	36	18	0
弃置成本，百万美元	9	9	9
市值（出售），百万美元	27	9	-9
预定投资，百万美元	18	9	0
出售的收入影响，百万美元	9	0	-9

图中所示油田为避免收益损失，应该在储量衰减至$100×10^4$ bbl左右时被出售

图8-5 出售点变化的收入影响

8.2 买家评价

和卖家评价相同，如果发生交易，买家进行的工程分析只是在确定更高层次公司影响之前必须进行的第一步。需要理解新资产可能引起现存投资组

合运作的改变，从财务角度很可能投资组合量也会发生改变。认识到工程分析是有缺陷的，也应该使用投入参数购买敏感性分析，可以得出可能结果的范围，以使交易之后的意外保留在最小值。

8.2.1 投资组合的影响

每个公司都有建立具有某些特征的新投资组合的战略，或者是建立在现存投资组合之上，某种程度上可以匹配他们的商业模式和员工的技术设置。在这两种情况下，某个特定的地理区域乃至多个区域自然构成了他们收购努力的核心焦点，这样并购不熟悉地区资产相关的风险就不会遇到了。

当资产被并购评估时，会从他们对于现存资产组合影响的角度来分析。当现有雇员能够管理资产以及它们现在的作业时，对于单一资产或小区块包可能就专注于对管理层预算的影响。当购买的油田与买家已经运营的油田有管理协同效应时，结果是特别具有吸引力的方案，买家应该能够在这个地区降低作业成本，增加他们的利润率。如果购买的油田很大，经营协同效应可能对交易的盈利能力影响巨大。

潜在并购也应该从两方面来看待，并购质量相对于现有投资组合的质量。如果总计新资产不能改善投资组合，除非有战略因素，否则一个并购就不太可能。例如，如果包含在交易里的租赁区很大，并且买家定义其具有勘探潜力，那么即使产量并不吸引人，还是可能通过并购来控制此区块。同样，如果独立公司需要特定的产量或储量增长，以及评估获得的一个区块可以保证他们发行股票成为上市公司，一个能使他们前进、但较少考虑资产质量的并购就可能是一个理想交易。

当新发现或技术进步创造了新的具有高潜力价值和长生产期的作业区，在这些地区没有油田的公司可能就想要在他们的投资组合里增加这些地区的租赁权。这样做是因为他们很难识别这些盆地有巨大的增长潜力。过去几年来美国发生了这种情况，明显的例子是非常规油气藏使用了水力压裂完井方法和长距离定向钻井技术来开采油田。

许多公司，无论大小，都遇到过缺乏适用于开采现有资源的特定技术的地区。通过集中研究钻井、完井和作业方法，以及相当数量的反复试验，业务变得更有效率。自着手使用新技术直到2014年底油价下跌时，非常规产量的并购和剥离市场都非常火爆。买家提高价格反映了对采收率的高预期。在这些地区运营的大量公司初始时这些新专业技术有限，不过却优于区块的权利所有者。可以肯定地说，业内的每个参与者仅仅决定他们将学会什么是将非常规资产成功添入投资组合所必需的，这点优于需具有完美的知识来面对他们将遇到的风险。

8.2.2 财务指标

一个重要的分析是在并购资产合并进入资产组合之后买家公司的财务状况评估。多样化的财务参数，诸如EBITDA（利息、税金、折旧和分期偿还之前的收入）、桶油作业成本、桶油利润都要仔细研究以评估并购后公司现金流和收益率。如果公司股票在公开市场交易，财务分析家会跟进且进行报告，这些参数会影响他们建议市场买进或卖出股票。如果购买行为极大地损害了公司的财务指标，管理层就必须有一个令人信服的理由来证明交易正当。

8.2.3 多个油田打包

当多个油田合并作为单包出售，在评估交易时要考虑额外的因素。例如，应调查打包油田价值分布，以确定所有的价值里是否包含了1~2个关键区块，以及在生产末期类别价值较低油田的余量。这种情况下，核心资产的吸引性必须弥补不良区块的低价值，因为如果买家不想保留它们。由于它们的低价值或负价值，在以后的售卖过程中想要出手这些较差的区块几乎是不可能的。

交易的另一面，打包可能含有的几个油田是高价值资产。这种形式的打包会吸引大量的买家，也会售出许多高价。这种打包不会经常出售，通常只会发生在公司被迫需要大量的现金流注入或者公司出于战略因素考虑退出整个盆地的时候。

打包资产出价的另一方面是评估油田资产的工作量高于评估单个资产，需要附加资源来管理这种情况。当卖家的时间轴比买家期望的要紧张时，这点甚至更为困难。在这种情况下，要在一开始就管理评估团队，以确保至少对主要油田进行了充足的储量和产量分析。可能不会完全评估较小型油田的价值，但是也要对这些油田的风险和生命末期成本进行全面检查。许多买家发现，在评估过程中没有过多关注的油田，在关闭这些低价值油田时成本高昂；诸如油井具有高套管压力，由于机械条件油井安全弃置费用极高，或是油田气体供应不足时，需要增加气体供应以完成气体举升产油。这些情况中的任何一种都可能花费很大代价来补救，且会使交易的期望落空。

8.2.4 敏感性分析

完成经济分析需要很多必需的参数，有一些比其他参数影响更高，需要更高的精确度来确定。在最初的两年，要重点强调证实储量和生产率评估，以及概算储量类别的优势储量潜力。在确定购买价格时，可能储量通常不被赋值。成本评估很重要，但是并不会严格进行，因为它对评估结果通常没有太大影响。除非在获得交易的第一年或第二年会有相当大的投资，成本评估就对达到交易的收益率目标至关重要了。如下所示分析案例表明了评估参数变化的相对影响。

油田产量：600bbl/d，以20%的年度递减率。

油田储量：100×10^4 bbl。

投资成本：第一年钻井费用750000美元。

作业成本：每年50000美元。

10%折现率（PV10）的油田现值：530万美元。

图8-6中列举了4个变量变化20%的逐步影响。其说明了20%是储量改变最敏感的参数，比基准值增加了16%的PV10。产量增加20%是第二敏感因素，使PV10比基准值增加了8%。投资和作业成本各减少20%使PV10比基准值增加了不到2%。大多数评估表明成本的敏感性比储量或生产率的敏感性小得多。成本在分析中有一个实质性的影响，它需要在油田现值中占据更高的比例。

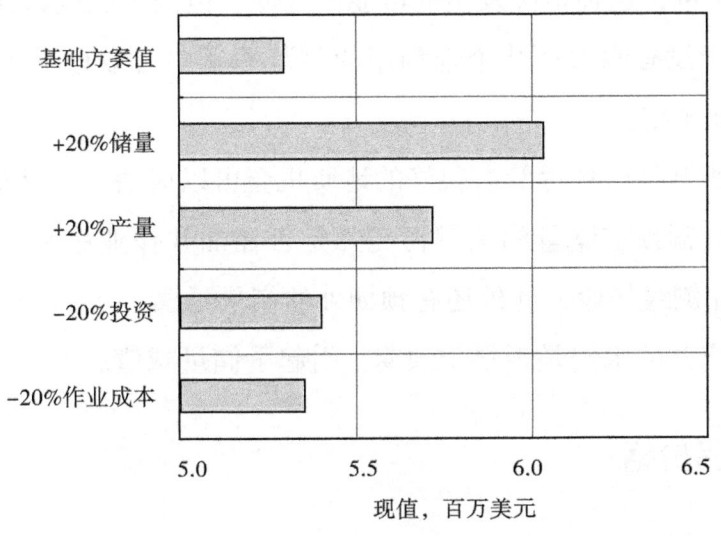

图8-6 基本评价参数影响

通常，如果被评估资产很大，也经过了高额勘探投资和生命周期评估阶段，图8-6中输入变量的相对重要性不会发生改变。公司可以设想出最确定、最快捷的路径来开发最大的储量和生产率，这是在获取资产上的成功良机。如果公司也使用了一个具有竞争力的折现率和价格底板，那么他们将有更高的可能性来完成交易。如果公司在储量评估中不具优势，那么在资产竞争中，他们就不太可能成功。竞争者如果被认定为具有过于积极的开发方案，即使该地区现有生产可以认可经营协同效应，节约成本所创造的收入也难以弥补价值影响。

选择20%变化是一个任意的指标，用以识别储量、生产率或成本比初始估计变化得多并不超过理性范围。敏感率分析方法给了评估者一个良好的参考点，重要性在于其识别了哪一个因素会对收购影响最多。

但是，实际上，敏感性分析计算也应该用来确定收益率损失，确定是否出现了针对资产的下行趋势。公司可能想要进行一次头脑风暴会，来捕捉关键要素和每个不确定性发生概率的全面清单。旋风图可用以展示每个因素对现值的影响，以及下行敏感性最高是否可以进一步评估缓解措施。下面是下行敏感性的举例，这种情况发生的可能性很低，但是现在应该评估。

（1）由于没有能力从几个未利用的整装油藏中有效地巩固储量，作业成本是否不如预期；

（2）是否开发区块尽管有很好的地质机会可以成功，但是却钻干了；

（3）被高额预定储量的关键再完井是否在油井作业中废弃了，需要昂贵的转向油井侧线作业，此外还有预期外的产量延误；

（4）生产井的水侵是否早于预期，引起了储量减值。

8.2.5 产品价格

在战略规划人员分析的基础上，许多原油公司通常对经济评价使用价格预测。如果是独立公司或小型公司，可以使用这种向前型价格。这样当完成交易时，可以设置"障碍"来阻止产量减少或消除价格风险的负面影响。这种"障碍"可以保证分析中使用的价格带是产品将被售出的价格而不会减值。不管价格预期之源，公司若可以战胜预期价格的改变，并在价格降低时循环设置他们的交易活动，这些公司将长期获利。

所有购买者一个共同的任务是需要考虑原油价格的改变以及相关市场多样性的影响。表8-3给出了1995—2004年前4个月的平均交易价格。交付平均交易价格自1995年到1999年的4.00美元/桶油当量，增长了47%，达到了2000年到2004年的5.87美元/桶油当量。在这相同的时间段，WTI原油牌价原油增长了48%，从平均18.60美元/桶到27.00美元/桶。两个百分比之间的相似性表明了原油牌价变化和资产收购与剥离市场感应之间的正相关性。

表8-3 牌价对应交付价格的对比

年份	资产出售 百万美元	储量出售 10^6桶油当量	平均交易价格 美元/桶油当量
1995	3835	968	3.95
1996	3555	938	3.79
1997	9030	1985	4.55
1998	3266	838	3.90
1999	2703	860	3.14
2000	3515	883	3.98
2001	3315	405	8.19
2002	3459	631	5.48
2003	6871	1021	6.73
2004[①]	648	96	6.75
平均价格			
时期	原油[②] 美元/bbl	交易 美元/桶油当量	
1995—1999	18.60	4.00	
2000—2004	27.60	5.87	

①2004年只有第一季度数据；
②近似于西得克萨斯中质油。

许多公司在他们的多年油气价格预测中建立了一个稳定但是较低的逐步增长率。但是，对于兼并通常会为每一个产品选择一个最高限价，可以表达公司认为合理的最高价格，而不用考虑未来价格会达到多少。在一些升高的价格里，其包含了高风险前景的燃料交换、边界资产开发或者追求大型勘探项目会增加原油供应。这些活动会逐步导致供过于求，导致了在之前供应紧张时得出的评估价格下滑。这个现象在2014年末非常明显地显露出来了，当时在供应超过预期后，油价急剧下跌，导致了世界各地存储的大量原油没有市场。

8.2.6 原油存储

全球原油存储是供应链里一个有趣的连接，在供应链里原油被存储等待运输到炼厂。通常，存储量对原油价格并不重要。炼化产品的季节性变化、货物运往管道或机动车的临时延误或者由于炼厂定期升级维修而关闭会引起运输量的一些小波动。当全球原油消耗量上升，原油存储量也随之上涨。在2014年，原油存储量上涨如此之大，很明显，与过去相比供应远超于需求。

俄克拉荷马州的库欣地区自诩为美国最大的原油存储和交易中心。在2010年，该中心有$4800×10^4$bbl原油容量。作为对来自美国非常规油藏产量的增加和加拿大高程度的进口量的响应，到2012年早期，该地区容量增加到$6190×10^4$bbl。到2012年6月，随着原油价格上涨到超过100美元/bbl，原地原油存储量达到最高纪录$4780×10^4$bbl。至2015年3月，库欣地区存储能力达到$7080×10^4$bbl，原油存货$5440×10^4$bbl。这个数量仅代表了美国19%的存储能力。在2015年中期，美国国内总原油存储能力约为$37000×10^4$bbl。

当全球产量以每天增加$100×10^4$bbl的速度超过需求，到2014年中期，原油价格稳步攀升至超100美元/bbl，陆上储罐和海上油轮原油量也打破了纪录。与供给过多相对应，原油价格在6个月的过程中下滑，到2015年第一个季度，油价为50美元/bbl。

在2014年末，油价大约是其前6个月的一半，原油价格预测员预计了一个"期货溢价"，这个术语表示未来预期商品价格高于当前价格。这种信念被投放到一些全球大型油轮未来市场，这些拥有超过$300×10^4$bbl原油的油轮被租用，满载着油，在海面上停泊，期待着未来的价格上涨。2015年1月，全球油轮载量近乎$35000×10^4$bbl。那时，海上油轮贸易商拥有将近

$5000×10^4$ bbl 原油在海上等待着价格攀升。

8.2.7 天然气存储

天然气存储对气价的影响与原油存储对油价的影响不同，表述如下：

(1) 原油是全球商品，在全球市场定价（随质量和运输成本调整）中，天然气只是局部性商品，各国独立定价，也根据质量和运输成本调整。

(2) 原油可以从任何地点被运输到任何交付地点，通过油轮、管道或者卡车；天然气主要通过管道从井口运输到末端使用者，需要大量的压缩基础设施。

无论是以全球还是国家为基础，两种产品价格追踪着市场供求。生产出的天然气已经在地下存储了超过 50 年。存储气体有很多原因，主要是为了减少交付能力的季节性波动，以及北部地区热燃料的高冬季需求价格。从 4 月持续到 10 月，存储油藏运营者在替换季节购买并注入气体。这恰逢美国的低需求循环，这时天然气价格低于每年的平均值。从 11 月到次年 3 月的供暖季节，当气价变高，资金可以回流，表明越冷的季节天然气消耗越多。

美国天然气存贮每日供应能力从 1998 年的 $74×10^9 ft^3$ 上升到 2008 年的 $93×10^9 ft^3$，有超过 400 个地下储存设施。

(1) 美国南部和中部地区生产天然气的州以管道连接起来，支撑了天然气到使用者的传输和分配；

(2) 消耗身份的东部各州，具有最高程度的消耗量和气举气存储能力；

(3) 消耗身份的西部各州，天然气存储和管线份额最少，依靠加拿大进口的天然气来补充。

存储设施位于大型在产油田附近收集气体的中心，或位于按主要的天然气市场把天然气归类的中心。容纳压缩天然气的地下设施最主要的 3 种类型包括：

(1) 枯竭油藏或气藏（包含美国最大的存储量）。

(2) 穹顶盐丘（最小但是有最高的注入量和供应率）。

(3) 天然含水层（考察适应性并建造所需设施成本高昂）。

天然气需求随人口增长而增加，天然气存储量也同样增加以满足市场。不是所有的在存天然气都适合运输。一些"缓冲气体"需要在存储油藏中保持最小量和压力，这是为了作业目的和安全性。2014—2015 年，美国地下存储的总气举气量在（800~3800）×$10^9 ft^3$ 不断变化，冬季月份提出消耗掉，夏季月份重注又补偿回来，如图 8-7 所示。

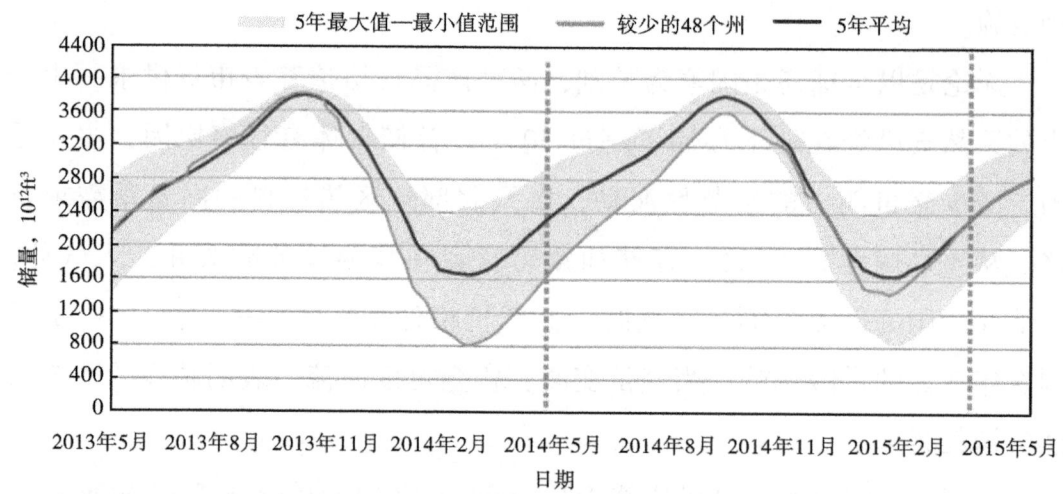

图 8-7 地下存储的气举气 5 年内最大值和最小值对比

天然气供应商将大量天然气交付市场的能力不考虑在产单井或区块的限制，减少了天然气价格波动。价格波动曾经使评估气田产量季节性现金流变得很困难。当国家气体存储能力下降很多时，气价的季节性起伏就会很极端，并购评价就被告知风险极大。暖季消耗低会导致气价下滑，而较冷月份的高消耗又驱使价格上涨。如今气体的高存储量已经趋近于补偿了供给与需求交付的极端性，减少了这种商品的季节性价格波动。

8.2.8 储量增长

储量增长的概念值得考虑。储量超越了油田生命进程，储量附加值遵守了越大的油藏和油田比小型油田具有越高的百分比和增量。储量增长通常发生在大型油田在开发和高生产率生产时，不会在进入生命期末年时发生。当考虑时应该注意这一点：积极的买家怎样构造一个大型资产的订单。

用同样的成本，购买一个高储量、开采权益较低的油田比购买一个开采权益高但是小得多的油田更划算。如果交易包含了低比例权益，不获取作业就明显缺少控制。但是统计大型资产同类储量和价值对很多买家来说，可以使缺少控制成为可以接受的折中。

8.2.9 设施和管线评价

当一个订单被投标时，就假定支持生产需要的油田设施作业正确且工作期功能能完善到油田枯竭，除非油田生命期非常长，或者卖家表明有问题需修缮。如果订单被接受，买家的初步动作之一应该是执行尽职调查，来核实设施的状况和工作能力。许多使用老式存储电池的船只由于其使用年限而降低了容量，假定板容量达到当前运营限制，特别是对计划油田翻新以增产，会很不安全。

当购买的油田曾是一个大型油田，现在只有过去的一部分产量，那可能有大量的未用船只需要退出服务。弃置退役的生产设备成本可能很高。如果设施已经生锈，也缺少完整结构，很可能导致设施没有残值也很难移除。

审计检查管理机构记录也非常重要，要检查当前的经营者对资产是否有任何违规行为。如果是，要证明已有纠正措施，相关资产和设施应该被更加严格地检查，以确保不会发生额外的违规作业。卖家应该完全公开诸如此类的问题和事件，但买家一定要询问正确的验证问题，以确保卖家已经分享了是否有问题的所有的相关信息。

例如，墨西哥湾海上维持产量可靠性的另一个方面，与管线公司导致停产有关。平台产量许多都流入了非常老旧的公用运输油气管道，这些管道总是定期关闭，进行维护和修复。一些问题对于海上作业被认为是正常的，但是如果检查表明管道关闭是经常性的，那就必须在预测产量和经济分析中考虑这一点。

8.3 评估价值

尽管确定价值固有地意味着数学计算，但是判断和经验也会囊括在分析之中。当决定交易是否公平时，资产的作业特征、买卖双方对于风险的不同视角以及市场趋势，每一点都要被考虑到。

8.3.1 投资价值

业内对于市场公平价值有很多定义，我们在第6章已经讨论过。通过收益率分析确定市场公平价值，是确定资产投资价值的第一步。两个概念之间的区别本章之后要讨论，并举例说明投资价值的概念。一个以市场为基础的定义参考了资产交易中心交付价格，如下所述："市场公平价值是买方愿意付给卖方的价格，双方都对事实有充分的认知，不是在压力下进行的交易，资产可以在一个合理的时间段成为市场的一个代表性的部分。"

另一个被评估者引用的定义更学术性一些，它排除了市场参考，仅是内在的最初定义："对资产销售和购买没有兴趣、杰出的工程师和地球科学家混合在一起，进行计算的平均值就是市场公平价值。"

第二个定义排除了买家会分配的投资价值，购买者愿意支付资产交易价格的意愿占据的比例超过了市场公平价值，诸如：

（1）潜在的经营协同效应会使购买者具有更低的作业成本；

（2）对未来资产开发运用新兴技术；

（3）考虑资产对一个买家相对于另一个买家更有价值的风险因素；

（4）购买者愿意对较低置信储量且评价生命周期长的储量支付更多。

以上第二种市场公平价值定义中成功的买家支付的费用就是资产分配的投资价值。得标者通常是分配了最高投资价值的公司。因为这笔费用不能由他人确定，所以即使购买价格已经被公布，买家将资产储量定位多少一般都是未知的。

卖家确定市场公平价值期待竞价发行是很困难的。负责这项工作的工程师们做出的评价低于成功的买家提供的价格的原因是，对订单有兴趣的公司对于资产的特别动机或"投资价值"的定位很难预测。案例中当买家提供的价格低于预售前工程师的预估时，买家对识别回收风险通常超过了卖家进行的风险评估。

2002 年，石油评价工程师协会出版了一期专题论文，题为《透析油气权益的市场公平价值》，并列举了计算市场公平价值的不同方面。论文引进了具有交叉经验的评价和储量工程师，他们在业内都非常知名。评价过程和参数、考虑风险和不确定性、买卖双方市场看点以及确定包括现有市场信息的市场公平价值都在论文中给出了指导。论文中提到的第一个概念是很多行业内用作市场公平价值指标的对比分析，但是在油气行业内使用对比分析更应该限制一个筛选工具，因为有很多原因导致资产即使与另一块资产明显相似，但是还有很多不同。在这个主题上，这份出版物是非常有用的资源，可用于咨询详细信息和案例问题。

战略价值的概念（即投资价值）早在论文中已被讨论。当购买竞争的在产资产时，理解战略价值对成功至关重要。尽管评价者通常计算的市场公平价值使用了业内标准的现金流分析，买家因为特殊原因愿意支付包含在费用内的战略价值，因为竞争中的资产特别适合他们的运营。对于战略价值，非常精明且积极进取的公司，他们能够识别且支付，但是不会多付，且成功率比其他的公司更高。

8.3.2 运营重点

对于一个买家，尽管储量和收益率可能是评估中讨论最多的方面，但是油田作业也应该在确定投标价格或者放弃必要的机会时起作用。油田作业必须被理解并检查风险,也要同有责任管理资产的那些人进行交流。

目前运营的有效性和油田员工的经验是很重要的,当下经营者的名声、对环境法规的关注以及对成本的关注都应该良好。假设可能比同类运营商在某个特定地质区域运营得更加有效是不合理的。相反,从一个众所周知的低效运营者手中买进区块,可能会提供一个良机来改进流程、缩减成本。

在很多交易中,油田雇员属于资产的一部分,并被买家所继承。买家最好去出访油田,和工长、泵工及其他人(包括合同雇员)进行交谈,以了解运营这块油田存在的长处和缺陷,以及在这个区域其他经营者的油田实践。同样,如果前机构的文化没有启动油田和办公室的双向交流机制,与油田雇员交谈来倾听他们对如何改进产量和缩减成本的建议,这都是很有启示的。

8.3.3 卖家视角对应买家视角

下面是买家对于资产价值为什么会比卖家有一个更客观的态度的一系列原因。一个交易产生了,一定会出现感知价值不协调,通常由下列这些因素合并引起:

(1)买家对于投资机会可以有一个较低的经济要求报酬率,因此买家会在他们的并购分析中包括更多的储量;

(2)买家可以使用较低的未来投资成本分析,这是基于在同样的油井作业上更冒险或更合理的流程;

(3)卖家可以对勘探和勘探潜力估值,其以可能来自出租区块的税收为基础,而买家却可能在目标上钻井;

(4)买家可能对应用新技术很自信,而卖家却没尝试过;

(5)买家对储量和油田生命可能会有一个更积极的观点,这是因为他们对资产的负面信息缺失,卖家知道这些却不会分享;

(6)买家经常是比较小型的公司,有比较低的成本结构(在油田和办公室都是），因此他们可以从生产量中挤压出更高的利润率；

（7）如果近期遭遇很多挫折、意外成本或机械故障，卖家就会在持续运营方案中看到很多风险；

（8）当事人之间的产量价格预测可能不同，也可能在油田评价和作业的其他方面都相同时创造出价值差异；

（9）买家定位资产的战略价值，例如补偿作业可以创造经营协同效应，会降低买家的作业成本。

证明一个交易是合法的，买家的市场公平价值可能高于卖家的保留值有很多其他因素，上面显示的这些是最主要的。

8.3.4 市值倍数对比

每桶储量当量的销售价格、每天每桶产量当量的销售价格或者销售价格作为净现流最具有代表性时期的乘数，是用来评价一个在产资产市场公平价值的3个最基本的乘数。例如，20世纪90年代末期，位于海湾滨海地区或墨西哥海湾地区沿线的井，处于寿命周期的生命中期，上涨潜力稳健，一个时期内具有相对稳定的井口价格。下面是报告交易中价值典型的比率：

（1）储量5~7美元/桶油当量；

（2）产量为12000~18000美元/（桶油当量/d）；

（3）3~5年的现金流。

井口天然气价格从2000年到2001年飙升，从最初的两倍上升到以前未知的领域。某些情况下，每单位产量利润率翻倍或者三倍，表明这些历史乘数作为预测基准已经无效。乐观估计产量价格对于评价资产的市场公平价值非常困难。不管产品价格环境如何，现金流应该加倍。然而现金流却倾向于保持不变，正如它通常是与交易中达到成本的时间相联系。

价格急剧增长之后被认为应保持不变，而不出意外的话，价格乘数保持在高值,如表 8-4、图 8-8(a)和图 8-8(b)所示。自 2000—2004 年,每桶油当量平均价格从历史平均水平的 4.52 美元/桶油当量上涨到 5.89 美元/桶油当量。每天生产的每桶当量支付的平均价格从 10439 美元/(桶油当量/d)增加到 24876 美元/(桶油当量/d)。支付价格增加的原因除产量增加之外还可能包括:

(1) 应用新的完井技术增加了生产率;

(2) 加速率降低了储量风险,缩短了成本时间;

(3) 改进的 3D 地震数据采集方法和解释分析允许了快速完成钻井程序,以及勘探较小的储量目标获得较大的成功。

前面表和图中列举的自 20 世纪 90 年代末期的市值倍数来自公共资源。一定可以看出,通常公开了使用数据的大型交易会驱动这些乘数。较小的交易也有很多,通常不会被报道,因为引用价值不高,几乎没有太多数据。那么,被报道的较小型交易的数据只会对平均市值倍数产生边际影响。

当评估一个单独交易时,乘数可能从历史范围变化很大。许多因素会导致剩余储量、当前产量和项目现金流创造的乘数彼此不一致。当需要资产的市场公平价值时,应该计算一个范围,而不是分配一个单独的值。因此,使用市场公平价值计算方法来评估价值被认为是不如完成现金流分析的。

表 8-4 在某时间段相关的现金成本交易

	项目	1979—1999 年	2000—2004 年
可获取储量数据	交易数量	1402	199
	总收购成本,百万美元	58718	17869
	总储量	12998	3035
	平均交易规模,10^6 桶油当量	9271	15251
	平均成本,美元/桶油当量	4.52	5.89

续表

	项目	1979—1999年	2000—2004年
可获取产量数据	交易数量	749	204
	总收购成本,百万美元	39095	19901
	总产量,10^6桶油当量/d	3745	800
	平均交易规模,桶油当量/d	5000	3922
	平均成本,美元/(桶油当量/d)	10439	24876

注:通常,储量数据仅为证实储量。

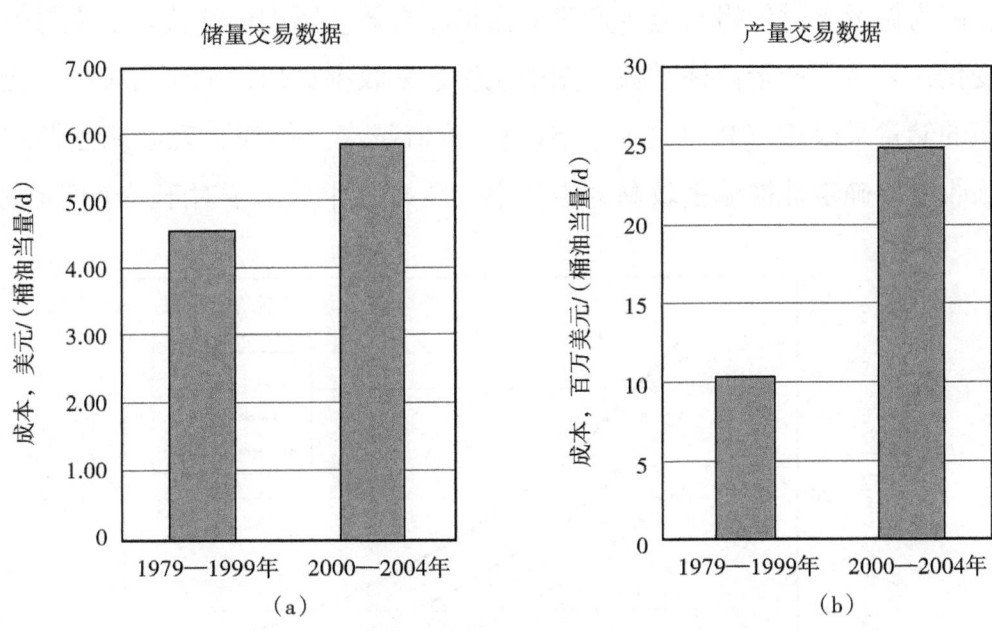

图8-8 不同时间段支付价格对比

低水平资产的卖方应该格外留意,不要假设公开的市值倍数就代表了价值。低质量的油田可能有正向现金流,但是资产现值可能是很微弱或是负向的。由于生命末期的弃置成本和环境清理成本,这些油田可能价值很低,它们可能会被无偿分配给买家,或者卖家还需要向买家支付。这些交易很少会见到,很低的乘数在参考评价资产价值时通常不被归纳统计。

某个油田近期会有巨大的弃置成本时，有一个比较粗糙的方法来评价这个低值油田的销售价格。首先，基于储量、产量和现金流乘数的价值应该被估算。其次，基于乘数的价值中要减去生命末期成本现值，结果是资产价值的代理。

储量价格乘数和生产率寿命（储量除以年度产量，通常被称为 R/P）之间的关系如图 8-9 所示。图 8-8 起初使用了数据库中 2005 年公开交易的市值倍数参数，这个时期油气价格没有频繁波动，油到气的相对价值也比较稳定。尽管这些因素（稳定油气价格和稳定的油到气的相对价值）在写这篇文章的时候已经不存在了，这个图仍被更新来反映过去几年里支付的价格，因为储量支付价格对应生产率寿命仍然有效。图中的线代表了交易价格的变化，表达了产量价格乘数。图中说明了采收率如何影响销售价格。指定油藏的储量采收率（R/P 越低）越快，价值越高。例如，现金流延期成本和采收率不确定性被减去较高的生产率。图 8-9 中显示了对于一个恒定的

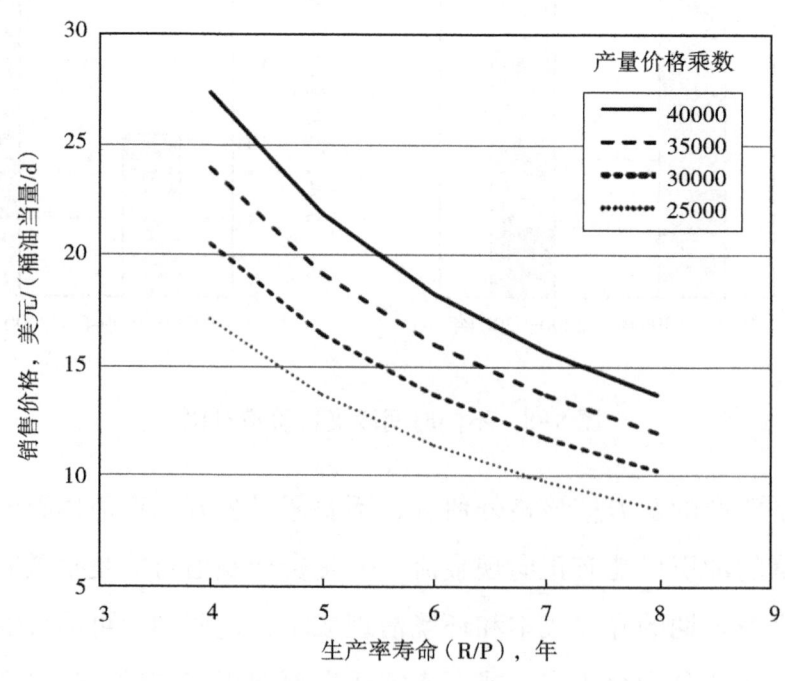

图 8-9　生产率寿命和销售价格关系

R/P，生产率下降，交易价值也下降。同样的，对于恒定的储量价格乘数，储量寿命和生产率寿命增加，产量价格乘数也会增加。

一个例子说明了图8-10中提供的盆地中不同递减率怎样改变了2005年市值倍数参数。第一个地区是二叠纪盆地，油井生产具有相对较低的递减率；第二个地区是墨西哥湾，油井通常以高递减率生产。

图8-10中举例说明了当与另一个同样储量但以较高生产率生产的资产对比时，以给定生产率生产、具有特定储量乘数的资产，会有较低的生产乘数。当把交易参数从一个盆地外推到另一个盆地时，很重要的是需要考虑生产特征的差异性，并收集更多的信息以尽可能地理解资产并评估更精确的市场公平价值。这并不是参考建议这些资产中挑选哪些资产组合更好，公司情况和时间特征会指示出哪些更佳。

A. 二叠纪盆地
油田参数：5×10^6 bbl 储量，R/P=10，年度产量=0.5×10^6 bbl
资产售价是5美元/bbl，或2500万美元。
产量乘数是18250美元/(桶油当量/d)。
高生产率寿命是10，相关延期成本很高。
因此储量乘数（5美元/bbl）趋势降低，产量乘数 [18美元,250/(桶油当量/d)] 升高。

B. 墨西哥湾
油田参数：5×10^6 bbl 储量，R/P=5，年度产量=1.0×10^6 bbl
资产售价是7美元/bbl，或3500万美元。
产量乘数是12780美元/(桶油当量/d)。
高生产率寿命是5，相关延期成本较低。
因此储量乘数（7美元/bbl）趋势升高，产量乘数 [12780美元/(桶油当量/d)] 降低。

图8-10 对比不同地区的市值倍数

最后，市值倍数通常用于预测。制订预测时要仔细考虑，公开数据一定要进行调整，以更好解释被评估资产对应被报道的资产特征的差异性。非生产资产诸如勘探租赁权、等待开始连接生产的发现、中流资产或者良好的长期合同通常会增加报道交易的价值，成为一个标杆。没有同样属性的交易是不能与之匹配的。如上所述，市值倍数允许快速决定资产价值范围，但是现金流分析总是计算价值更好的方法。

参 考 文 献

[1] The Scotia Group, Inc, transaction database 1979-2004 (2004).

[2] U. S. Energy Information Administration (EIA), "Working Crude Oil Storage Capacity at Cushing, Oklahoma Rises," *Today in Energy*, June 15, 2012, http://www.eia.gov/todayinenergy/detail.cfm?id=6710.

[3] U. S. EIA, "Crude Oil Storage at Cushing, but Not Storage Capacity Utilization Rate, at Record Level," *Today in Energy*, March 23, 2015, http://www.eia.gov/todayinenergy/detail.cfm?id=20472.

[4] Mike Bird, "Traders Are Hoarding Oil in These Colossal Ships while They Wait for Prices to Bounce Back," *Business Insider*, January 20, 2015, http://www.businessinsider.com/colossal-oil-tankers-storing-contango-pricerebound-2015-1.

[5] Tim Maverick, "Millions of Barrels of Oil Floating in the Ocean," *Wall Street Daily*, November 14, 2014, http://www.wallstreetdaily.com/2014/11/14/oiltanker-floating/.

[6] U. S. EIA, "U. S. "Underground Natural Gas Storage Developments: 1998 – 2005," Special report, 6 (Washington, DC: U. S. EIA, 2006), https://www.eia.gov/pub/oil_gas/natural_gas/feature_articles/2006/ngstorage/ngstorage.pdf.

[7] U. S. EIA, "The Basics of Underground Natural Gas Storage" (Washington, DC: U. S. EIA, November 16, 2015), https://www.eia.gov/naturalgas/storage/basics/.

[8] U. S. EIA, "Weekly Natural Gas Storage Report" (Washington, DC: U. S. EIA, June 11, 2015), www.eia.gov/naturalgas/weekly/.

[9] Society of Petroleum Evaluation Engineers (SPEE), "Perspectives on the Fair Market Value of Oil and Gas Interests, Monograph 2," (2002).

[10] Scotia Group, Transaction database 1979-2004.

9 购买决策

9.1 构建报价

尽管行业内有非正式的报价信标准内容格式,包括资产描述、报价金额、任何除外条件、尽职调查程序、交易执行时间表。报价信模板上的必要项会有变动,因为没有任何两个交易是相同的。在一封报价信中经常要处理到的几个细微差别将会在下文中进行讨论。

9.1.1 交易选项

收购交易报价中最关键的部分是交易金额,一些其他因素会影响报价对卖方的吸引力。除了收购价格,还可提供一些其他激励措施以鼓励卖家卖掉资产。每项措施都会削减买家的盈利潜力,但若处理得当,最终可以得到双赢的结果。我们将一些可提供的激励措施列举如下:

(1) 在价格上涨超过预定上限的情况下,实施产品价格保护机制;

(2) 对于成功的勘探活动给予(卖方)一定的矿权;

(3) (允许卖方)参与到勘探活动中,并拥有一定的工作权益;

(4) 设立弃置费用债券保护措施,以保证弃置义务所需资金可用。

买方可能与目标资产的所有者之前有过合作关系,并会在递交书面报价前同卖方就油田进行讨论。一些情有可原的情况可能会阻止一个潜在卖方继续剥离资产,此时这种对话讨论将会帮助双方节省大量工作。或者如果卖方对报价感兴趣，这种讨论对卖方是一个机会，告诉买家哪些条件是达成交易所必需的，哪些条件难以接受，会妨碍交易的达成。一旦形成书面材料，改变立场或许会变得比较困难，所以买方在构建一个公开报价时应该考虑卖方提出的意见。在正式报价之前先进行建设性的交流，很多潜在的问题可以避免。

许多买方需要为交易进行融资。一些卖方比较犹豫是否要同需要融资的买方进行谈判，因为一项交易至完成交割需要付出大量的时间和努力，而交易到最后可能因缺乏资金而无法交割。在金融机构完成其资产价值评估前，资产的储量是否能够支持双方同意的交易价格一直是未知数。若买方愿意提供一笔无须退换的交易定金，那么卖方对交易的顾虑将会减轻，因为其确信即使交易无法达成，自己也能够得到一定补偿。

若卖方怀疑买方可能会因资金外的其他原因而无法完成交易，那么卖方也会要求买方支付定金。如果买方提出为购买一项资产支付定金，并且列出在一些情况下可以放弃这笔定金，而这一提议被卖方所接受，那么买方将被认为有诚意达成交易，不会在没有合理缘由的情况下退出。

许多资产交易涉及处在其生命周期成熟阶段的油气田。那些打算对这类资产进行挖潜，使其能够转化为健康资产的买家通常会计划投入大量的技术和资金资源。成熟油气田再开发项目可能面临一定风险，但有时也会收到高回报。如果油气田有共同所有者，那么有意向的买家可能会在报价中要求，若想达成交易，共同所有者的权益必须被一并收购。若资产的全部权益无法被一同收购，买方可能会退出收购作业权的交易，因其希望可以充分受益于二次开发。大多数买家：

（1）希望能控制老油田二次开发的时间和范围；

（2）希望能享受到100%的油田增产利益；

（3）不希望替不愿为建议投资出资的合作伙伴垫资。

若收购的资产成功增产，买方可以尝试跟进收购临近区域的相似资产。在解决了原有收购资产面临的专利技术或作业实践方面的风险后，买家会在这些新的类似资产上尝试复制推广增产措施。

9.1.2 评估价值

资产买卖交易的许多程序可以很灵活，但对各目标资产的价值评估应该保持一致性。在包括可认定储量的定义、储量的分级分类，以及基于以往经验的成本分析等方面有一套标准的方法论是十分必要的。

对储量的分级分类既包含专有技术，又涉及经验问题。对于在美国公开上市的公司，证实储量的计算应该遵照美国证券交易委员会发布的准则。除指引外，所有等级、类别的储量和资源量评价还应遵循美国石油工程师协会（SPE）于2007年发布的"油气资源管理系统"（PRMS）指引。这份综合性指引由美国石油工程师协会、世界石油大会（WPC）、美国地质学家协会（AAPG），以及石油评估工程师协会的代表共同撰写。随后在2011年，一份题为"PRMS应用指南"的文件发布，以澄清上版指引中决定储量所采用的方法论。PRMS文件在世界范围内被接受和应用，在建立储量测定科学与储量评价专业词汇的统一标准方面发挥了比行业内以往任何努力更大的作用。

在评价出售或收购的资产时，另一个信息来源是石油评估工程师协会出版的《资产评价中使用参数的调查报告》，调查每年进行一次，从生产商、咨询公司、投资银行和政府等各种行业相关参与主体处收集输入信息。下文中引用的数据出自协会2015年6月发布的第34版调查报告。调查中需要应答的数据包括油气价格预测、成本上涨预估、识别概算储量确定方法在何种情况下使用、收购成功率、贷款渠道、折现率、储量调整因子的使用，以及风险因子的应用技巧。响应数据的一个子集同交易分析有关，在本章后面部分我们将会进行讨论。

折现现金流（DCF）计算法作为主要的资产评价方法，被80%的调查者采用，这与之前DCF计算法仍然是被业内青睐的主要评价方法的调查结果是一致的。调查中还指出，为了从不同角度评估资产价值，估值人员通常采用几种额外的评价方法，包括投资回报率、投资回收期和利润率指数等方法。

储量调整因子（RAF）被67%的调查对象使用。这些调整因子因储量的等级和类别不同而发生变化。为每一个储量等级分配的储量调整因子每年相差不大。在石油评估工程师协会2014年的调查中，用于计算贷款额度的RAF被给出，正如预期的那样，这些来自银行的反馈数据比表格中三家生产商给出的RAF值都要低，对可能储量和概算储量不予计算价值。

由于在评价中如何进行风险调整是有选择的，公司在评估各个交易时应该保持一致性原则，以便收购机会之间可以进行同类比较。根据评价目的的不同，不同储量类别可以应用不同的风险因子，如表9-1所示，表中展示了买方和卖方以及贷款银行对统一资产评价情况的对比。

表9-1 储量类别——不同的风险认知

储量类别	无风险储量 10^3 bbl	卖家/买家评价		贷款评价	
		风险,%	储量,10^3 bbl	风险,%	储量,10^3 bbl
证实在产储量	2000	100	2000	100	2000
证实关井储量	1000	85	850	75	750
证实未开发储量	800	50	400	50	400
概算在产储量	2000	50	1000	0	0
总计	5800		4250		3150
总储量分配值百分比			73%		54%

在本例中，评价里包括四个等级的储量。总的未经风险调整储量为580×10^4 bbl，从买方和卖方角度进行风险调整后，储量降低了26.7%。银行将45.7%的储量通过风险调整从总储量中扣除，使得借款的储量基础降低了110×10^4 bbl。若卖方要求买方为风险较高、银行不会用来作为抵押物的部分储量支付5美元/bbl的价格，那么买方想要进行收购，就会在交割前产生

$1.1×10^6$ bbl×5 美元/bbl＝550 万美元的贷款金额以外的资金缺口。

多数业内进行的资产评价工作既没有交易支持，也不会产生成功的收购（考虑到绝大多数收购意向最终都会失败）。可以认为若希望收购取得成功，买方在评估中使用的各项参数必须比调查显示的结果更激进。因此，调查报告中的各项参数或许是计算资产评估价值的很好的参考基准。对于一个收购项目，必须在使用调查结果进行估值的基础上额外增加买方的战略或投资价值，报价才可能具有竞争力。

评价中折现率的选取是非常重要的。公司采用何种基础决定折现率有其各自的原因。对于有些公司，折现率是资金成本；对于其他公司，有可能是投资机会组合各项目中最低的利润率。对于公开上市公司，折现率可能是贷款成本加股息成本。总之，在评价中使用的折现率越低，所评估出的资产价值越高，公司能够支付的也就越多。一家选择较低折现率和较激进评价方案的公司相比其他潜在买家会很具有竞争力。

当卖方出售临近枯竭的油田资产时，储量计算和成本费用输入估算的确定程度会更高。对于这些出售资产，卖方或许会在计算资产保留价值时降低折现率，来反映这些资产相对较低的不确定性。相比使用公司标准的折现率，这样做会抬高公司最低可接受的出售价格。

9.1.3 报价策略

选择公开报价金额的策略有很多种。几乎没人能证明哪种方式有最好的效果，因此多数报价都是基于经验和直觉。

一种总是得到卖方负面反馈的报价方式是买方给出超低报价，即买方报出一个严重低于市场公允价值的价格，并期待卖方返回一个认真的反报价。由于这种报价并不是出于诚意，卖方几乎不会给出反报价，也没有动力参与到同这位潜在买家的谈判中去。若卖方提供了反报价，将会给待售资产设置一个封顶价格，这是卖方没必要去做的。对于给出超低报价的买方，若想要被严肃对待，使卖方同意协商，就必须给出远远高于首次报价的跟随报价。

买方的目的是做出一个足够能打动卖方给出反报价，同时又尽可能低的报价。由于评价科学拥有解读空间比较大的属性，上述的决策并没有一定规律。一个严肃的买方会担心他们认为认真给出的报价被卖方视为超低报价，因此，以这个逻辑最终决定给出的数字通常都可以算作条件优厚的公开报价。买方一般都假定若想完成收购，需要在首次报价基础上再增加购买金额，买方只是不知一开始增加多少金额是必要的。

当买卖双方都抱着严肃的态度，只是无法就价格达成一致时，通常买方都会询问为结束协商完成交易需要支付的总金额是多少。若卖方确实希望出售资产，他会透露一个价格。不过通常这种方式都被解读为一种买方的谈判技巧，通过这种手段向卖方施压，迫使其对自身可接受的最低价格交底。若买方成功令卖方给出了价格，那么买方就知道想完成交易需要付出怎样价格，并且无须比这个价格再多支付一分钱。

另一种不同的方式是由买方提交有条件的报价，这一报价会很高，买方并没有意向以这个价格最终完成交易。一个很高的报价总能引起公司管理层的注意，使得公司快速参与资产的评价谈判，并尽可能快地完成所有工作流程。在这种情境下，当卖方参与谈判之后，买方可能会提出其在尽职调查过程中的发现，作为调低价格的依据。这对于卖方并不公平，若事先了解初始报价将被调低，卖方或许根本不会开始谈判。以这种计划开始的报价通常不会成功。

前面的讨论涉及的都是公司做出主动报价的情况。当买方通过经纪人参与一个资产的拍卖或竞标时，由于第三方的参与介入，报价方式是更加有组织性的。对比第三方资产出售，以主动报价开始的交易之路或许对于卖方会感到更加不安，并且消耗更多时间。因第三方参与的资产出售能产生竞争，并遵循完成交易的时间表，买卖双方都能按计划行事。

在资产被拍卖，或通过经纪人向市场出售时，卖方会希望收到超高报价，或一个明显高于计算得出的油田价值，或绝大多数报价所属范围的报价。当收到超高报价时，卖方或许会认为买方在评价时犯了错误。现实里，做出超高报价的公司或许了解卖方和竞争对手所不知道的资产的升值空间，而买方实际上是做出了一个能使交易取得利润的谨慎的报价。在经纪人代理出售资产时，过程中会有更高的不确定性，因为潜在买家并不知道有多少家其他公司对出售资产感兴趣，或经纪人联系了多少潜在买家。

9.1.4 各种因素的影响

有许多有形和无形的因素可能对资产的售价造成影响，这些因素同资产本身、买方的境遇、交易融资方面的因素，以及营销力度有关。对售价可以造成影响的资产特性列示如下：

（1）净收入权益与工作权益之比（希望高）；

（2）储量规模与储产比（希望高）；

（3）证实储量规模相对于总的储量潜力（希望高）；

（4）采收最大化所需投资以及相关风险（希望低）；

（5）产品价格趋势（希望上涨或平稳）；

（6）开采速度（希望平稳或略有下降）；

（7）产量风险（希望平均分布于多口井）；

（8）储量风险（希望平均分布于多个区域）；

（9）升值空间与时间（希望高且在近期可开发）；

（10）运输成本（希望低）；

（11）开采寿命（希望长）；

（12）生产设施的状况（希望处于良好状态）；

（13）深钻权利（希望包含在交易中）；

（14）弃置成本和时间（希望低且更迟）；

（15）产品销售（希望无阻碍）；

（16）环保与法律风险（希望低）。

买方在评价中所采用的贴现率将会影响报价，这一比率与预期支付的价格成反比（贴现率越高，预期支付的价格就越低）。尽管这一关系很容易理解，但以这个比率去衡量参与竞争的其他买家的积极程度却绝非易事。原因在于一些公司使用更高的贴现率，将风险赋予到其现金流中，而其他公司倾向于承担储量风险，因此使用更低的贴现率。在一起收购案分析中，若没有彻底地审阅储量确定和经济评价分析，就很难对一个公司使用的贴现率给出任何推测。

买方的境遇也会影响其积极程度。如果通过一起收购，可以获得新的核心资产，或在既有的作业区域赢得竞争优势，那么买方也许会愿意为收购资产支付溢价。例如，若一家公司希望寻求积极正面的分析师分析，以期进行首次公开募股（IPO）。那么为了给IPO做好准备，该公司可能会加大力度推动对其向资本市场讲故事有所助益的资产收购项目。

当买方可以收购作业权，并且负责掌管钻修井相关操作（打井时间、程序、钻机选择、成本控制）时，相比收购相同权益，但没有取得作业权的情况，这类交易对买方而言带有额外价值。非作业者总是在信息与控制权方面处于弱势，这使得非作业者权益的吸引力低于作业者权益。但是，有一些公司通过只以非作业者形式参与油田项目而繁荣发展，因这种形式的参与可以将管理费保持在低位。这些公司在进行交易前会对油田作业者进行评估，此后便会给予作业者高度的信任，相信其会慎重作业、合理筹款。

各项目融资渠道会有很大不同。依赖夹层融资的公司将要承担高昂的利息。这将会降低项目盈利能力，必须在估价时给予考虑。股东拥有公司的权益份额，并对公司收购资产的日常作业采取何种策略具有影响。大型公司能够享受更优越、融资成本更低廉的有利地位，其内部产生的资金即可用于资产收购。

更高质量资产收购的一个特点是，该投资机会所需的资金可以由收购资产所产生的现金流来提供。若收购后无需外部资金来支持计划提升油田开采速度的钻修井工程，这样的资产是更具吸引力的。

9.2 资产包出售案例

本章节讨论了1999年收到的由经纪人营销的得克萨斯州、路易斯安那州和密西西比州价值较低的作业者及非作业者权益油田资产包的报价。对于任何不曾向较大范围受众营销资产的公司，这些报价的差异幅度及同卖方计算的留存价值之间的巨大差距都可能使其非常惊讶。提供报价的竞标者被给予了相同的数据资料及相同的评价时间。每个资产包的竞标者对其中油田的估值都存在巨大差异。

代售的得克萨斯资产包中包含了6个油田，且均可以单独出售。针对其中4个油田的报价在图9-1和图9-2中予以展示。图9-1中给出了针对Black

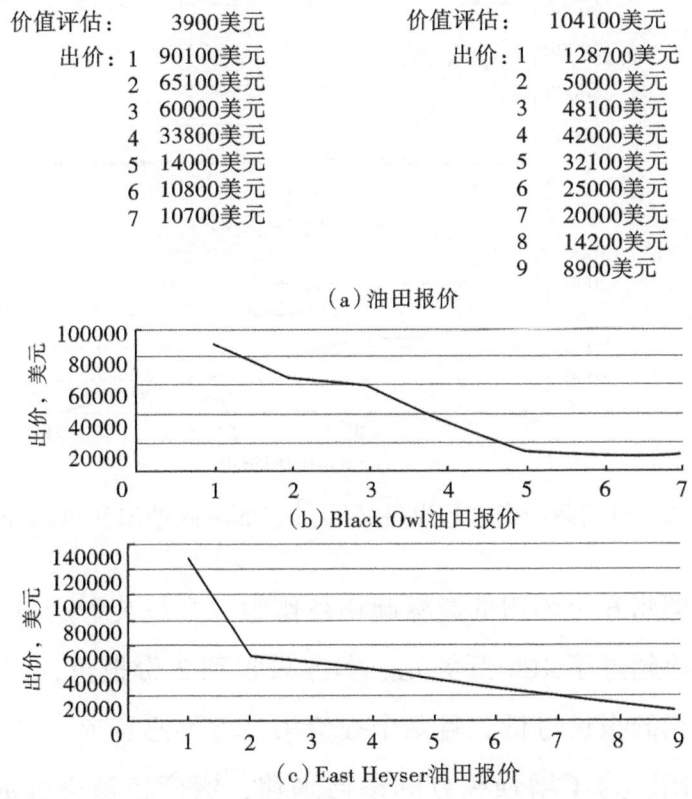

图9-1 得克萨斯资产包出售结果——Black Owl 油田和 Heyser 油田

Owl 油田和 East Heyser 油田的报价。卖方对这 2 个油田的评估价值,以及其收到的报价列示在上方,下方给出了由报价数据绘制的散点图,显示了报价的差异幅度。资产出售宣传册发放给了 32 家感兴趣的公司,其中 16 家做出了报价。6 个待售油田共计收到 57 个报价。这些报价的最高值和最低值同卖方对油田留存价值的评估相比较呈现出很大差异。从这点上推断,似乎提供给买方的数据资料同卖方自己用来进行内部评价估值的资料有所不同。

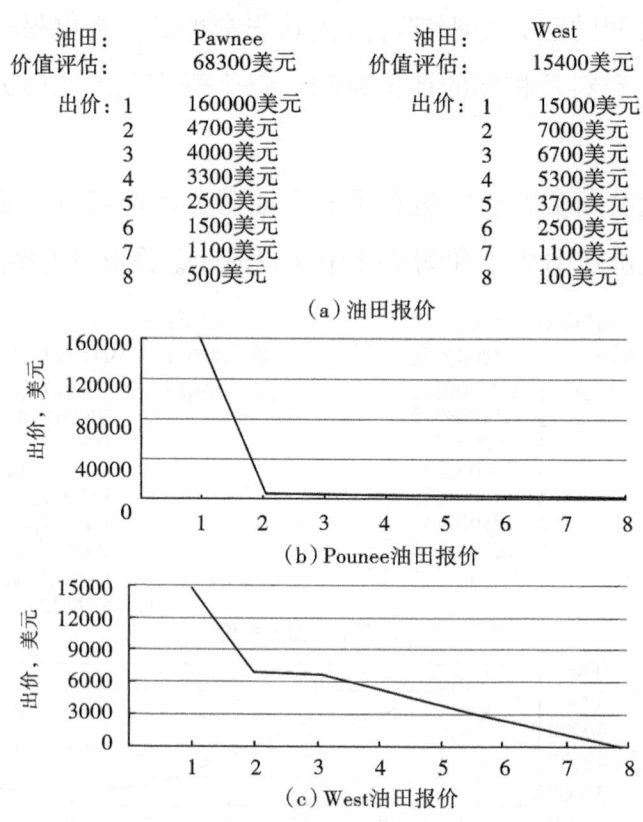

图 9-2　得克萨斯资产包出售结果——Pawnee 油田和 West 油田

路易斯安那州 6 个油田的邀标起初被作为一个整装资产包来营销,资产包总的评估价值超过了 100 万美元。卖方只收到 2 份报价,都在 75 万美元左右。由于收到的报价过低,且两个报价买方均不愿意提高报价,最终资产包没有成功售出。为了增强买方的参与兴趣,资产包被拆分成独立油田出售,以期收到更好的反响。结果是,11 家公司递交了报价,大部分油田被售出，总的售价超过了 120 万美元。报价的范围更紧凑，比此前的得克萨斯州资产包出售经历更合理。其中两个油田，Fordoche 油田和 Homer 油田收到的报价范围，以及卖方对两个油田的评估价值列示在图 9-3 中。竞标者对 Fordoche 油田比较感兴趣，但卖方并未收到一个可接受的报价。其同现有竞标者中最高报价者取得沟通，交易方才达成。竞标者对 Homer 油田展现出更浓厚的兴趣，最终该油田以高于内部评估价值的价格达成交易。

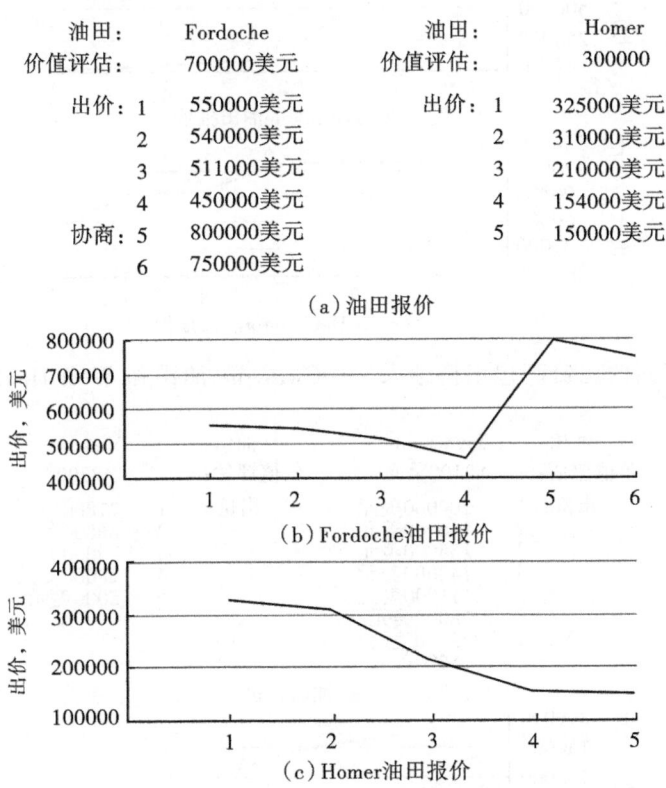

图 9-3　路易斯安那州资产包出售结果——Fordoche 油田和 Homer 油田

在第三个资产包中，密西西比州 14 个油田分别独立出售。54 份资产出售宣传册被寄出，29 家公司反馈，共提交了 67 个对油田的报价。收到的报价范围相差极大，最高报价同卖方内部评价的留存价值也有很大差别。4 个油田（格文镇、西海德堡、捷恩斯镇以及沃特油田）报价范围和卖方内部评估价在图 9-4 和图 9-5 中予以列示。我们尝试分辨不同评估价值之间的

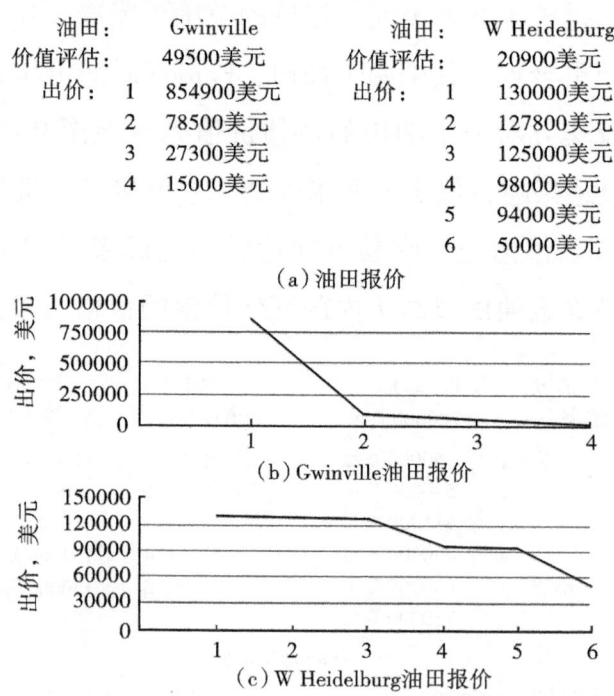

图 9-4　密西西比资产包出售结果——Gwinville 油田和 West Heidelburg 油田

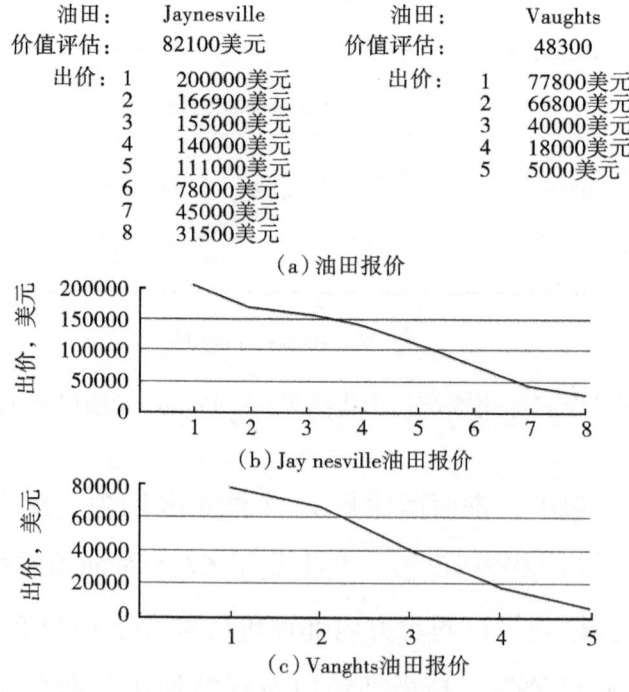

图 9-5　密西西比资产包出售结果——Jaynesville 油田和 Vaughts 油田

巨大差异，但并未成功。不过许多油田出售的是非作业者权益，且卖方在出售前并未向市场大力推销，这使决定资产价值的技术材料提供得并不充分，卖方或许也低估了油田的留存价值。

卖方对格文镇油田的内部评估价值是 4.95 万美元，收到的最高报价为 85.49 万美元，这一报价并没有明显的基础作为支持。尤其考虑到第二高报价仅为 7.85 万美元，经纪人解释说，这一资产合同区面积较大，将近 2000 英亩，且该区域曾进行过更深地层的钻井测试并取得成功。这位经纪人对出售地区非常熟悉，因此在销售资产时表现远优于卖方。经纪人能够以其对资产勘探价值的理解说服买方增加报价。

西海德堡油田的出售是卖方对其油田价值评估基于质量较差的技术数据的一个明晃晃的案例。卖方评估的 20.9 万美元远低于 6 个竞标者对资产的报价。在这种情形下，卖方对售价会很满意，只是其应该很好奇他们未知的那部分资产价值究竟是什么。

捷恩斯镇及沃特油田报价的分布从最低价与最高价的差异分别为 7 倍和 16 倍，最高报价是卖方评估价的将近 2 倍。这样的报价范围显示，除考虑了战略价值的报价外，在报价中存在虚低报价。两个油田最终都以远高于卖方评估值的价格成交。

对于买方角度，在经纪人代理销售中，由于一般不会有第二次机会，从一开始买方就面临着应尽可能采取积极姿态的压力。收购交易的达成非常困难，需要投入大量的精力和资源，没有一家公司希望因微弱差距输掉竞标。因此，竞标的参与者通常会全力以赴给出尽可能的高价。大部分报道的以较高价值乘数成交的并购交易都是由经纪人代销的，如同我们前文提到的三个资产包一样。

9.3 优先购买权

某些资产的合资协议中设置有优先购买权条款，规定一方合资人若要出售自身权益，其他合资人有权在同等条件下优先收购这些权益。不论采用何种出售策略，该条款都适用。若优先购买权被行权，出价最高、努力希望完成收购的买方将会输掉交易，其努力将全部付诸东流，这是昂贵的、令人泄气的打击。尽管如此，在联合作业协议中写入这一条款是业界的惯例操作。

对于优先购买权的实际操作各油田都有不同的管控方式。尽管油田租赁协议中的条款管控着整个流程，有时从通知出售权益到交易完成交割，期间的具体操作仍有一定灵活的解读空间。卖方可能会向其他合资人仅仅提供一个价格，随后会同合资人买方开展销售与购买协议。另一些情况下，卖方在同外部竞标者完成价格确认和协议谈判后，才向合资人提供优先购买权，此时合资人必须接受已经谈定的价格以及合同条款。

若卖方允许合资人保持售价不变，而重新协商合同条款，那么先前报价的买方就会主张交易已经发生变化，其与卖方原来的交易应该继续达成。对于这种情况，买方和卖方合资人都应该仔细审阅联合作业协议的相关条款，以避免这类问题的发生。作业协议通常都会对合资人收到权益出售通知后的反馈时效做出限定，一般的反馈期为 15~60 天。

若资产包在单一交易中被整体出售，其中一个或多个资产涉及优先购买权，买方则必须为这些资产单独分配一部分价格。尽管价格分配一般是为了税务或战略原因，由于优先购买权进行的价格分配更重要，因为从资产包中流失掉这部分资产是确有可能发生的一个结果。价格分配通常会有目的地向核心资产倾斜，报出比评估值更高的价格。这样做的目的是，若合资人行使了核心油田的优先购买权，买方可以马上通过这种有益于自己的资产价格分配方式得利。另一个原因是买方或许可以通过为核心资产分配高价格的方式，来努力保证不会因合资人拥有优先购买权而输掉这些油田的交易。

若一个资产包中大部分油田都有优先购买权问题，那么买方会面临一种风险，即若多数油田被行使了优先购买权，资产包中剩余的油田无法满足买方报价时的初始目标。买卖双方都明了这种情形可能发生，且这一问题必须在卖方向合资人发出权益出售通知前，在买卖双方的销售和购买协议中规定处理方式。通常会设定一个百分比，一般为50%。选取这一标准来界定，若高于这一比例的资产包价值被合资人行使了优先购买权，那么原来的买方则不被要求必须以剩余的价格完成交易。不过，买方将会永远有权利选择完成资产包中被行使了优先购买权后剩余油田的收购，不论多少油田从资产包中流失。

如果出现买方确实因超过预定比例价值的资产被合资人行使了优先购买权而退出交易的情况，卖方可能会被迫保留品质较低的油田，而出售质量较好的油田——这是一个与卖方初始意向不符的结果。因此，卖方通常会在销售与购买协议中加入条款，规定如果这种情况发生，资产包内的所有资产都将从出售中撤出，没有任何一个油田会被出售。

买方为各油田进行的购买价格分配，卖方不会参与分配过程，基于以下原因：

（1）协议中应规定价格分配属于买方责任；
（2）若合资人因认为价格分配不当而起诉，卖方会身陷法律纠纷；
（3）卖方无法从价格分配中获利，因此没有理由参与其中。

有一种情况卖方会参与价格分配的过程（但并非分配价格），即买方希望快速完成交易，卖方被要求联系其合资人，要求他们在允许的时间限制内，提前放弃优先购买权。这种要求被提出，或许是因为买方的融资只在有限一段时间内有效。大多数卖方会遵从这一要求，因为快速交割对他们是最有利的。但是，当交易涉及价值较高的资产时，合资人几乎不可能加快他们对报价和协议条款的审阅速度并给出弃权证明，因为进行一个仓促或不完善的评价对他们而言毫无益处。

有一种情况会导致作业协议中的优先购买权条款或无法适用，被剥离资产中的合资方无权参与交易：当公司被整体出售或合并时，或者当公司的子公司或作业单元被作为一个实体出售时，优先购买权就无法实施。在作业协议中添加这样的除外条款语句，其背后的逻辑是：公司或作业单元的整体价值，比每一部分资产拆分后的加总价值要高出许多。因此，在这种情形下，分配价值会尤其困难。而若有优先购买权被行使，收购方的损失也会远高于被行使权的资产的价值。

总之，不是所有买方都愿意面对由于合资人行使优先购买权导致交易失败的不确定性。当知悉一个资产中的合资人拥有优先购买权且提出收购要求时，有意向的买方必须衡量进行收购所需要投入的费用与精力，以及交易失败的可能性，并决定是否继续进行资产评估。

9.4 弃置保护

在卖方要将资产出让给任何一家公司时，他需要一定程度确认、保证买方是一个会按时缴纳矿费，并会依法处理油田生命周期终了时的弃置费用问题的生产商。买方当前情况的信息将会被审阅，如他们当前的市值、产量、开采速度及其他油田弃置义务。若交易资产价值较大，并且当前油田存在一定作业风险，而买方并不愿意承担这些风险造成的后续责任，这种情况下，买方的财务报表应被审阅。若审阅结果显示，买方并没有足够的财务实力，那么需要在交易中添加额外一层保护。

参与某些大型或老油田的经营，将会面临未来巨大的弃置和环保责任。油田租约通常要求承租人在生产结束、归还资产时，将其恢复到勘探前的状态。设备、管道的移除费用、油井弃置费用可能会高于剩余储量的价值。对于老油田，修复井孔、原油溢漏点或罐区至原始状态的费用可能会高得惊人。许多情况下，邀标油田具有对于买卖双方都是高风险的特质。卖方可以通过在开始出售资产前就进行大部分弃置和恢复工作来减轻风险。这种做法可以降低买方日后的风险和成本，减少买方因油田生命周期终止时需承担的费用，而为收购资产支付更高的价格。

卖方不会希望卖掉在产油田，未来因买方不履行弃置和环境修复的义务，自己又被监管机构要求返回承担这些费用。规模较大的公司会需要有一定的保护措施，以确保在需要时，有足够的资金能够支付这些费用。如果买方的资产负债表相对于弃置和修复费用显得规模很小，卖方就会要求买方提供担保，以保护自身利益。担保可以通过卖方从发债机构处购买履约保函的方式进行。买方支付每年的保证费用以维持保函的生效。对卖方额外的保护措施是，可以在交割前购买"履约保函费保证险"，以确保若买方违约，未来履约保函的保证费用能得到持续支付。表9-2展示了4个油田整体出售的资产包的弃置义务。卖方可以运用的、要求买方为弃置工作的履约保函付费，来为卖方提供弃置义务保护措施的选项见表9-2。

表9-2 确定购买墨西哥湾的担保要求　　单位：百万美元

油田	2014年	2015年	2016年	2017年	2018年	2019年	2020年	油田总计
A	0	0	0	2.5	0	3.0	0	5.5
B	0	2.5	2.0	0	0	0	0	4.5
C	0	0	0	0	0	1.0	3.5	4.5
D	0	0	0	0	6.0	2.0	0	8.0
总计	0	2.5	2.0	2.5	6.0	6.0	3.5	22.5

最初，卖方会同买方协商为2250万美元全部的弃置费用提供保函。随着未来弃置工作实际发生的费用不断确定，保函的担保额度可以不断随之减少。若为全部2250万美元费用提供担保会直接导致交易破裂，还可以有两个备选方案供双方考虑：

（1）B油田的弃置费用不会被担保，因为它将第一个退役。买方将承诺在担保中减除A油田、C油田、D油田的额度前，B油田的弃置将得到妥善处理，后三个油田的弃置方案将从2017年开始。

（2）所有油田平台的弃置工作将被单独担保。油田封堵费用将不包含在担保额度中，因为在平台移除前，油田封堵必须完成。买方只有在油田弃置工作彻底完成后才能获得担保额度的减除。

在购买履约保函前，还应对发放保函的公司进行尽职调查，以尽量确认该公司在几份保函同时面临违约情况时，具备足够的偿付能力。在未来履约保函可能需要兑付的情况下，尽职调查过程中的这一步骤是值得进行的。

一些卖方，尤其是大型国际石油公司，要求对弃置计划所需资金有更大的控制力。当前估算的油田弃置费用在交易中被协商，交割时买方必须设置托管账户，并将这笔协商一致的费用，或一段时间内的油田产量收入存入该账户，以保证在油田需要弃置时，有所需资金的存款。这对于买方是非常昂贵的要求，但对于有些卖方，设置托管账户一事是没有协商空间的。当弃置工作完成时，资金可以从托管账户中取出。

若油田买方的资产负债表和业界声誉足够优秀，以至于卖方完全不会担心其弃置义务的履行，那么卖方可能会免除对买方开具履约保函或设置托管账户等保护自身措施的要求。这将会为买方节约巨大的成本，在收购中变相给予他们一定的优势。

9.5　协议谈判

在竞争性招标情况下，出价较高的公司通常是赢者。如果出售资产的相关责任义务较大，偶尔也会由于出价较低的买方拥有很强的财务实力而被选取。当然，若最高报价与第二高报价之间差距很大，通常还是最高价会中标。在竞争性招标流程选出中标买家后，双方将开始进行销售与购买协议谈判。这份文件确立了买卖双方关于资产的预期，以及交割程序执行过程中双方的行为基准。谈判涉及的议题包括：

（1）卖方施加于买方的一些违约赔偿；

（2）针对具体弃置、地表清理恢复工作的履约保函、托管账户或信用证等卖方保护措施；

（3）产权纠纷、股权差异或没有披露的抵押贷款；

（4）环保纠纷以及交割后发生重大不利影响的确认；

（5）销售限制条件以及卖方产量优先购买权的解除；

（6）天然气产运不平衡问题的解决，以及支付价格的设定；

（7）除外资产（即车辆、船艇、通信设备、仓库库存等）；

（8）除外责任（即收购前发生的人员伤亡或财产损失纠纷）；

（9）交易履约定金的数额及支付时间；

（10）规定在何种情况下，买方可以退出交易而不损失定金；

（11）交易交割截止时间或不完成交割将会产生不利后果的时限；

（12）为保证买方顺利接管作业，卖方应给予的协助；

（13）尽职调查允许的时间长度和调查范围；

（14）为保证买方与土地所有者完成权益转让，卖方应给予的协助；

（15）卖方拥有的资料原件或复印件，以及其他记录信息是否移交给买方；

（16）新闻发布的内容，以及由哪方进行发布。

谈判技巧因人而异，因此在团队中纳入具有资产出售经验的谈判代表是明智之举。对法律代表的需求显而易见，但评价工程师的专业意见对于正确评估每个合同条款的价值也会非常有帮助。在第12章，我们列举了一些能够帮助买卖双方节约时间与成本的谈判技巧。不遵循其中一些推荐技巧可能会对公司造成金钱和名誉的损失。

卖方将选择报价的基准日（估值日），并在向潜在买家的邀标中，同市场进行沟通。在这一日期前，所有的成本和收入都归卖方留存。而这一日期后，所有的成本和收入都归属于买方。基准日的选择非常谨慎，并基于一些考虑因素，包括：

（1）进行中的油井相关工作。若钻修井等工作在进行中，该工作的风险将被考量。若风险较高，卖方或许会挑选该工作实施前的一天作为基准日；若风险较低，基准日就或许会选取在该工作完工之后。

（2）资料室开放时间。卖方希望资料室中的资料和数据尽量为最新。基准日选取在资料室开放前，可使买方能够在其评价中运用截至基准日的最准确的历史数据。

（3）交割过渡期。卖方希望基准日和交割日距离尽量缩短。这将减少由于井动态恶化，买方要求重新协商价格或直接退出交易的可能性。

（4）卖方紧迫感。卖方公司从决策出售一个资产，到完成动员，开始实施出售计划的速度非常重要。较近的基准日将迫使卖方团队快速行动，完成交易。

在谈判艰难、尽职调查复杂的情况下，完成交易的过程可能会比双方预期的时间要长很多。为简化交易的财务处理，基准日可能会被推后。因新旧基准日间产生的现金流归属卖方，交易价格将被降低。较低的价格或许使买方可以更易完成交易，从而通过变换基准日，使买卖双方都能获益。

9.6 尽职调查

所有的买方都需要进行尽职调查，即油田状况、油田现场及办公室保留的生产运营记录，以及政府机构对油田项目实施监管的相关信息。在这一阶段，买方可能会发现让他们大失所望的信息，进而想退出交易，或要求降低收购价格。

尽职调查的现场查勘至少要澄清以下情况：

（1）油井的产量与资料提供信息相符，并且没有表现出任何风险特征；

（2）现场设施状态良好，设备齐全并且正常运转；

（3）油田的单井管线、集油管线以及压气站的数量和处理能力与提供信息相符；

（4）现场环保状况和资产的弃置费用与声称情况相符。

需要翻阅的记录信息包括：

（1）土地和租约的所有权；

（2）井身结构图以及设施设计；

（3）产量记录；

（4）监管和政府审计报告；

（5）产品的销售情况；

（6）矿费是否及时、足额支付；

（7）油井及油田现场其他相关文件；

（8）法律文件。

尽职调查程序非常重要，它是买方的唯一机会，去发现卖方未披露的、可能影响交易价值或确认潜在风险的信息。当问题信息被发现时，买方应当要求变更交易价格，或更改协议条款。如果发现了无法解决的严重问题，买方可能会退出交易。

通常，买方会要求在报价准备阶段进行实地考察并开展尽职调查。通常，这一要求会被卖方拒绝，原因如下：

（1）若所有感兴趣的竞标公司都在投标截止日前赴现场查勘，为他们分别安排日程且不影响油田运营是很困难的；

（2）可能会有竞标公司在现场发现了一些卖方只希望透露给中标买方的信息；

（3）待中标公司被选出，并只为其安排现场查勘是当前的行业惯例；

（4）现场员工将会发现油田将被出售，而卖方可能希望在更迟一些的阶段再向他们公布这个信息。

石油会计师协会（COPAS）于1995年发布的手册是可用作审阅卖方财务记录的很好的待检查信息核对清单。COPAS这份题为《Property Acqmsition Checkhist》的出版物，包含了一个组织有序、详尽的信息列表。对于列表信息，买方在将资产纳入其公司经营范围前应该仔细翻阅，以确保自己对出售资产有全面深入的了解。备忘录最开始是与初步的收购分析相关的待核对信息，随后内容贯穿了资产估值相关的各种评价，以及尽职调查各阶段，最后以需要在审阅销售与购买协议、处理油田费用、收入和矿费等环节注意的问题结尾。

一些买家在尽职调查环节竭尽所能，因为他们知道这是在整个资产收购过程中可以发现卖方提供资料中存在的问题，并由此最终争取到收购价格下调的唯一机会。若成功使卖方同意下调收购价格，尽调团队可能因此获得扣减价格的一个百分比的奖金。对于卖方和买方，在尽职调查阶段，他们必须对自身在购买欲销售协议中享有哪些权利了然于胸。

若交易资产有正在进行的钻井活动，买方需要对交易给予额外注意。卖方通常会保留一部分工作权益、开钻有利圈闭的责任，以及该圈闭生产的作业权，作为新伙伴可能由于新的钻井发现获得额外权益的交换条件。新伙伴同意在完井前支付更高的一个费用比例，作为参与新圈闭钻采活动的补偿，这可以减少该圈闭所有者的干井成本风险。他们通常还会交纳一笔预付款，以补偿前期的勘探沉没成本。获得额外权益的新伙伴应该在钻机招标和费率确定，以及开具产量处理成本账单前就进行尽职调查，并且签署生效联合作业协议。若没有在开钻前进行协商，为专门有利于卖方这两项成本分摊可能被不公平的设计，而买方新伙伴可能要支付远高于作业地区普遍成本水平的金额，这会是一个让买方后悔的局面。若作业者没能在指定的截止日期前开钻，或新伙伴在开钻后没能及时参与，通常结果是要向对方支付一定赔偿。

9.7 政府审批

一些交易需要取得政府机构的批准，这一步骤可能在联邦、州或者地方政府层面进行。超过5亿美元的大额交易，必须满足1976年哈特—斯科特—罗迪诺反垄断改进法案中兼并前通告的相关申报要求。1996年发布了针对油气矿产储量收购的能源交易除外规定。价格在5亿美元以下的油气资产交易，包括油气储量及相关的勘探开发活动，可以免于申报。还有一些额外的监管要求，交易双方的法务团队应该了解。但有一条规定可能会引起交易者格外兴趣，即这一价格并不包含未投产储量的价值。交易必须被仔细审查，以确保合规，必要的申报表格应递交给联邦商务委员会（FTC）及司法部（DOJ）。在递交申报材料后有30天等待期方可完成交易交割，除非政府提前批准了交易。

转让同意条款是许多油田租约中的通用条款，若有需要，该条款给予土地所有者阻止从卖方向买方的油田产权转移，或要求更改销售与购买协议中部分条款的权利。不过很少有交易被指因此条款的启动而失败。

对于墨西哥湾地区的资产出售，海洋能源管理局（BOEM）将会审查买方的经营表现、财务状况等与资产收购后需承担责任相关的特质，同时BOEM还将审查平台、管线以及油井的弃置费用。该机构可能会要求买方出具保函或信用证，以确保作业能够谨慎进行、矿费将被如期缴纳，以及租约所述区块最终能被妥善恢复为钻井前的原状。

在国家层面，政府可能会拥有土地或湖床、河床以及海湾海床的所有权。当政府发放的租约易主时，通常需要对买方资质进行审查。在沼泽湿地区域，会产生很高的弃置和清理费用。政府对这一问题非常关注，需要确保这些油气田资产只出售给有能力和资金完成这些义务工作的合格买方。

10 行业交易活动

10.1 美国的资产收购与剥离交易

美国的资产收购与剥离（A&D）市场活跃，图 10-1 展示了公开报道的资产交易数量，以及从 2006 年至 2014 年的总交易值。这些数据符合市场对产品价格波动的反映规律，反映出在价格平稳期交易数量增加，在价格下跌期交易数量也随之下降。2007 年，当油价开始稳步上涨时，更多的买方和

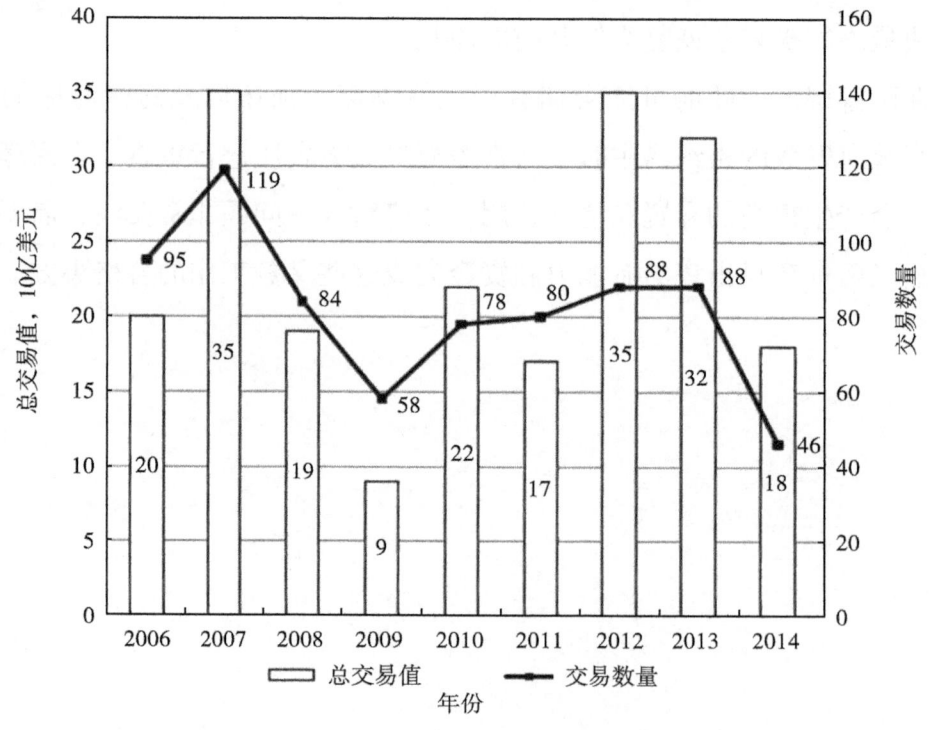

图 10-1 美国 A&D 活动——资产交易

卖方入场，市场行情出现一波高潮。而2008年末油价暴跌，并延续至2009年，这直接抑制了这一时期的交易数量。2010年市场开始回暖，但2011年又开始回落，随着油价迅速突破100美元/bbl，许多买方撤回了本想出售资产的邀约。随后油价在高位稳定了一段时期，交易流反弹。在2015年年中，交易经纪人的报告指出由于油价自2014年下半年开始暴跌至50美元/bbl，交易流开始收回。

10.2 出售计划

绝大多数大型公司为了满足公司整体目标而定期剥离大型资产。这些公司目标或将暗示公司新的战略方向和关注重点，并且通过发布能表明出售目的和出售收入意向用途的信息加以宣传。

资产组合调整式剥离计划旨在有益于公司的长期健康经营和竞争力的保持。不过，历史经验已经表明，尽管通过成功实施这些计划，选定用来评价公司表现的指标会得到改善，但其他财务或经营指标或许会因此受损。这些负面的影响可能需要很多年才能被发现，并且在发现后也无法有效弥补损失。这些对于公司资产组合计划外的影响可列举如下。

（1）当油田由于产量较低而被定位为出售目标，以提高公司平均的油田产量时，可能造成的结果是公司正在出售一个利润率很高、运输成本低廉或拥有很好勘探前景的油气田。

（2）当运输费用过高导致油田收入较低而成为出售对象，以提高公司每个生产单位的平均收入时，可能导致的结果是拥有勘探潜力和较大产量的油田被出售。

（3）当油田由于权益较低而被定位为出售目标，以使公司内部的技术人员可以更专注、对公司资产能够施以更大影响，同时降低管理费用时，可能的结果是利润率很高的油田被出售。

毋庸置疑，上面这些假设中的剥离项目的目标油田，可能就是日后公司寻求收购的资产类型。这一困境解决的办法是公司应该平衡好长期战略与短期目标。一些公司在完成出售计划后才发现，被剥离的油田其实应该保留，不幸的是，当时选择剥离目标的分类标准缺乏对长期增长潜力和价值的重视。最终的结果是，该公司的投资组合规模较小，缺乏足够的勘探潜力。

一家大型石油公司自1989年往后的10年中，出售了三个位于美国且规模较大的资产包。由于出售计划在不同时间段进行，且由不同的管理团队实施，这些资产包的出售并没有相互间的协调。最终出售的结果是公司的资产基础恶化，好油田被卖，这对公司的资产组合造成了损害。出售计划的顺序如下：

项目1，1989年：由于几年前完成了一起大规模、高价格的资产收购，公司急需资金，因此许多背负了较高的历史收购成本负担，进而收入较低的大型油田被出售。许多价值超过1000万美元的资产被囊括其中。当年正是由于规模较大，被收购的储产量才被卖掉了。

项目2，1994年：这一出售项目包括了许多管输费用较高的油田，公司期望通过出售这些资产，使公司的利润率在对标中更具竞争力。许多小型油田被卖。这其中的很多油田具有勘探潜力，但还未做过3D地震及后续的勘探潜力分析，只因规模小于既定标准而未被保留。

项目3，2000年：全球资产组合被排查，产量低、收入低，以及未来弃置成本和环保成本高的油田被出售。这些资产中，未证实储量部分的价格乘数低于预期，并且在完成出售后，公司发现剩余的资产基础在未来的投资机会也低于预期。

这段案例寓意在待售的大型资产包选取标准时一定要经过慎重考虑。严密的审视公司的目标，并且目光不要局限于出售计划资产选取参数标准。一定要确保为满足重要的短期目标而出售油田，不是以牺牲公司的长期绩效为代价。

10.3 公司兼并

价值数十亿的大型公司兼并（如埃克森—美孚、碧辟—阿莫科—阿尔科—瓦思达、雪佛龙—德士古—优尼科、自由港麦克墨兰—普兰铜矿公司以及雷普索尔—塔里斯曼能源）以及其他一些规模稍小但仍具有业界影响的公司合并案中使用的储量价格乘数都会超过历史上的资产出售交易所采用的乘数。公司并购价格乘数较高，主要有以下三个原因。

（1）权益结合法收购允许公司以自己的股票作为交易货币收购（或兼并）另一家公司。这种方式下，被收购公司的若干股被认定等同于收购公司的一股，收购公司可以简单地接纳被收购公司的股票、现存的计税基础以及会计计量基础。这使得收购公司可以为被收购公司支付一个较高的价格，财务处理中的价值分歧不会产生明显负面影响。因为额外的价值无须像资产收购一样被分配到收购的每一部分资产。当购买价超过评估价值时，收购公司股东的股票价值被摊薄是权益结合法收购的一个劣势。

（2）一体化的大型石油公司通常都拥有价值较大的非生产性资产，如勘探项目、中游资产、炼化和销售业务，以及研发机构。

（3）在资产评估时不会用到的一个评估方法是将一家公司未来产生的自由现金流进行再投资的价值。收购目标公司产生的利润预计将被用来再投资于买方公司资产组合中目前没有资金支持的项目。这一方法论为收购增加了价值上升的潜力，但同时，对于被收购项目运营效益低于预期的情况，没有预测得那么成功。

几家追踪和报告美国石油行业单桶交易价格的公司将大型企业兼并案的数据也包含在了他们的统计中。结果就是，报告中的交易价格乘数无法用作油田资产交易价格乘数的预测指标。这些公司合并中使用的超高价格乘数，连同交易动辄数十亿美金的估值，侵蚀了油田资产交易的数据，从而使得从数据库中获取的数据，同资产交易中储量的平均价格相去甚远。

表 10-1 对比了从 1979 年到 2004 年初现金支付的收购案与换股兼并案（权益合并法）中交易价格乘数的历史数据。数据显示，换股兼并为储量支付了较高价格——10.33 美元/bbl，对比现金收购中的平均储量价格 4.87 美元/bbl。这种高溢价还体现在交易中为产量支付的价格——换股兼并案中为产量支付了 32770 美元/桶油当量，而现金收购为 12980 美元/桶油当量。换股兼并相较现金收购多支付的价格反映了勘探、中游、炼厂于销售网点等非生产性资产的价值，以及对于交易使得临近油田产生协同效应并预计能节省操作成本。

表 10-1 相关现金成本—对应股价—交易基础

	现金收购	换股交易	总数据
可获取数量数据			
交易数量	1609	128	1737
总收购成本，百万美元	76587	358665	435252
总储量，10^6 桶油当量	16033	34714	50747
平均交易规模，10^6 桶油当量	10.0	271.2	29.2
平均成本，美元/桶油当量	4.78	10.33	8.58
可获取产量数据			
交易数量	954	68	1022
总收购成本，百万美元	58996	174703	233699
总产量，10^4 桶油当量/d	4545	5331	9876
平均交易规模，桶油当量/d	4764	78400	10
平均成本，美元/(桶油当量/d)	12980	32770	23633

注：数据基于 1979 年至 2004 年第一季度的交易。

当一家公司必须要为一个很有吸引力的资产增加现金收购的价格，以赢得交易时，也许得知在换股兼并的情况下会为储量支付的价格使用高得多的乘数，让他们的心中稍感宽慰。从图10-2（a）与图10-2（b）中列出的两种交易模式下为储量和产量所支付的价格乘数，我们可以看出在报道的25年期间，换股交易明显支付了更多。考虑到两种交易模式使用的估值基础不同，这一关系很难发生改变。

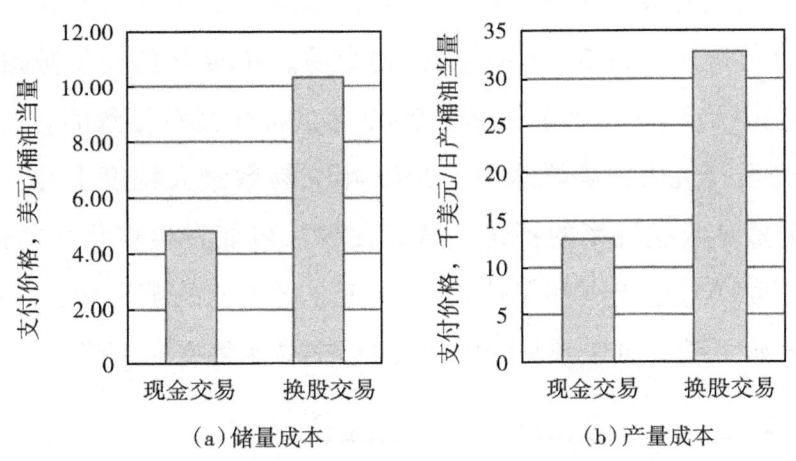

图10-2　根据交易类型支付价格对比

使用换股的权益合并法进行兼并的公司被限制在交易后2年时间内出售资产。这种比较有利的会计处理方式的益处被这一约束部分抵消，并且若有资产出售同权益合并法操作指引相冲突，买方公司将被迫转变为使用现金交易基础下收购成本的会计处理方式。这将迫使买方重新记述交易，以现金支付完成收购，并且为每一部分收购的资产分配一个现金价值。由于这种严厉的惩罚措施，一般情况下公司都愿意严格遵守指引规定，包括以下内容。

（1）在交易后2年内，每一笔资产出售都必须同公司在没有这笔并购交易情况下的经营模式下保持一致，而不能是并购交易的结果。

（2）在这2年期间，出售资产的总价值必须小于以下价值的一个特定比例：

①公司资产的账面价值；

②公司的市值；

③公司的合并收入或营业收入。

因此，在使用权益合并法完成并购后的这段时间，公司的每一笔资产出售都将被仔细审核，以确保与指引规定相符。

图 10-3 中显示了最新数据，即 2006 年至 2014 年美国的一些公司和资产交易的数据。图中的公司交易包括兼并和公司收购。在这 9 年期间，价值 3220 亿美元的交易被收录在报告中，其中 2070 亿美元（或 64.3%）为资产交易，1150 亿美元（或 35.7%）为公司交易。2009 年的交易数量明显少于往年，这是由于自 2008 年末延续至 2009 年的油价暴跌导致的。交易数量在 2010 年攀升至接近历史高峰水平，2012 年交易数量大幅度上涨，出于对联邦政府上调资本收益税率的担忧，从而在税法可能发生变化之前促成交易。前几年的年度交易总金额都保持在 300~350 亿美元的范围内，但随着 2014 年底油价开始下跌，可以预见 2015 年的总交易额将有所下降。

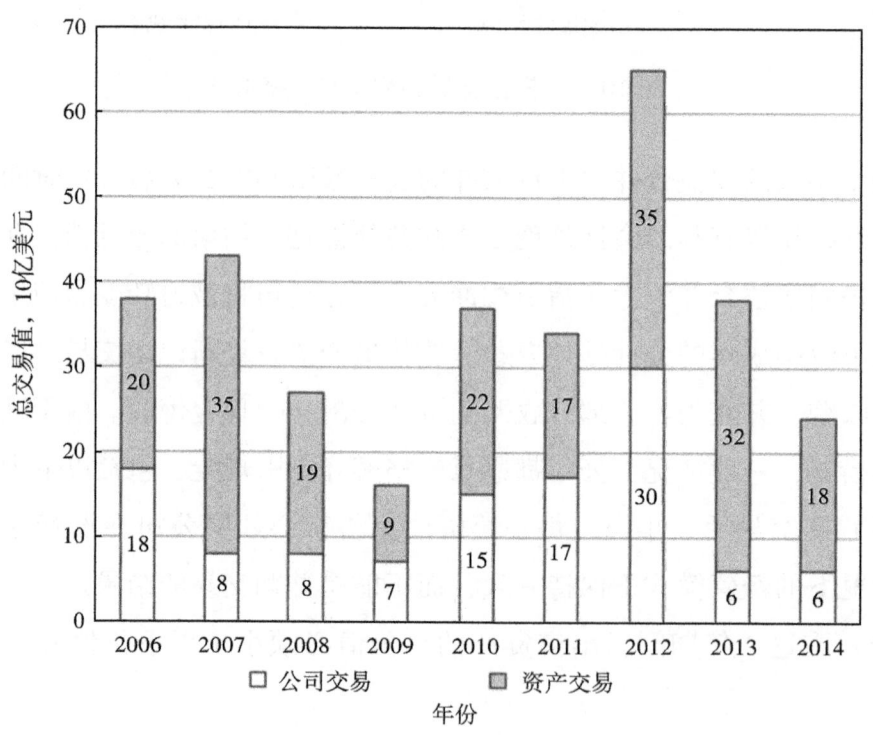

图 10-3　美国资产收购与剥离活动——公司和资产交易

10.4　历史收购价格

美国拥有一个活跃的资产收购和剥离市场。在过去 30 年，共有价值超过 10000 亿美元的油气行业勘探和生产项目交易成交。这些交易活动背后是行业内进行了大量的交易价值评估工作。当考虑到对于每个完成的交易，前期都有大量的未行至最终阶段的工作铺垫，以及还有很多交易并未被报道，那么可以合理推测，在过去 30 年内，行业内应该完成了价值超过 50000 亿美元的在产油田评估工作。这样庞大的数字说明了不论大小，每家公司都需要为这项估值工作投入大量的资源，以在资产评估工作中表现的尽可能专业。

本书第一版采用了加拿大枫叶集团有限公司的数据库，作为 2003 年以前历史上市场交易参数和活动统计的数据来源。数据库包含了自 1979 年以来大量的本土收购与剥离交易案例和信息。我们将相关数据和图标再次展示，以给读者一个进行讨论的历史数据基础，并且方便让读者比较当今市场的估值数据同历史情况的巨大不同。1982 年到 2002 年报道的交易价值、数量以及平均规模在图 10-4 中给出。1985 年、1999 年到 2002 年数据的几次突然上升是由于几起大型的公司合并。

在所有被追踪的交易参数中，为储量支付的价格是竞争最激烈的。图 10-5 给出了同样 20 年中，为单桶油当量储量所支付的价格。如图 10-5 所示，1990 年末和 1999 年末油价上涨后买方为储量支付了溢价。到 2000 年年中，可以看出，单桶油当量价格的上涨不是一个短期事件。许多从事并购交易的顾问和投行都经常被问到一个问题，即在他们看来，市场上成功的买家用了怎样的方法赢得竞争。他们的评价中有一个共同点：在进行资产估值时选取了相比以往交易乘数更激进的参数来支持他们为交易支付高溢价。若公司希望报出高价，那么至少要做到以下一点或几点：

（1）若交易没有进行套期保值，在评价时使用比远期油价更高的价格。

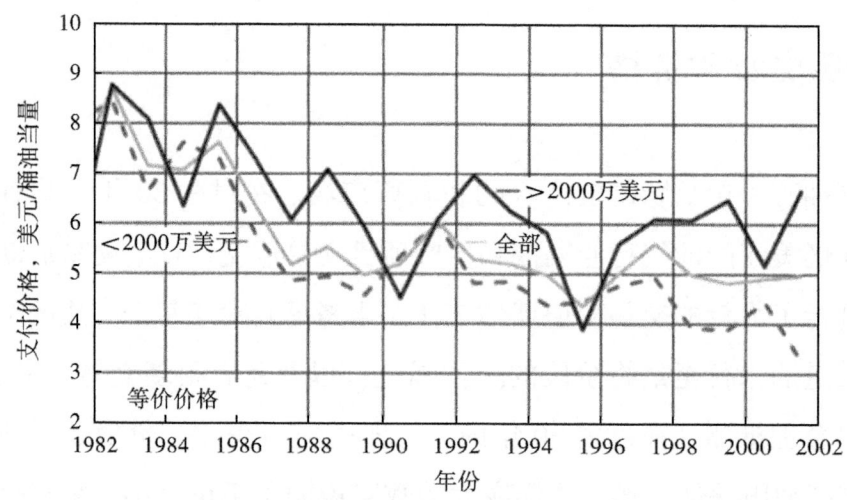

（a）按交易规模原油储量交易以美元/桶油当量支付的价格

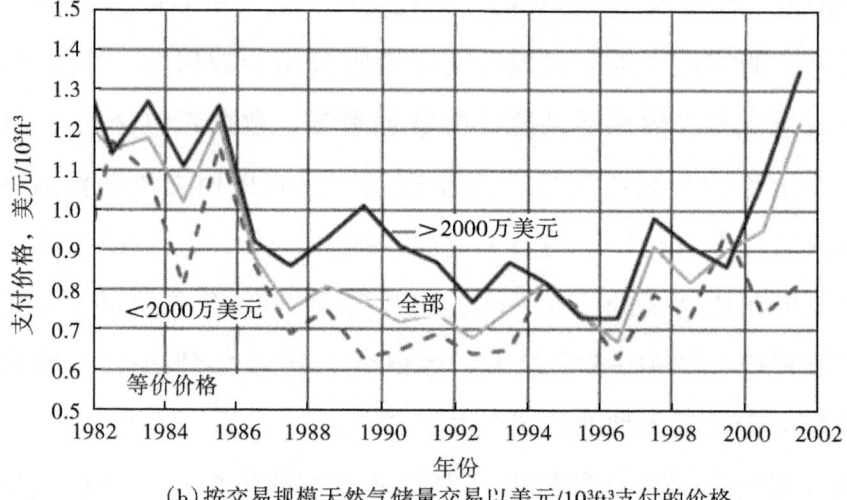

（b）按交易规模天然气储量交易以美元/$10^3 ft^3$支付的价格

图 10-4　交易总值和数量

（2）在评价时，对于证实储量给予较低的风险系数，对于概算储量在估值时分配一定价值。

（3）将确定程度较低的储量纳入估值考虑中，以及通过考虑如地震资料解释等技术进步，降低远景勘探的预估风险。

（4）开展大量的测绘工作，以对油田的地质条件有更深入的了解。

（5）在竞争的视角下，找出资产的独特属性以增加油田价值。

(6) 展示公司为收购活动付出的努力，并调动适合的资源参与并购工作中。

(7) 预计收购的利润来自油田的价值上升潜在空间，而非已证实储量。

(8) 评价中使用较低的折扣率，并在分析中刨除管理费用。

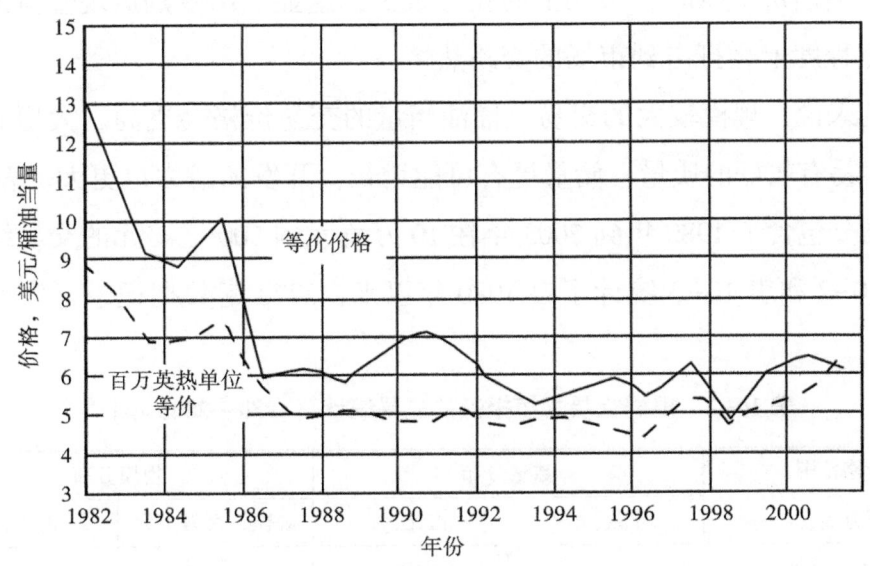

图 10-5　储量交易支付的平均价格

上述提到的许多方法并不会被行业内的大型公司所采用，因为收购的预期回报率低于其他投资方案。考虑到这一点，以及极低的成功率，许多在大型石油公司从事资产收购工作的人员会认为参与竞争性投标完全是在浪费时间。由于以上原因，以及出于对自有资产勘探工作能够以可接受的成本发现足够新储量的信念，一般大型石油公司拥有一支活跃的并购团队的情况并不常见，这与需要依赖并购成长发展的中小型公司不同。

顾问们的其他观点还包括，若收购后油价下跌，没有进行套期保值的交易几乎从来无法收回成本；以及 SEC 的储量定义已经被推至原来设想的边界之外。考虑到在 2000 年进行了这项非正式调查后油价的一路上涨趋势，那些在估值中采用了积极措施的买家或许已经都为他们承担的风险获得了丰厚的回报。

如图 10-5 所示，尽管油价一直在周期性波动，1986 年到 2002 年，储量的平均交易价格一直在 2 美元/桶油当量左右变化。买方并没有将短期的油价变化（升高或降低）影响作为一个因素考虑到评价使用的油价预测中。但是，市场交易量在油价剧烈波动时有所降低。在油价上涨时，市场上的买方减少；当油价下跌时，市场上的卖方减少，这显示出收购后现金流的不确定性一定程度上会打击到市场的交易热情。

总的来说，规模较大的交易，桶油当量的交易价格会更高。大型的交易一般更容易有较好的质量，储量更有可能增长，开发的潜力也更大。表 10-2 按规模划分包含了 1980 年到 2003 年在 10 万美元到 100 亿美元的交易统计数据。表 10-2 和表 10-3 统计了自 1980 年以来，3778 起数据记录详实的交易案例。

表 10-2 根据交易规模报道的交易统计（1980—2003 年）

价格范围	数量分布		规模分布	
百万美元	计数，个	占比，%	规模，百万美元	占比，%
10000~100000	9	0.2	305060	45.7
1000~10000	60	1.6	206008	30.9
100~1000	399	10.6	109619	16.4
10~100	1275	33.7	39991	6.0
1~10	1565	41.4	6533	1.0
0.1~1	470	12.4	242	0
合计	3778		667453	

表 10-3 交易的储量分析

价格范围	储量分析		
百万美元	储量 10^{12} 桶油当量	储量占比 %	支付价格 美元/桶油当量
10000~100000	15.3	31.2	19.94
1000~10000	16.6	33.8	12.41

续表

价格范围 百万美元	储量分析		
	储量 10^{12} 桶油当量	储量占比 %	支付价格 美元/桶油当量
100~1000	11.4	23.2	9.62
10~100	4.4	9.0	9.09
1~10	1.4	2.9	4.67
0.1~1	0	0	0
合计（平均）	49.1		(13.59)

如图10-6所示，100亿美元的兼并案拥有最高的价格乘数，为19.94美元/桶油当量。前三大类交易中，规模从1亿美元至100亿美元，从交易数量上看，共占总数的12%，但却占据了93%的总交易金额，以及88%的总易手储量。当交易规模下降到1000万美元以下时，交易价格乘数也下降至4.76美元/桶油当量。这一急剧的价格乘数变化清楚的说明，"战略价值"这一概念极大程度地影响了大型收购案中的估值和交易价格。表10-2和表10-3中囊括的所有交易都被列入图10-6的累计交易数量中。图中显示，按照规模分类，交易呈现平缓分布，约75%的交易数落在100美元至1亿美元金额区间。平均交易规模为1.77亿美元，这是极大程度上受到了巨型公司兼并交易的影响。有很大可能不论油价相对于图中引用的时间段上涨或是下跌，交易规模分布图的形状都与图10-6类似。

2014年到2015年8月美国的交易数据更新列示在表10-4中。数据来源为PLS全球资产并购数据库，表中包含了700个新近交易。PLS股份有限公司是一家多年专门在全球油气资产并购领域从事资产出售和提供顾问服务的公司。表中的数据与前文中的先前期间数据相符，大型公司交易中使用的储产量的交易乘数都远高于小型的资产收购。

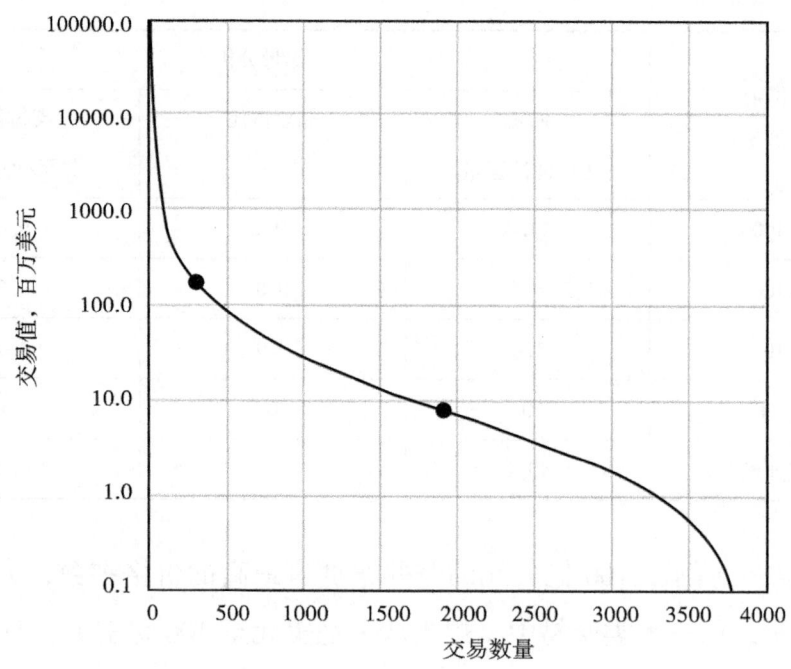

图 10-6　1980—2003 年交易规模分布

表 10-4　近期美国销售统计

交易时期		交易数量，个	价值百万美元	证实储量指标		产量指标	
				储量 10^6 桶油当量	价格 美元/桶油当量	产量 桶油当量/d	价格 美元/(桶油当量/d)
2014年储量数据	公司	9	31028	1594	19.47	—	—
	资产	73	30347	2128	14.26	—	—
	总计	82	61375	3722	16.49	—	—
2014年产量数据	公司	13	31099	—	—	410638	75733
	资产	102	43462	—	—	708000	61388
	总计	115	74561	—	—	1118638	66653
2015年储量数据	公司	5	7831	476	16.45	—	—
	资产	21	4168	664	6.28	—	—
	总计	26	12000	1140	10.53	—	—

续表

交易时期		交易数量,个	价值百万美元	证实储量指标		产量指标	
				储量 10^6 桶油当量	价格 美元/桶油当量	产量 桶油当量/d	价格 美元/(桶油当量/d)
2015年产量数据	公司	6	7851	—	—	107890	72770
	资产	42	6773	—	—	183771	36857
	总计	48	14624	—	—	291661	50142

数据来源：PLS 全球 M&A 数据库。

通过表中数据还能看出，2014年的交易总数明显高于2015年。正如前文所讨论的，当油价稳定时（2013年第4季度开始攀升至100美元/bbl，并一直维持这一水平直至2014年第4季度），交易比较活跃。当油价从2014年第4季度开始下跌时，交易总量明显放缓，并在2015年维持在低位，反映了买方和卖方对交易价值认知的不确定性。尽管2014年第4季度油价开始下跌，在油价变化的情况下，第3季度已经签订的交易仍然结束。因此第四季度包括的这些交易仍可以归属于百美元油价时期。这两期储量与产量的价格乘数表明了在油价下跌的环境里，资产价值的变化迅速。

10.5 当前市场的交易指标

下述讨论重点关注了市场分析中，从使用储量、产量以及现金流多个乘数，转向仅仅关注现金流乘数。对比其他参数，这一乘数在任何价格周期中都相对稳定，其取值主要取决于资产位于美国的哪一盆地。为一个资产支付的现金流乘数从墨西哥湾地区的30个月，到得克萨斯州东部及中部地区的56个月不等。当现金流乘数同贴现现金流法在资产评估中被结合使用时，这两种技术组成了当前被买方普遍喜好的资产估值工具。

除了以上这些传统的估值方法，一个新的衡量指标出现了，作为储量乘数的变体，是为储量支付的价格与油价的比例。使用这一分析方法时，应将油气交易分开考虑。如图10-7所示，油气资产清算所公布的数据展示出2009年第二季度到2014年第二季度，买方为储量支付的价格与当时油价的对比。这两个价格之比在油价上涨、稳定或下跌期间变化是相对稳定的，这也是在进行评估时，油气价格用于预测目的的关键。交易时支付的现货价格比例越高，卖方的收益率越高，买方的利润率越低。

图10-7中回顾了为证实储量支付的现货油价百分比。图中展示了每桶交易价格与每桶现货油价，同时标注了二者之比。在图中统计到的5年里，这一比例在12%~22%波动。如图10-7所示，在价格上涨的环境下，这一比例有下降趋势，这或许因为买方不愿意承担风险认为过去高企的油价趋势会一直持续。相反的，在油价下跌时期，可以注意到这一比例有所上升。

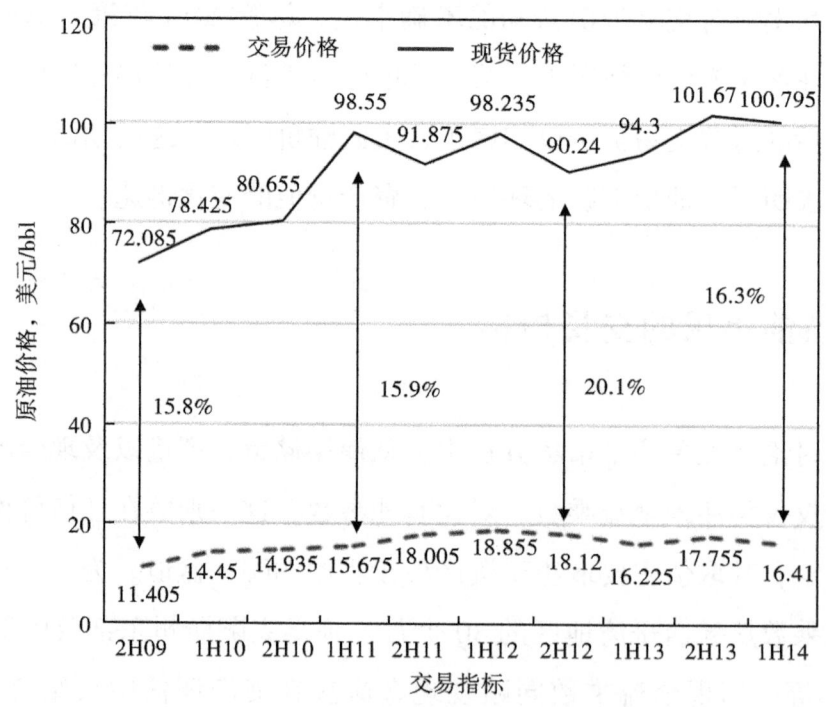

图10-7　交易指标对应现货原油价格

对于交易中为探明天然气储量支付的价格与天然气现货价格的回顾在图 10-8 中列出。图中标出了每千立方英尺天然气交易价格和现货价格，同时表明了两者之比。在图中统计的 5 年时间里，这一比例为 31%~44%。如图 10-8 所示，天然气资产交易的平均价格比例几乎是石油资产交易的一倍，石油资产交易的平均价格明显低于现货油价。这是由于石油产量的利润明显较低，石油生产具有较高的运输成本，作业复杂、维持产量的难度较大。与图 10-5 石油资产交易价格对比石油现货价格类似，在气价上涨的大环境下，两个价格之比有下降趋势，在价格维持稳定或下跌的环境下，这一比例有上升趋势。

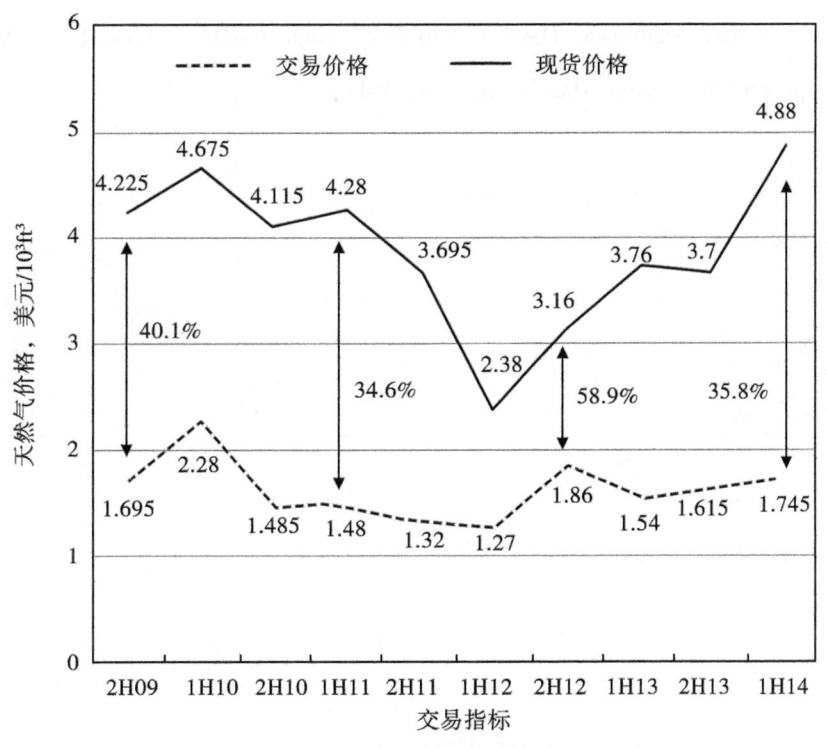

图 10-8　交易指标对应现货天然气价格

买方应注意观察价格趋势，在油气价格较低时计划收购活动。由于价格周期可能会持续数年时间，剩余寿命较长的油田收购面临的风险更低。采用以上指标和方法进行分析时，恰当的方式是将油气交易分开评估，这是由于市场交易数据已经证明,对于石油资产和天然气资产,这一比例指标相差近一倍。

参 考 文 献

[1] Kenneth R. Olive Jr., presentation at the Hart's A&D Workshop (Dallas: September, 2014).

[2] The Scotia Group Inc., transaction database 1979-2004 (2004).

[3] Olive, presentation at the Hart's A&D Workshop.

[4] Scotia Group, transaction database 1979-2004.

[5] Ibid.

[6] PLS Global M&A Database. Dataset from 2014-August 2015 (September, 2015).

[7] Olive, presentation at the Hart's A&D Workshop.

11 交易后续跟踪

11.1 交易问责

成功的资产收购或剥离项目有一些共同要素,其中一点是都会进行定期的后评价分析,比较收购时预测的结果与交易后项目的实际表现。一项收购交易对比公司其他的预算费用,应该接受更密切、更频繁的审查。

交易价值确定(储量、产量、投资和操作费)的主要因素是在交易完成、资产被并入公司以后,与交易前方案设计进行重点对比的那些参数。这项工作应该在交易后以 6 个月时间间隔进行 2 年。如果结果低于预期,那么识别和确定问题所在是比较简单的。每口井的产量情况都应该被检查,以识别产量缺口所在和原因,以及是否存在与评价模型相比,成本超支的情况。这样做的好处是,买方接管后可以尽快注意到经营表现不足之处并采取行动,以提升收购目标的盈利能力,并且为后续交易提供经验教训。

许多卖方会在资料室中提供公司关于待售油田的储量报告。当这份报告由行业内的权威顾问机构出具时,买方可以更放心地假定报告中的数据是可信的。不过历史经验表明,报告中给出的管外(探明未开发)储量以及开发钻井机会有可能是被夸大的,支持评估储量的容积法的计算结果可能是基于旧版的测绘图。对于这些没有开发投产的储量,在收购时,只有当测绘图、储量计算以及这些补偿性的产量经过审计师确认,才能在估值中给予考虑。相对于实际情况,储备报告中投资的时间也经常相对买方执行工作的动机而加速。对于每一个关键节点都应该仔细考量,否则投资项目很可能拖后了收购时预计的整体规划,产生一个价值缺口。

当一个被收购油田有合作伙伴时，一个实现收购成功的关键因素在于投资计划的及时实施。许多收购项目若遇到合资人对于计划之外，或预期利润较低的钻修井工作的预算支出授权（AFE）提出质疑，这会导致项目收益率低于预期。合作伙伴可能会要求召集作业者会议，由新的作业者在会上对油田整体工作计划做出澄清，否则不会批准过审预算支出授权。还有一些新进入的作业者会发现，获得各种许可、在监管机构处申报完成作业者变更，或者其他很多问题会使得项目无法按计划如期快速推进。这些情况都无疑会造成项目实施的延迟，这些问题在交易前是买方没有预料到的。

对于交易前的评价方案以及交易后的评价方案，买方公司应该采用统一的标准和方法。当前后评价方法是一致的、相互协调时，识别关键指标、对前后评价方案进行对比会变得简单很多。

11.2 经验教训

下面列举了一些历史案例总结出的经验教训。其中部分已经在前文中提到，但也值得在下面段落中再次强调。

11.2.1 交易过程

（1）并购交易的过程非常复杂，可能存在许多陷阱。潜在买方必须多线尝试，以保持技术上的竞争力，但是也不应该纠结于不适合的目标资产，因为进行评估分析要消耗大量的成本和时间。

（2）公司的行动速度和热情是交易中的财富。在交易过程中的任何阶段反应缓慢、方法拖沓，一般都对促成交易没有任何助益。

（3）筛选最适合公司战略的目标资产的过程应在较高的层面开展，迅速、高效，且由有经验的人进行。

（4）一个好的收购团队应该包含有出售资产经验的人，他们更能从对手的角度考虑问题。

11.2.2 交易团队

（1）完善的交易分析需要从各个专业给出意见和判断。对一个资产的研究进行得越详细，对资产风险、资产升值空间的认识就越彻底，买方也就能对资产价值进行更准确的评估。

（2）对于剩余寿命较长、升值潜力较大的资产，地质学家、地球物理专家、岩石物理学家、钻完井工程师、地面工程师，以及储产量工程师都应该参与评价分析。

（3）收购团队应该集中精力于资产收购，并且对所从事的工作有饱满的热情。公司还应要求团队对并购结果担负一定责任，并为团队设计适当的与收购后资产实际表现挂钩的奖励机制。

（4）具有丰富成功收购经验的公司会形成一套预先设定好的标准（在并购中的责任分工与每阶段交付的材料），这些标准在不同的并购中是相对稳定的。

11.2.3 资产评价

（1）对证实储量的了解是确定资产价值的关键所在。

（2）对资产升值空间的确定也很重要，它决定了公司对资产的报价能否区别于其他竞争对手。

（3）卖方也需要评估资产的升值空间，以判断收到的报价是否公允，并且确认出售资产或保留资产哪一个对自身更有利。

（4）产量预测完成后，应将其同此前三年的实际产量标注在一起，以观察预测产量是否与当前的产量递减曲线有偏差。

（5）帮助理解资产地质情况的并购前测绘资料非常重要，一定要向卖方索要，以避免确定储量时发生重大问题。

(6) 作为卖方,以风险调整前的情况向买方展示资产的升值空间,因为每个买方对储量风险的理解都不同。要得到一个满意的高报价,只需要一个买家对潜在储量做出较小的风险调整即可。

(7) 卖方也要注意,不要给出不合理的储量和产量预测,这样一来,买方认定卖方的数据不合理,他将会对卖方给出的任何其他信息存有很大疑虑。

(8) 对弃置义务和环境责任要进行彻底的调查,包括费用和将产生费用的时间,即使这些弃置和环保工作可能并不在近期发生。

11.2.4 交易谈判

(1) 交易的主谈人应该对交易的价值和成本驱动因素有很好的了解,参与评价的工程师需要熟悉和理解协议条款,以便明确哪些条款对卖方意义重大,哪些条款可以以很低甚至零代价从协议中剔除。交易团队的成员应该在谈判过程中紧密配合,以达成一个无论从价格还是条件上都对公司最好的交易结果。

(2) 谈判不要多线并行,这样会导致混乱,也给了交易对手采用各个击破策略的可乘之机。如果必须有两个以上的谈判人员同时开展工作,那么要确保这些谈判人员之间有及时充分的沟通。

(3) 在谈判初始就提供你方认为会导致交易破裂的条件,来避免在谈判开始后出现能造成工作倒退的意外情况。在谈判快要完成时才声称存在能使交易破裂的条件无疑会使公司的名声受损。

(4) 在同意将任何条款更改为不利于你方的条款时,尝试取得对方公司的意愿清单,这样你方就可以完整地了解对方希望争取的事宜,并可以评判签署条款在其中的重要性。这使你方可以在回应任何要求前评估它的价值。

(5) 尽可能拖延同对方分享你方意愿清单的时间,来保持你方在谈判中的灵活性。当了解到对方希望在谈判中得到的条件后，你方就可以用一种更智慧的方式分享你方意愿。

（6）尽量确定对方重视什么，并尝试给这些条件赋予相对的现金价值。在双方都争相希望取得某条件时，可以考虑放弃那些对于对方价值比对你方价值更高的条件。

（7）当出现了新的议题时，不要在交易对家面前讨论。即使这个议题对你完全没有价值，它对于交易对家可能还有价值可以发掘。告知对方你方需要内部讨论才能做出决定。

（8）对于谈判中已经同意的事项，随后又告知对方这一问题需要获得你方更高层级人员的审批，这将会使谈判进程受挫。应该从谈判伊始就明了哪些条款是你可以同意的，哪些需要更高层级的审批。

（9）若对方在提出一个新议题时表明他可以对这一问题做决定，这或许表明，你可以在这个问题上采取更强硬的态度，直至他表示他需要请示上级。

（10）若完成交易给你方带来的价值与放弃交易几乎相当，你方则不应再继续谈判争取任何所希望的条件。

（11）在商定各种最后期限时，一定要考虑到银行假日、商务假日，以及注意自然日和工作日的区别。

11.2.5 项目运行

（1）在收购对象为资产包时，在可能的情况下，尽量不要让不符合公司战略的资产进入你方的资产组合。确定收购后应出售的油田，并在交易交割完成同时启动这些资产的剥离计划。

（2）尽快启动钻修井工作，同时进行作业运营改进工作。

（3）接管最初的三个月，应在油田运营管理团队中派驻交易团队的核心人员，以确保油田作业平稳过渡，并最大化交易团队之前所识别的资产价值上升空间。

总之，具有团结协作和专业经验的公司最终会在交易中取得成功。图 11-1 列出了理想状态下应纳入交易团队的各专业人员，这样可以为交易提供比较全面的专业覆盖。

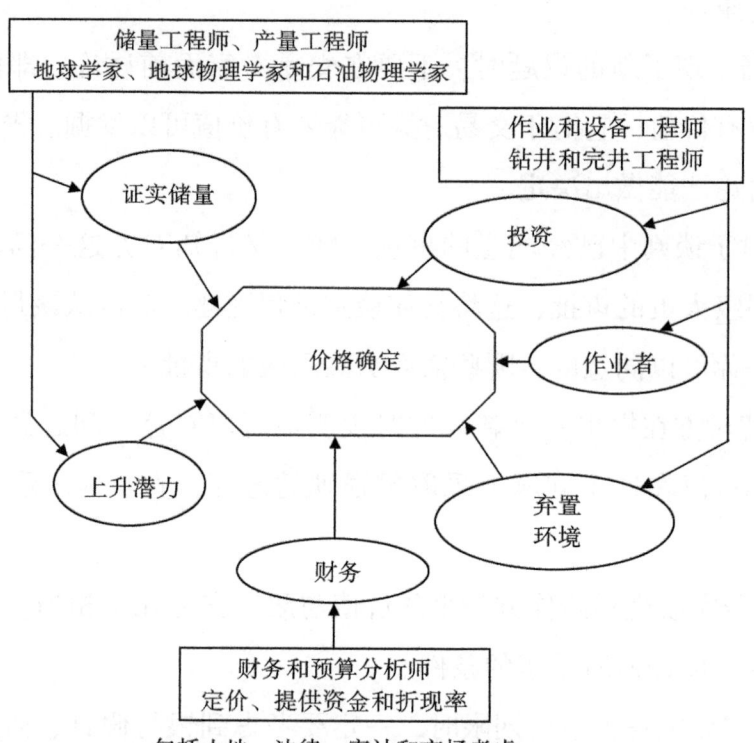

图 11-1　项目参与者影响图

最后的一条建议是，不论一个资产收购项目看起来多么有吸引力，尽量避免孤注一掷，过分冒进。考虑到油田运营的风险和不确定性，一定会有运营失败或发生严重问题的可能。若一个资产收购项目在最坏情况下可能对公司造成严重影响，动摇公司的根基，从统计学上看这种情况有可能发生，但不要让这种事发生在你公司身上。

12 国际并购交易

12.1 背景情况

自20世纪初石油被发现并开始投入商业生产以来,国际石油工业最初是被各行业巨头和国家石油公司所主导的。不过自20世纪70年代以来,独立石油公司开始在全球范围逐渐获取了可观的资产规模。美国的独立石油公司一直致力于改变从前只是在资产中持股的经营模式,逐渐建立起自身对于资产的评价、获取、勘探、生产能力,并实施于规模较小且被大型石油公司放弃的油气田。当前,独立石油公司也已经拥有并控制了许多世界级大型油田。在国际石油行业中,这些独立石油公司已经成长为石油巨头不得不认真对待的竞争对手。

本章为计划首次获取并运营海外资产的业内公司如何评价自身的风险承受程度提供了指引。若要确保成功,应综合考虑国家选取、油田类型以及公司的财务实力。由于拥有并经营一个国际资产组合的过程需要耗费大量的时间和成本,公司要为此专门投入大量资源。但是,这条道路也为许多公司带来了丰厚的利润。

收购海外资产应该遵循一套对任意国家、任意项目类型都无差别的标准。在筛选项目阶段,下面这些问题应该得到客观解答。

(1) 我方希望收购什么?目标是储量、产量还是现金流?

(2) 我方认为能成功的原因是什么?我方在哪些地区还有成功的运营

记录？

（3）可能遇到哪些困难？我方是否识别出未来项目中可能有哪些比较严重的问题？

（4）收购存在哪些风险？是否可以量化并减少这些风险至我方可以接受的程度？

（5）我方是否有所需的人员？这些人员是否具备足够的专业知识技能？

（6）可能面临哪些法律障碍？是否需要聘请律师或其他顾问？

（7）全球化经营有何不同？目前我方的经营模式是否适用？

（8）哪些国家是最优选择？这其中又有哪个最符合我方当前目标？

（9）我方需要收购处在生命周期哪个阶段的油气田？勘探、开发还是生产？

（10）哪一类别的储量应给予最大重视？储量是已投产还是待开发？是否为具有油田升值空间的储量？

（11）我方希望成为作业者还是非作业者？每种情况都面临哪些风险？

（12）好的进入策略是怎样的？我方是否咨询过已经成功进入的其他公司？

（13）我方将怎样为项目筹资？哪些金融机构可以提供帮助？

（14）我方是否需要同其他公司联合经营？目前我方有哪些合作记录好的伙伴公司？

（15）目标资源国的政府和财税体系是否稳定？近年来该国是否为亲商环境？

（16）在该国出行是否安全？有哪些需要特别注意的事项？

对于每个公司，如何在国际投资中成功走好每一步，道路和方法均不相同。考虑到国际石油行业的复杂性，本章不可能将所需信息全部列出。本书所做调研包括了同数十家从事过国际业务公司的高管的对话，这些人的职位从公司总裁、董事、首席财务官，到并购、谈判、业务发展、油田开发和深水领域的资深经理人。关于收购国际资产，这些具有从业经验的人给出了一个共同的意见,那就是应该进行比收购国内资产更详细的尽职调查。

在国际业务中,"承包商"一词指从资源国政府处获取了矿权、石油合同权益或特许权的公司。石油合同权益可以是产品分成合同、服务合同或矿税合同的权益。这些权益的获取可以通过现金购买、现金分红或承诺为勘探(开发)活动进行资本性投资。能将现金从资源国汇出,以及资源国拥有尊重合同条款的稳定的政府是投资重要的前提条件。通常资源国国家石油公司或石油部代表国家同承包商进行谈判。

连续的业内交易案例表明,国际上存在大量各种规模的油田和远景圈闭的投资机会。

(1) 美国大型石油公司重视具有储量上升空间的大型油田的所有权。随着资产开采殆尽,未来的价值和影响逐渐降低,大型石油公司会将它们列为剥离对象,以重新分配内部资源。但是,如果未来没有明显的升值空间,能产生大量现金流的在产油田有时也会成为剥离候选资产。技术人员的周期性短缺有时也会成为这些大型公司出售小型资产的原因。

(2) 国家石油公司起初只专注于其国内油田的勘探开发。但是,这一模式在很久前已经发生变化,国家石油公司现在已经参与到全球竞争中,收购大型油田,在各大洲具有勘探潜力的盆地购买资产。国家石油公司的全球化扩张也使得他们会不定时的出售其在小型油田中的权益。

(3) 许多政府会对其国内产量、消费量、进出口量进行预测,并对预测结果十分关注。尽管一些目前处于石油出口国地位的国家不会即刻面临供应危机,但许多国家已经预测到危机的到来,以及日后满足国内供应需求的力不从心。为此,一些资源国对外国投资的立场有所缓和。还有一些财政困难的国家意识到仅动用内部资金无法有效地进行其国内资源的开发。目前面临这一问题的前沿国家是墨西哥,目前墨西哥政府已经批准通过了重大的改革法案,允许外国资本进入,以借力重振本国石油行业。

(4) 自2005年油价上涨使全球范围内的边际油田的收益率提高,这一效应在2011年油价超过100美元/bbl时达到顶峰。许多资源国的资金和技术资源只能够满足其国内最大规模资产的开发，但这些国家仍然希望其国内发现的较小规模资产也能得到开发。不过2014年到2015年，油价跌破50美元/bbl，这一行情对这些边际油田进行中的工作计划的影响有待进一步确认。

（5）一些资源国寻求外国公司同本国需要资金和技术专业支持的小型生产商合作开发其国内的边际油田。并且随着本国人员受教育程度的提高，技术和专业经验的累计，希望推进这类经营模式的国家数量或许仍会有所增长。

12.2　面临挑战

在识别出一个利润良好、符合公司战略目标的国际投资机会过程中，将会面临诸多困难。许多公司由于不能识别好的投资机会、在投标过程中习惯性出价偏低，以及无法顺利完成交易所需的诸多流程，而在进军国际市场的征途中败下阵来。下面列举了国际资产收购中可能面临的挑战。

12.2.1　资源国网点

在一个新的国家建立开展业务是很困难的。若公司能够设立海外办事处，则在国外的业务发展与成功建立大规模资产组合的概率会大大提高。有过相关经验的公司表示，建立一个这样的办事处最长需要两年的不懈努力。在这期间，应有公司的管理层领导和员工长驻在资源国，招聘当地员工，熟悉该地区的公司经营和监管情况。即使在不设置费用限制的前提下，只有一半尝试设置网点的公司能取得成功。若公司决定不在资源国开设办事处，那么应经常派人员赴当地出差，以培养本地关系网络。

举例来说，总部设在海外的跨国公司可能在休斯敦设有办公室，来管理当地的经营活动，但在这里并没有人员从事与其国际资产相关的业务。在这种情况下，买方公司应该赴资产所在国，同潜在收购目标项目的决策者交流，并获取技术资料数据。

12.2.2 关系网络

同独立石油公司中并购剥离业务相关人员建立联系，以及同大型石油公司负责国际资产剥离的相关人员保持沟通同样重要。向潜在卖方告知你公司的兴趣方向和收购能力，这样当一个可能匹配你方战略目标的资产被出售时，你方会被包括在潜在买方名单中。若这些联系没有被建立，可能大型公司会考虑将资产剥离给初创公司，或过去从业经验不多的小型独立石油公司。还有许多交易是在商业合作伙伴间进行的。尽管没人能保证建立这些渠道一定会促成交易，但这些联系对及时获取有用信息也是有帮助的。

12.2.3 合作伙伴

一个成功获取项目的途径是，同规模较大、与你方具有同样收购意向的公司合作。若一家公司拥有可以提升联合体实力、充分利用双方能力的独特资源或替代货币，结成联合体的大门将更易打开。相比单纯的为所拥有的股权出资，拥有差异化能力或特质会更具优势。这些能力和特质包括以下几点。

（1）同金融机构、关键供应商或资源国政府有良好关系，能够帮助联合体取得经营上的成功。

（2）在同欲收购油田同类的资产上拥有行业领先的资金使用效率或低操作成本作业历史。

（3）拥有在类似盆地有过勘探经验的地质和地球物理专家。

（4）在钻机市场趋紧时签订费率优惠的钻机租用合同。

（5）展示出在拓展、渗透新进市场方面的出众能力，能为公司发展提供动力。

若一家公司无意成为资产的独资所有者，对作业者和其他合作伙伴的信任是最为重要的。尽管作业协议可以监管作业者的行为，但并不推荐与拥有违背从业道德记录，或对作业和开发计划执行不力的公司成为合作伙伴。

12.2.4 风险调整后收益率

在为同一资金竞争时，判断海外投资优于本国投资的标准是前者的风险调整后收益率应高于后者。由于管理一个国际资产组合面临的风险更大，资产组合中的海外资产应该在风险调整后较相似的本国项目更具价值潜力。以同样价格购买的国际资产应具有更大的勘探潜力，来补偿海外综合税率更高的财税机制和风险。

这种收购的单桶价格在海外资产更低，为海外投资增添了部分吸引力。各类别、各地区海外资产的储量累积可以达到很大规模，同时相比美国资产，在收购价格上有明显折价。公司因卓越的技术分析和风险管理水平获得丰厚回报的潜力能够弥补更高的风险。考虑开展全球化业务的公司必须能够理解并量化其即将面临的风险，并清楚两个项目在争取同一资本时，应如何在同等条件下做出比较。

12.2.5 "赌徒必输"定理

"赌徒必输"的概念在讨论井位时最常被提及。指代在一系列成功率由低到高的钻井机会（从高风险的远景圈闭上钻野猫井到低风险的开发区钻开发井）中，失败的发生几乎是必然的。若勘探井或开发井的权重过大，或钻井位置过少，从长期来看公司的盈利情况将不容乐观。

"赌徒必输"定理在国际资产收购中，适用于解释对于一个资产组合，相比于只有1~2个收购资产，多元化的资产类型、项目周期和所在国家可以降低风险（并提高获利的可能性）。然而，若收购的资产位于一个政治稳定的国家且储量确定程度较高，那么对于资产组合的"赌徒必输"定理也就无须过于关注。

12.2.6 偏高的投资成本

收购一个国际资产并满足资源国政府要求的义务工作量所需的投资可能是巨大的。政府拿出招标的项目经常是面积很大的勘探区块，需要在一定时期内投入大量资金，来完成地震资料采集、钻一定数量的探井等最低义务工作量。其他时候，较小的发现或老油田增产项目会被拿出招标，这类项目不需要前述项目那样大量的资源提供承诺。若收购的是老油田增产项目，通常会需要较大投资来钻井和维护翻新油田设备设施。在不考虑前期进入成本的情况下，买方公司应该有比较雄厚的资本实力，并清楚地了解收购后所需的投资资金总量。

在准备报价材料时，若在目标资产所在国没有作业经验，预估钻井和生产成本可能也是比较困难的。

12.2.7 更少协商达成的交易

经纪人在各类出版物和报告中发布资产出售的消息，这些消息被提供给许多感兴趣的买方，这减少了通过协商达成交易的机会。在国际上，没有其他买方候选公司参与，只是买卖双方通过谈判达成交易的情况并不多见。卖方会更倾向于将资产投放并购市场，在批准资产出售前以此来确保其得到的是公允的市场价格。政府通常也会要求卖方应进行竞争性招标和严格的内部审核后才能接受报价。

12.2.8 资产的可得性

在并购市场中活跃的、拥有国际资产的美国公司大多是上市公司。这些作业公司大多有增长目标，更倾向于收购所有权益，请走所有伙伴公司，开始一个全新的项目。通常情况下这些公司只偏好出售剩余价值较低或勘探潜力有限的资产。但是，当一家公司因战略调整原因退出较大的作业区域时，可能会有高质量资产被出售，这种情况下收购资产，由于竞争激烈，买方通常需要支付溢价。

市场中出售勘探期资产权益的机会并不多见。因国际资产相对于美国的租约，勘探区域面积更大，这是由于资源国政府对其境内所有自然资源有所有权，而美国境内陆上部分土地与矿权私有，创造出很多将勘探区域隔成小面积的边界线。通常勘探资产所有者在勘探期到期前，有大量的时间去进行勘探和开发活动，因此并没有很大压力需要出售勘探资产权益。获取难度大、勘探区域面积广阔，这些都使得剥离一个勘探类资产成为公司的重大决议事项。但是，有时勘探资产所有者会出售一部分勘探区合同权益来分担勘探风险，或出售已获得商业发现、未来需要大量资本性投资的新油田权益，引入伙伴公司共同分摊投资。

12.2.9　行业活动

许多规模较小的美国石油公司在考虑开展国际业务。各种规模的公司都在积极查阅网上资料室资料、联系交易经纪人，以及参与如北美勘探前景展会（NAPE）这一类行业活动。北美勘探前景展会始于1993年，最初是一个北美洲范围的活动。随着国际交易逐渐加入展会中，至2006年，共有22家公司在18个国家的41个资产参展。到2014年冬季的北美勘探前景展会时，出席和参会的国家数翻了不止一番，有41个国家在展会上展示了他们的交易展望。展会期间还安排了国际交易的研讨小组，讨论国际勘探与生产活动趋势的变化动态以及独立石油公司的潜在机会；另外各个国家与公司安排了特别活动来展示他们的交易期望。在2015年2月举办的北美勘探前景展会峰会的宣传册中可以看到，峰会内容包括了在国际交易大会开幕式上的全球交易行情概览、国际资产交易展示与推介，以及由加拿大和澳大利亚政府进行本国投资机会介绍。

过去 15 年中，有关国际并购交易的研讨会、论坛会以及展会呈爆炸型增长，这与国际油气投资的发展是同步的。一家本土作业的独立石油公司在参加了某次行业大会后收购了一个国际项目的新闻并不鲜见。那些有良好潜力的投资机会可能会吸引若干家有意向的买方公司，创造出良性竞争。这些论坛会议在帮助那些希望收购国际资产的公司降低了挑战难度：

(1) 迅速展示了许多等待评价的投资机会。
(2) 在短时间内为培养新的合作关系提供条件。
(3) 为评价时考虑到的项目融资问题找到解决方案。

12.2.10 总结

完成一个收购交易面临重重阻碍，因此最好能够有较多的投资机会储备。那些已经掌握了学习曲线、建立了自己的国际资产组合的公司，在选择国际项目投资机会时会更有自信，因为他们更了解即将面临的风险。但是，不论一家公司是已经拥有国际资产，还是正在考虑进行第一次海外收购，这项工作都充满了挑战。

12.3 风险分析

与石油项目海外投资相关的风险可以通过公司挑选合适人才进行良好的风险管理来缓解。出色的技术专家能够有效地管理大型项目、有渠道获得大量融资，并应该尝试与资源国文化融合，而非一味试图对其进行改变。在国际资产收购中应该更为关注的风险在下面章节中列出。

12.3.1 估值风险

(1) 储量评估：由于海外资产规模通常较大、油田生命周期更长，因此估计油田最终采收率的不确定性通常更大。资产的卖方希望出售的出量价值能得到充分补偿,而买方希望能避免由于过分乐观的估计储量潜力而支付过高价格,因此双方都需要对资产的储量进行认真评估。

(2) 勘探潜力:评估油田勘探潜力的确定性依赖于很多因素,包括油田的年龄、地震资料的采集时间和质量、井的密度与动态,以及油田所在区域的相关信息。必须仔细评估干井风险与钻井能带来的储量潜力。

12.3.2 投资与作业风险

(1) 油田所处的生命期:处在开发期或接近生产末期的油田在成本和产量不确定性方面都有其独特的风险。多数石油合同会强制规定投资计划时间表,即使早期的勘探结果比较令人失望。可能会有强制性投资要求,为保留石油合同权益,即使注定是边际甚至无法产生利润的投资也仍旧必须进行。

(2) 生产井记录数据:一些需要开展增产措施的老油田,生产井记录可能不全;也有其他技术资料比较完备,可以为买方进行详细评估并提供支持的资产投资机会。作业者所拥有的数据比非作业者全面。同时,有些资料不是以英文记录的,需要翻译。

(3) 弃置费用:一些资源国可能要求开发油田的承包商设立一个偿债基金,在油田生命期结束前很久就开始定期留用油田的一部分利润,用于支持未来油田的弃置。这类要求将减少可用于再投资的现金流,以及能汇出资源国的油田利润。

(4) 地理位置:许多最具储量潜力的勘探远景区位于偏远的未开发的地区。可能存在地表的自然灾害、原住民社会的动荡以及矿区和其他设施占用地面的产权纠纷等问题。为缓解这些问题的影响,在收购前应该充分研究现有资料、同其他更了解作业区域的人沟通请教,以及亲赴现场进行调查,确定风险是想象的还是真实存在的。

(5) 作业者能力：若买方公司的立场是成为非作业者，那么有一个值得信赖的作业者是十分必要的。考虑到多数国际资产与美国办事处之间的距离，作业者在资产所在国有良好的从业记录，并与资源国政府关系融洽就显得十分关键。

12.3.3 政治风险

（1）资源国政府：进行外国投资一定要对资源国政府的稳定性给予考虑，因资源国政府是协调和批准该国石油作业的关键相关方。

（2）开发许可：资源国会审核作业者提交的勘探和开发方案，项目是否具有经济性、是否给予项目开发许可的权利在资源国手中。这一决定还部分取决于归属政府的收入与资产的资源基础相比是否合理，以及项目是否能惠及当地居民。资源国可能会直接规定作业者的行动步骤，要求作业者在其提交的工作计划基础上进行额外的勘探和油田开发工作。这种情况下作业者通常会与政府谈判，尝试说服政府自己提交的方案与石油合同规定相符，并对双方都是最有利的。

（3）本地义务：外国政府可能规定，在项目开发过程中，本地雇员和供应商的聘用要达到一定标准。这个标准可能以工时、人员数量或金额来衡量，只有达到规定标准，项目才有可能通过审批。这可能会对项目的总体成本和进度造成影响。另外，资源国还可能要求作业公司参与社会公益项目，向当地群众更清楚地展示该公司的到来对当地社会发展的益处。这些公益项目的范围一般为人道主义项目，如为当地社区修建学校和医院。

（4）退出策略：和其他任何投资一样，没人能保证一个国际油气项目投资一定取得成功。因此在收购之前，必须有一个可接受的退出策略，确保当公司决定退出时不至于输的一败涂地。这并不是说公司期望退出是零成本的，但收购的合同中必须有相应条款，允许买方日后以可接受的代价出售或转让资产。如果可能，出售收购权益所受的限制，在收购资产谈判开始时就应清晰明了。

12.3.4 商务风险

（1）资金的时间价值：从做出收购投资到项目实现收入，这中间的时间间隔依各项目情况不同而有差别。工作计划取得政府批准的前置时间可能长达数年。

（2）利润与汇率：各国各项目如何收取利润的方式各异（以美元还是出口原油产品）。有些国家对可以汇出该国的现金量有所管制。对资源国法律的理解非常关键，因为投资人会期待随着项目的开发生产，所产生的现金流金额也随之增加。国际项目一般会面临汇率风险，因突发的汇率波动事件可能会导致项目的美元金额价值发生变化。

（3）产品价格：由于多数石油合同的合同期很长，对计算利润率中使用的产品价格的预测是非常重要的。为了保持谨慎，在评价中应为项目全周期中预测产品价格的上涨设置上限。对于石油项目，产品销售通常不是难点，因为原油可以通过油罐车或管道从油田运输至本国消费市场或出口港口。当天然气为主要产品时，申请批准文件的同时就应同买方市场签订长期供气协议。

12.4 财税机制

在石油行业中，美国与国际财税机制的一个不同之处是石油税计算的复杂程度，以及产品（利润）缴税的方式。大多数石油合同主要解决两个问题——承包商的成本如何补偿，以及项目利润如何分配。其他不同之处主要包括合同类型、生产产生的现金流的所有权以及政府在开发方案执行过程中的控制程度。对石油合同的详细讨论超出了本书范围，感兴趣的读者可以参考丹尼尔·约翰斯顿的著作《国际石油财税体系和产品分成合同》。

在国际勘探与生产活动中，主要有两种合同类型引导资源国政府与承包商之间的谈判。这两种合同类型的区别主要在于要求承包商投入风险资本的金额和时间。在一个油气工业兴旺发展、油气田得到很好开发的国家，政府可以在贡金要求、对于一些信息有限无法判断储量潜力的油田工作计划的要求方面采取积极的态度。用于缴纳签字费的风险资本并没有为承包商换得任何油田信息，但承包商为了取得进入资格，仍然要缴纳。这种安排从作业者采集地震资料及钻井时方才开始获得回报（投入美元可以获得信息）。对比而言，在石油工业仍处于摇篮期，国内油田没有充分建产的国家以及业内普遍认定的高风险地区，政府可能会开展地震资料采集，并将相关数据提供给竞标参与者。在这种情况下签署的石油合同对工作计划的要求可能相对没有那么严格。

另一个区分财税环境的标准是看合同中政府分成（或收税）的方式是累进还是递减。若政府分成发生在最前端，以贡金或基于产量收取矿费的方式取得，这种方式是递减式税收（在利润被计算出之前就对总收入征税）。那些被认为具有低风险油气行业投资环境的国家可以对合同者推行这种财税模式。在另一种情况下，政府会以项目商业投产开始后所得的利润作为课税对象，这种形式被称为累进税制，因为在油田开发完成并产生现金流和利润前，承包商都不用缴税。

在油田接近生产末期时，没有或只有很少矿费负担的累进税机制会使资源国和作业者都受益。不收取矿费可以使产量较低的油田也能产生利润，从而延长油田生命期，最大化油田的采收程度。石油工业处在摇篮期或已经发展成熟，接近生产末期的国家必须做出更大努力才能吸引到国外资本，因此考虑采用累进税制是合理的。

英国的油田产量相比过去经历的高峰期降低了很多。在意识到如果继续收取矿费，北海地区高昂的操作费会使油田在产量仍然很高时就被迫关停后，在2002年英国政府取消了矿费的收取，开始改为以油田利润为课税对象。这是一个很好的案例，政府意识到取消矿费（向累进税制转变）能够延长油田的生产寿命，从而提高油田的最终采收率，让国家在更长的时期可以获得更多总收入，并保障油田雇员的工作机会，使行业更健康发展。

油气资源的所有权有两种类型。一种发展自安格鲁·撒克逊模式，在这种模式下，自取得商业发现后，土地资源所有权就由政府转移到承包商手中。另一种是拿破仑模式，在此模式下，国家始终保有土地资源的所有权。

安格鲁·撒克逊模式在过去曾经流行一时，这种模式主要是在石油行业没有发展如今这般成熟之时，在未开发或开发中的殖民地或国家被采用。在这种模式下，矿税制合同被授予作业者，作业者有一定时间段去建产。作业者拥有矿区的土地、储量、油井，以及为油田生产安装的所有设施。作业者向资源国政府支付矿费和其他税款，并负责油田产品的销售。资源国可以选择是否以实物形式收取税费。若有选择权，作业者会更偏好安格鲁·撒克逊合同模式，因为这意味着合同者可以对储量拥有所有权。

当前大多数国家都采用了拿破仑模式石油合同，这类合同在新的勘探区域和边际油田中最为常见。在这种模式下，承包商被授予特许权，并签订合同。政府保留了储量的所有权，并且对油田开发后的油井和修建的地面设施具有所有权。承包商按照补偿计划从油田产量收入中回收投资成本和费用（以成本油的形式），并且可以享有一定比例的剩余收入（以利润油的形式）。政府保留产量所有权的两种合同模式分别为产品分成合同（PSC）以及服务合同（SC）。有时资源国与承包商也会谈判得出融合两种模式特点的石油合同。

产品分成合同在大多数使用拿破仑式合同的国家被采用。合同中由公式来决定作业者在扣除前期投资折旧、操作费、管理费及矿费后能够取得的收入比例。政府取得一部分产量收入，随后会针对油田剩余利润课税。利润油分成比例各国差异很大，有时这一分成比例会随着油气价格和（或）产量的变化而做出调整。

其余使用拿破仑式合同的国家采用的是服务合同。这一类合同在补偿了政府批准的开发成本后，给予承包商固定费率的回报。资源国只是简单地为作业者开发和生产油气资产给予一定报酬。

一些国家在高油价时期，或意识到油田利润率高于预期后，会改变决定矿费、利润油分成比例的计算公式。作业者对这种与原始合同条款不符的情况表示的不满和抗辩通常不会成功。并且若油价再次下跌，被提高了的政府分成也通常不会降低到原来的水平。若合同者的权益受到严重损害，公司可向政府提起诉讼，以期得到赔偿。不过不幸的是，法庭做出裁决一般需要几年时间，公司也一般无法得到足够的补偿。

12.5 收购策略

进行国际资产收购的公司通常都在某方面拥有技术专长，使得公司在过去取得成功，在一定程度上也为收购的方向提供了指引。下面的讨论包括了一些对收购有帮助的建议。

要了解即将进入的市场，可以与从事资产出售和融资方面的公司取得联系，讨论当前的投资机会，并且对合同的结构内容多加了解。为资产收购提供咨询服务的公司在促成买卖双方交易方面有最多的经验。在签订顾问协议之前，卖方公司会希望先行确认潜在的买方公司具备足够的财务实力收购国际资产。在得到满意答案后，他们会开始讨论目前的待售资产。顾问帮助潜在买家熟悉资产出售流程、在资产评估的某些方面提供建议，并且为资产的顺利交割提供必要的资源和协助。参加行业大会和相关主题研讨会也会对完成并购计划有帮助，公司可以通过这些活动结识潜在的合作伙伴，了解市场竞争环境，并考察目前市场中正在进行中的交易。

当开展交易的意见初步成型，下一步工作是要创建一个业务模式，能够体现资产收购计划和收购后的资产管理策略。资产作业实体的经营模式将被拿来同潜在投资者讨论，要清楚地描述出该实体的短期目标（项目时间计划、产量情况、所需投资、现金流情况，以及预测的资产价值）。应该对需要投资者为资产收购及收购后近期的资本性投资提供的资金数量做出预估。

在意向投资国家被选定后,要研究该国的石油合同模式和该国政府过去对资产的所有权历史,以及财税机制。下一步要了解该国的习俗和文化,并派人亲赴当地熟悉情况,尤其是公司计划要在该国担任作业者时。对当地风险有第一手的了解,或许能够通过聘请顾问弥合这些差异。亲自了解第一手资料,明确若管理不善或对当地情况没有充分了解,公司可能在哪些方面要付出高昂成本,这项工作的重要性是无可替代的。

能够进行储量登记对于公开上市公司比对私有公司更为重要。石油合同的类型规定了储量的所有权归属,决定了收购资产、签署合同的公司是否能够对该资产储量进行登记。在这方面各国情况各不相同。例如,签署服务合同的储量根据美国证券交易委员会指引是不能登记储量的,因为资源国政府保有储量的所有权。

一旦锁定了目标资产,就应该对该资产进行技术评价,包括物探、地质、油藏工程,生产、作业和钻井相关人员等方面的情况。应该调查当前资产所在区域的资本性投资和操作费情况,包括钻机租赁费用以及相关服务的价格,由于这些费用波动性较大,设备和服务成本通常在几年内都不稳定。买方还应该对油井近期动态、油田作业费波动以及设备维修情况进行调查。同时,还要对收购资产进行商务评价,包括产品价格、销售方向、利润汇出的难度、环保监管等方面的情况,最后还需要确定项目是否能够盈利。

成功执行收购方案的一个关键因素是公司中要有拥有所需知识经验的人才队伍。买方有必要对勘探和开发活动各个阶段所需的专业人员进行预估,也可以同潜在的合作伙伴和投资者讨论这一问题。若项目计划有变,员工也可以适应新的情况。在项目初始阶段,可以通过更多的外包、聘用顾问,并安排有限的内部员工参与,以节约成本。

在同各公司有国际资产收购运营经验的高管的对话中提到,关于成功的国际资产收购策略的点评包括以下几个方面。

(1) 一些公司在剥离其国际资产时,与不同投资银行或受委任的顾问往来，这项工作他们会内部处理，选出一些潜在买家并对他们开放内部资料室。这些公司相信这种处理方式，以及亲自筛选潜在买家能够在资产出售过程中给他们必要的灵活性和适量的曝光度。

（2）若希望收购一个处在勘探期的国际资产，要结识目标资源国的勘探项目管理层。当他们对你公司的业务计划、公司声誉以及投资偏好有所熟悉后，在机会出现时，他们可能就会联系你。

（3）如果你公司希望出售的资产在其他公司的核心产区，就可以考虑在产资产互换。若你公司的待售资产恰好能够匹配其他公司的资产组合，可以同在你公司希望进入地区拥有资产的公司保持联系。

（4）为买方提供服务的顾问会尝试定位最能符合你公司目标的资产。顾问可能会要求你公司改变评价模型中的一些参数，以使交易更有希望达成。通常情况下，若交易达成，顾问会收取交易金额的一个百分比作为成功费。顾问协助客户推动交易流程的工作通常在其了解到交易有比较大成功的可能性之后，因为交易顾问的工作会非常耗时耗力。

（5）从基层工作上推动一项国际交易需要巨大的时间和精力投入，聘用顾问（谈判代表、政府联络人，以及技术专家）来填补各个专业方面空缺，也会消耗较高成本。

（6）一般情况下联合收购通常是和与你公司已经有过合作的公司一起进行，说服一个从未有业务往来的新公司发起联合收购会面临比较大的困难。

12.6 方案执行

发展多个收购机会，以便公司能够进行比较，同时提高机会的命中率。要充分了解每个机会所需的投资，因为没有一家公司拥有无限量的资金。对比这些投资机会，确定哪个最符合公司战略，应收集信息进行评价并形成收购建议。尽量通过谈判的方式进行收购，避免竞争性投标。在这一过程中，应该可以初步感受未来的合作者、作业者或资源国政府合作有多容易或困难。

买方有两种达成交易的路径，每种都有各自的优势。收购一整个公司，或公司的海外子公司，能够使买方快速得到一个多元化的资产组合。另一个选项是逐步收购单一资产，直到公司构建了自己的多元化资产组合。最后一个选项达成目标的速度较慢，由于每一次资产交易都要耗时去筛选、评价和谈判，但选择这条路径也使买方能够控制自身资产组合的构建。

对矿税制、产品分成制和服务制外国石油合同进行经济评价是非常复杂的，并且只有很少的经济方面的软件包能够自动建模。在资产收购的早期就购买必要的软件，或借助顾问的帮助取得已经建好的评价模型模板，来熟悉目标资产的价值评估，对买方来说是明智之举。

石油合同的权益可以直接从资源国政府处、国家石油公司处或当前的权益所有者处收购。收购规模较小的资产可以购买或从作业公司转让权益的形式进行。双方需要就合同条款进行谈判，如果谈判是在买方同资源国政府间进行，那么可谈的空间就会非常有限。在谈判队伍中应该有经验丰富的谈判代表，熟悉合同条款的价值以及对公司的长期影响。

在交易过程中，或许会出现一些看似无法逾越的障碍。可能需要中间人居中协调，帮助买方取得机会、清除障碍、加速交易进程。一定要学会分辨哪些人可以合法地协助交易，而哪些人是在行贿，与后者的合作必须要避免。

12.7 信息来源

关于国际石油行业的信息来源有很多。一些可能有帮助的参考文献列示如下。这份清单包括了行业的每日动态、行业周报、月度杂志，以及定期的顾问和经纪人报告。单独看某一份文献不足以全面了解市场，但将其结合起来，可以积累一个比较充分的知识背景来指导下一步工作。

（1）勘探与生产杂志（哈特能源）；

(2) 海上油气杂志（鹏威出版社）；

(3) 石油与天然气日报（鹏威出版社）；

(4) 石油与天然气投资者杂志（哈特能源）；

(5) 石油与天然气投资者并购与资产剥离观察（哈特能源）；

(6) 石油上市服务系统（PLS）市场动态实时通信；

(7) 石油上市服务系统（PLS）全球并购数据库；

(8) 钻井区行业新闻（戴斯公司）；

(9) 伍德麦肯锡行业报道；

(10) 全球石油行业杂志（海湾出版社）。

可以同专门从事国际油气资产并购咨询服务的公司取得联系，描述你方希望获取的资产类型，以便更有效地利用顾问服务。麦格里趣通、油气资产清算所、皮特李合伙人公司、石油上市服务系统、雷蒙德詹姆斯能源投资银行，以及丰业银行是一些从事国际交易比较活跃的顾问公司。

经常关注资源国政府发布的能源行业相关消息也可以获取有价值的信息。资源国政府发布消息的原因有：

（1）发布新的勘探区块招标消息，以保证较高的参与度。更多公司参与，政府就可以协商获得更有竞争力的条件。政府进行新区块招标的原因有以下几点：

①该国产量不足以供应内需，或其国内的出口量无法达到预计水平，政府不希望出现这样的缺口。

②国家经济无法支持新的油气项目投资，因此需要引入外资或私营部门投资。

③国家没有足够的技术力量开展成功的勘探和生产活动。

（2）政府制定了更有吸引力的财税激励机制。通常当该国资源潜力衰减，或行业投资者需要从近期发生的事件中恢复对该国投资信心时，政府会针对处于勘探前沿地区或勘探成本更高的区块，推出财税方面的激励措施。

（3）政府修改财税条款，增加企业税负（通常会给出原因）。

（4）国家石油公司为了更关注大型项目而剥离边际油田，政府会发布剥离资产的消息。

通常情况下，资源国政府不会发布其国内正在开发或已经授标的资产的相关消息。这类消息通常由持有该资产的公司发布，如何时取得了该资产的转让权益、项目何时获批、探井获得成功，或新油田正式投产等。政府偶尔会发布这些项目的信息，尽管其内容可能会比较有趣或引发关注，但一般对于生产类项目投资机会的识别不会有很大帮助。

美国独立石油协会（IPAA）发布了一些综合性报告，其中含有大量对于希望进入国际油气投资领域的参与者非常有帮助的信息。要了解从事国际油气投资与作业所需的信息，下面四种出版物的内容将会尤其有益：

2008年发表了《国际油气行业活动调查》，该调查称自1992年至2005年，在国际油气合作领域积极参与的调查对象比例从12%提升至21%，在这一领域积极参与的或考虑参与的调查对象比例从22%提升至48%。调查显示，成功推进意向国际资产收购的主要障碍在于较高的资本性投资，以及政治上的不确定性。调查对象的主要关注点在于了解市场情况和项目风险，以及如何集中资源创造资产价值增长点。通常情况下，买方公司有两条路径——获取风险较低的在产油田或者参与风险较高的勘探项目。调查表明，在这一领域，上市公司较私有公司更为活跃。

《国际油气行业活动调查Ⅱ：权衡风险与回报》是2012年进行的一项后续调查，调查数据显示独立石油公司在获取国际资产方面有很大进展。尽管获取资产的难度在不断增加，参与投标竞争也日趋激烈，各公司仍旧在扩大其国际资产的范围。上一份调查指出，2008年以前，绝大多数美国独立石油公司的海外投资项目位于拉丁美洲；最新的调查显示，独立石油公司的业务已经覆盖到每一个产油的大陆以及几乎每一个有油气产量的国家。独立石油公司利用其专业能力，在开发剩余储量较低的油田，尤其是海上油田方面取得了巨大成功。这份更新的调查显示，24%被调查的独立石油公司拥有海外资产，62%被调查的公司收购海外资产或计划在未来5年里获取海外资产。总之，公司对于获取国际资产方面的疑虑较从前有所减少，但被调查公司仍表示，建立与资源国政府良好关系的同时，拥有对在资源国作业所需相关专业知识方面的了解仍然是非常重要的。

《美国独立石油会国际投资初级读本》回顾了国际油气作业情况，描述了独立石油公司在考虑收购海外资产时应注意的一系列问题。其讨论的话题涵盖政治风险到财税条款多个方面。这本读本解释了公司需要理解的一些因素，对这些因素的不了解可能导致公司陷入成本高昂的误区，并最终导致公司进入一个资源国、建立盈利的生产性项目的失败。

《国际石油税法增补汇编》发表于2008年，提供了全球各国石油财税体系的概况。汇编对矿权、石油合同、其他各类协议，以及各种最通行的财税机制下油气所有权的特性进行了比较。这份文献讨论了工作计划、储量与利润的分成、政府参与度、矿税，以及其他税费等。其中有表格提供了超过10个在授标矿权方面非常活跃的资源国签订合同的详细数据。这些数据对于理解资产的经济评价非常有帮助。

全球并购市场保持强劲势头已有多年，在价格波动、技术进步以及经济周期中仍是如此。石油上市服务系统和德雷克石油咨询服务公司在他们题为"全球油气交易——2013年回顾"的对2013年全球交易的总结性材料中指出，市场在油价超过100美元/bbl的时期异常活跃。数据显示，全球共有509项，总价值达870亿美元的交易达成，转让的资产主要位于非洲、南美洲和俄罗斯。在产油田和已发现储量的收购占据了交易总额的绝大部分，公司收购仅占交易总额的19%。从排名前十大、总计达326亿美元的交易中我们可以明显看出外国买家在交易时的积极态度，这些交易中每一个买家都为非美国本土公司。

参 考 文 献

[1] Megan Ladford, "2014 NAPE Expo Brings Oil & Gas Industry Together," Business Wire, January 31, 2014, http://www.businesswire.com/news/home/20140131005801/en/

2014-NAPE-EXPO%C2%AE-Brings-Oil-Gas-Industry.

[2] Pietro D. Pitts, "Venezuela Rejects Harvest's Oil Deal," Houston Chronicle, January 3, 2015.

[3] Daniel Johnston, International Petroleum Fiscal Systems and Production Sharing Contracts (Tulsa, OK: PennWell, 1994).

[4] Independent Petroleum Association of America (IPAA), "International Activity Survey," IPAA International Committee publications, February 2008.

[5] IPAA, "International Activity Survey Ⅱ: Weighing the Risks and Rewards," IPAA International Committee publications, August 2012.

[6] IPAA, "IPAA International Primer," IPAA International Committee publications, January 2002.

[7] IPAA, "International Petroleum Taxation Supplement," IPAA International Committee publications, July 2008.

[8] PLS Inc. and Derrick Petroleum Services, "Global O&G Transactions—2013 Review," February 15, 2014, http://www.plsx.com/downloads/pls_inc_2013_global_ma_transactions_review_study.pdf.

13 国际资源国案例

随着各资源国在油气合作方面经验逐渐丰富,政府在各方面都有更高要求,包括对勘探开发投资和工作计划要求更严格、财政税收和矿税结构的设计更复杂,随着本国工作人员受教育程度提高、技术能力增强、经验积累更多,政府更有能力对本国项目实施监管。这些变化在各国对其国内石油行业产生了不同程度的影响。资源国改变财税政策的原因有很多,包括:

(1) 油气价格波动;

(2) 国家需要更多收入;

(3) 技术进步;

(4) 察觉到项目盈利能力远高于预期。

下文将会讲述发生在美国和英国的案例,这些案例说明了资源国为什么会改变其财税政策,以及这种变化如何影响资产的预期价值。现金流预测的不确定性带来的风险不是总能够量化的。如果一个资产收购或油田项目只能勉强盈利,并且通过分析还包含了政治不确定性带来的重大风险,那么作业者很可能不会继续推进项目,除非有高于经济评价结果的战略性原因。

13.1 美国

自 20 世纪初期石油工业起步以来,美国数次修改了财税政策。下面关于美国对墨西哥湾地区租约涉及的公司税和矿税的讨论将帮助读者对政府分成比例，以及财税政策多年来的变化有大致的了解，若读者感兴趣，关于这一话题更详尽的数据和分析可以参见本章最后引述的参考文献。

早在1913年，美国税法就出台了针对石油行业的优惠政策，石油公司拥有储量价值的5%可以用来抵减纳税义务。随着汽车行业的蓬勃发展，石油行业也允许适用1916年新税法，允许石油公司冲销当年的干井成本和无形钻井成本。1926年，美国国会增加矿藏储量衰竭减税率至总收入的27.5%。这一减税率的调整是以承认公司储量（也就是公司价值）会随着储量的开采而逐渐耗尽的特性为基础的。随后40年，这一减税措施在国会经历了持续的争论，反对方认为减税力度过大，政府对石油行业过于慷慨。1969年，国会下调了上述减税率至23%，1975年福特总统签署生效新税法，彻底废止了大型生产商的减税优惠。

长期以来油价一直稳定在15美元/bbl以下的水平，但在1979年和1980年分别攀升至18.53美元/bbl和30.83美元/bbl，这使得石油公司的利润突然增加至部分人认为暴利的水平。卡特总统对此的反应是启动了石油暴利税，其本质上是一种资源采掘税，税率为每桶70%、60%或30%，取决于产量归属于哪一纳税类别（或等级）。1986年，油价跌落回从前的水平，甚至更低，使得暴利税不再适用。国会于1988年废除了石油暴利税。

自石油暴利税取消以来，有各种各样建议减少石油行业联邦税抵扣和补贴幅度的提案，在过去25年多的时间里，税法经历过一些改变，但在这期间，并没有单独针对石油天然气行业出台过重大的税法变更。即使在2011—2014年，油价突破100美元/bbl那段时间，也没有任何威胁行业要减少纳税抵扣幅度或增加额外税负的行动。

图13-1展示了自1916年石油行业首次被纳入监管以来美国石油公司最高等级税率的发展史。其中两次公司整体税率的猛增是在第一次世界大战和第二次世界大战期间，自那以后税率经历了近40年的逐步下调，1987年税率下调幅度较大，至39%左右，自此之后税率水平一直维持至今。

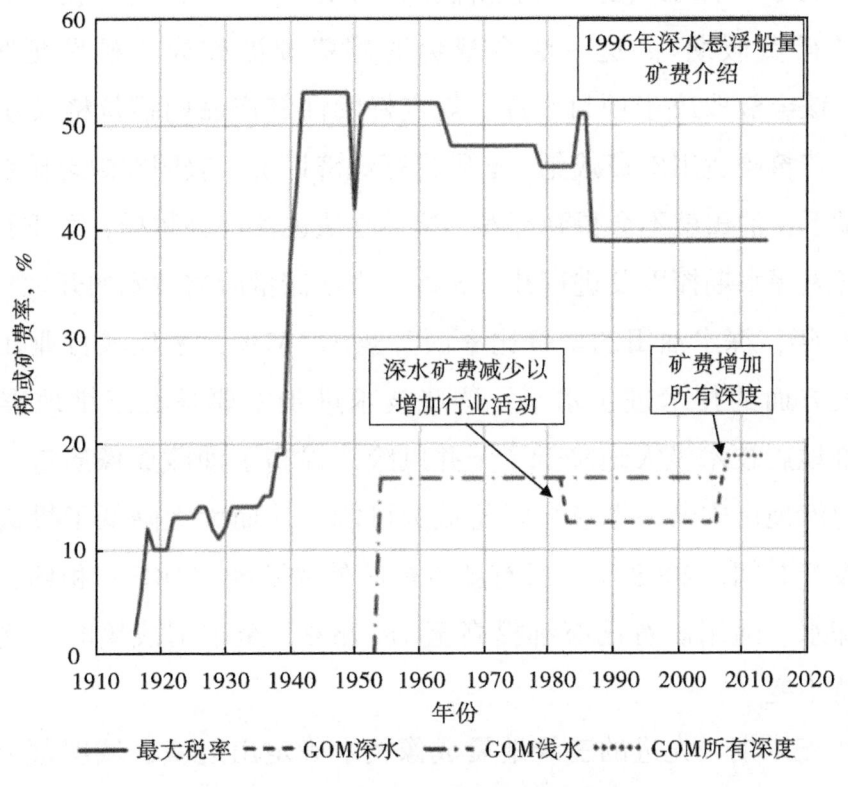

图 13-1 美国公司税和墨西哥湾矿费率

图 13-1 还展示了墨西哥湾地区联邦租约在产项目的矿税税负情况。支付给美国财政部,用来补偿被开采的油气价值的矿税经历了数次变化。1953年,美国国会通过了《外大陆架法》和《水下陆地法》,这两份法令规定可以 16.67% 的税率租赁海岸线 3 n mile 以外的区块。1954 年联邦政府完成了第一份租约的出售,在之后近 30 年时间里,技术水平制约了水深超过 400m 的油田区块开发。1983 年,政府意识到深水油气田开采仍处于摇篮期,因此将水深超过 400m 的区块矿税下降至 12.5%,以鼓励勘探和生产活动。

20 世纪初期,墨西哥湾的勘探成功显示出该地区具有巨大的资源潜力,但在这一勘探新区,相关的费用和风险仍然过高,在缺乏额外财政刺激的情况下勘探活动无法充分开展。克林顿总统面对当时状况所做的反应是于

1995年签署了《深水项目矿税救济法》，为1996年至2000年授标的区块创造一个"矿费假期"。这一法令减免的矿费额被称为"矿费延缓金额"（RSV），该金额取决于项目水深、规定好的油气产品门槛价格及获取租约的年份。若希望适用矿费减免，必须进行经济评价，表明在缺乏矿费减免的优惠激励下，油田就不会得到开发。这一立法也被广为赞扬，可重新激励石油行业开展深水勘探以及进行开采这些高成本储量所需技术的开发。

2007年，深水油田的矿费比率回升至16.67%，来反映行业在储量评价与开发方面的技术进步水平。这些技术进步主要是在三维地震解释方面，三维地震技术极大地降低了干井风险，提高了油藏成像质量，并使得在勘探前沿地区安装一些基础设施成为可能，从而大大降低了投资成本及缩短了投产时间。2008年，所有新授标的外大陆架（OCS）租约，不论浅水还是深水，适用矿费比率都提高至18.75%，至本书成稿时，这一比率一直保持不变。

20世纪末期，先进的三维地震成像技术确定出近海区域埋藏更深的地层中有天然气存在。意识到开采这些气藏将面临的高成本与机械风险，政府在2001年对水深不超过200m、埋深在15000~18000ft气藏最初$150\times10^8ft^3$天然气产量以及埋深在18000ft以上气藏最初$250\times10^8ft^3$天然气产量给予矿费减免。2005年，减免扩大到水深不超过400m、井深超过20000ft的$350\times10^8ft^3$天然气产量。

此外，自1954年以来，政府要求自租约取得之日起到项目首油投产，合同者要为租约支付的年租金由最初不到10美元每英亩上涨到每英亩最高可达44美元，具体金额取决于租约位置、获取时间，以及持有时长。

由美国石油财税和墨西哥湾租约管理的案例，可以得出如下结论。

（1）在墨西哥湾地区获取、持有租约，进行油气生产的成本自第一个租约授标以来发生了比较大的变化，这些变化可以反映出行业的成熟程度，以及勘探活动的相关风险水平。

（2）在美国，当合同者取得了租约后，相关条款就确定下来，后续关于矿费或年租金比率的变化也不会回溯。这使得公司有信心确认在他们持有租约期间，持有和经营租约的成本是不会发生变化的。

（3）不过，公司所得税税率经历了多次变化，这在一定程度上产生不确定性。但是，税率在最近25年时间里是相对稳定的。

（4）美国的财税和矿费环境或许对资产并购和剥离市场几乎没有影响，因为这些变化相对而言都比较细微，而且并不频繁。

13.2 英国

英国北海地区是世界上相对较新的勘探开发区。其发展史非常波折，财税机制难以预测，加上油价的大幅度波动都为作业者带来了巨大的不确定性。在投资回收期明显长于预期的情况下，投资者很难计划进行大规模资本性投资。在这种环境下，做出明智的资产收购和剥离决策都是异常困难的，因为几乎可以确定在经济评价中选取的一些假设参数一定会有误。在这一地区，资产剥离通常都处于战略原因，即卖方认为继续持有资产的风险将会过高。

由于远海作业的艰难环境以及暴风雨等恶劣气候，行业对北海的兴趣一直有限。然而到1970年，地震资料显示北海地区的油田规模将足以在开发投资庞大的前提下盈利。随之而来的是在该区域的勘探活动取得成功，数个项目获批。1975年，北海地区首批油田阿吉尔、海雀以及福尔蒂斯相继投产，日均产量23000bbl。随后，贝丽尔、布伦特、蒙特罗斯和派珀油田也于1976年投产。北海的开发活动呈爆炸性增长，到1981年，北海油田的日均产量已经达到$180×10^4$bbl。产量增长如此迅速，也得益于稳定的财税环境，让生产商能够取得合理的利润。

下文中将给出英国政府制定的油气行业财税机制的概况，以及过去40年来税法发生的诸多变化的详尽记录。税法和油价变化对油田开发生产产生的影响如图 13-2 所示,并列出了 10 点推论加以解释。

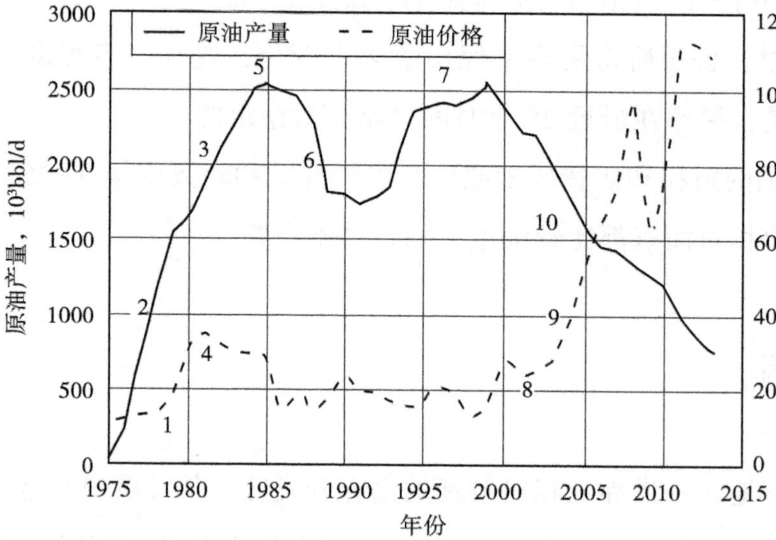

图 13-2 英国北海历史原油产量及对应油价

(1) 1975—1979 年的平均油价为 13.89 美元/bbl,随后上升至 1980—1982 年的 32.32 美元/bbl。油价翻倍后行业的利润率大幅度提升。

(2) 进行油田开发的公司蜂拥而至,随着大型油田发现被开发投产,原油产量每年都成指数型增长。

(3) 作为对行业利润暴涨的回应,英国政府于 1981 年增加了 20% 的石油附加税,1982 年又追加了 20% 的增长石油收入税。

(4) 尽管税负增加,已经在开发中的项目还是继续完成了工程建设。

(5) 北海油田产量于 1985 年达到高峰,日产量 250×10^4 bbl。

(6) 政府分成增加,加上 1983 年至 1988 年间油价稳步下降至 14.91 美元/bbl,行业热情逐渐退去。作为回应,政府减少了油气行业的税负。早前的税负提高和逐年的价格下降损害了项目利润,这点从新油田开发活动减少就可以看出。从 1985 年到 1991 年,北海油田产量下降到 170×10^4 bbl/d。

(7) 随着税负降低,行业逐步回暖,并在 1992 年扭转了产量下降趋势。1999 年,产量第二次达到 260×10^4 bbl/d 的高峰水平,尽管在此期间油价一直稳定在 17.45 美元/bbl 的合理水平。

（8）油价从 2000 年 28.66 美元/bbl 上涨至 2013 年的 108.56 美元/bbl。石油行业再一次享受到预期外的高收入。

（9）从 2002 年开始，监管机构针对高油价情况采取措施，在随后几年中三次增加了行业税率，提高政府的利润分成。此外，意识到盆地开发已经处于成熟期，政府取消了 12.5% 的矿费率，以使边际油田能够在产量水平较低时仍然可以有一定盈利。

（10）但是，在像英国这样行业处于成熟阶段的资源国，过去 10 年里行业税率的增加实际上伤害了行业的健康发展，英国的石油产量从 1999 年的 140×10^4 bbl/d 大幅度下跌至 2014 年的 80×10^4 bbl/d，尽管在这一段时间后期油价上涨至历史最高水平。2005 年，英国成为原油净进口国，但行业税率上涨后便一直维持在该水平，因为英国政府已经无法承受降低占行业总量 25% 的公司所得税收入。

2012 年，由于较高的政府分成水平，英国的财税机制与全球其他拥有石油工业的资源国相比已经不是很具备竞争力。在这一年英国政府宣布了振兴石油行业、减少行业税务负担的计划。2014 年 10 月，政府发布指引，针对边际利润但具有提高采收率潜力的老油田项目、复兴"棕色地块油田"的作业者出台税收优惠政策。"棕色地块油田补贴"使得公司可以出资开发这些项目，增加产量，并取得可接受的收益率。

北海油田的设备普遍老化，运营成本高；许多油田已经处于生命周期末期，众多平台设施的退役也将耗资巨大。英国北海油田具备吸引力的收购对象可能已经不多，但如果降低行业税务负担，适宜成为收购目标的资产数量可能会增加。表 13-1 比较了北海油田产量高峰时期与当前的油田数量和平均产量，从表 13-1 中可以看出盆地开发的成熟程度。表 13-1 中，当前油田平均产量已经远远低于以往水平，这也说明了行业为何需要"棕色地块油田补贴"。

表 13-1　英国北海历史平均油田生产率

年份	1985	1999	2013
时期	第一高峰	第二高峰	现在
活跃油田数量	33	136	165
平均油田产量	77000bbl/d	19000bbl/d	5000bbl/d

图 13-3 为北海 82 口已经退役油田的产量寿命分布，这些油田的平均寿命是 12 年。到 2014 年仍然在产的 165 口油田的寿命分布也显示在图中，这些油田目前拥有 17 年的平均寿命。其中 12 个油田发现于 1980 年以前，在北海近 40 年的生产史期间共产出约 12×10^8 bbl 原油。这 12 个油田的产量在北海 247 个油田自开发投产起共 40×10^8 bbl 原油总产量中占 30%。这些油田经历数次财税机制调整与油价周期始终仍然在产，其中大部分油田经历过数次所有权变更，这说明作业者具有比较强的复原能力，并且在大环境不确定性比较高的情况下仍然设法实现了盈利。

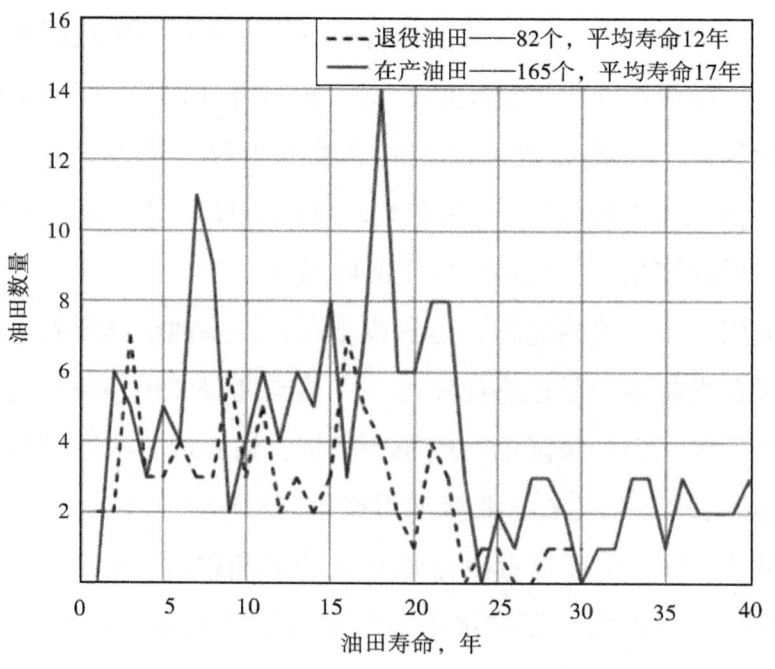

图 13-3　英国北海历史油田产量寿命和退役油田

从英国案例史的讨论中我们可以得出如下结论：

（1）英国财税机制不稳定，在油田的平均寿命期间税法几经变更，这给完成一个可靠的经济评价分析制造了不确定性，公司会更难准确地预测项目现金流、投资收益率，或公司在收购与剥离市场中对待这些资产应采取何等积极程度。

（2）石油行业在产量下降、价格波动、不稳定的税负变化等不利因素下，还是成功维持了盈利，这主要归功于在勘探与生产各个阶段技术上的进步。

（3）当地的资产收购剥离市场主要由战略型交易构成，包括整合作业区以降低操作成本、依靠技术进步发现新的产油层来实现老油田增产、应用储量管理工具提供现有项目产量等。

（4）在考虑收购国外资产时，应该调研该国的石油财税机制演变历史，以更好地了解当前财税机制的形成基础。这可以为预测未来变化提供帮助。

参 考 文 献

［1］Andy Kroll, Dave Gilson, Benjy Hansen-Bundy, and Alex Park, "A Brief History of Big Tax Breaks for Oil Companies," Mother Jones, April 14, 2014, http：//www.motherjones.com/politics/2014/04/oil-subsidies-energy-timeline.

［2］Ibid.

［3］U. S. Internal Revenue Service, "Corporation Income Tax Brackets and Rates, 1909-2002," http：//www.irs.gov/pub/irs-soi/02corate.pdf.

［4］Sourcewatch, s. v. "U. S. Federal Oil and Gas Royalties," accessed December 14, 2014, http：//www.sourcewatch.org/index.php?title=U.S._federal_oil_and_gas_royalties.

［5］U. S. Energy Information Administration (EIA) Office of Oil and Gas, "Overview of the Federal Offshore Royalty Relief Program" (Washington, DC：U. S. EIA, June 2006), http：//www.eia.gov/pub/oil_gas/natural_gas/feature_articles/2006/ngoffshore/ngoffshore.pdf.

［6］Bureau of Ocean Energy Management, "Gulf of Mexico OCS Region Oil and Gas Lease Term History During Area-Wide Leasing," November 5, 2012, http：//www.boem.gov/

uploadedFiles/BOEM/Oil_and_Gas_ Energy_Program/Energy_Economics/Fair_Market_Value/GOMLeaseTermsRRSummary. pdf.

[7] UK Department of Energy and Climate Change, Monthly oil production field data, December 10, 2014, https://itportal. decc. gov. uk/pprs/full_production. htm.

[8] Anar Isayev, "Comparison of the UK and Norwegian Development of the Oil and Gas Regulatory and Tax Regimes," https://www. academia. edu/7108804/Oil_and_Gas_Tax_Law_in_the_UK_and_Norway.

[9] UK Department of Energy & Climate Change, "Brown Fields Allowances," October 22, 2014, https://www. gov. uk/government/uploads/system/uploads/attachment _ data/file/366183/BFA_guide_v9. pdf.

[10] Bureau of Ocean Energy Management, "Gulf of Mexico OCS."

[11] U. S. Department of State, Office of the Historian, "Mexican Expropriation of Foreign Oil, 1938," https://history. state. gov/milestones/1937–1945/mexican-oil.

[12] Ibid.

[13] Wikipedia, s. v. "Cantarell Field," last modified on August 16, 2014, http://en. wikipedia. org/wiki/Cantarell_Field.

[14] Michael Crowley, "The Committee to Save Mexico," Time, February 13, 2014, 34–39.

[15] Manuel Vera and Andrew Farris, "Exploration and Production in Mexico: Overhaul of Energy Sector Invites Expanded Opportunities for Private Investment,' " Oil and Gas Financial Journal, September 10, 2014.

[16] James D. Reardon and Manuel Vera, "Mexican Energy Legislation," Oil and Gas Financial Journal, September 10, 2014.

14 公司案例

14.1 简介

在德士古工作期间,笔者在几年时间里负责完成了上百个在产资产的出售,并将这些资产卖给了数十家公司,其中有两家公司非常独特。一家是私有公司,在美国拥有陆上资产;另一家是上市公司,在墨西哥湾拥有资产。在初次联系时,这两家公司都没有任何油气资产,也没有遵循本书描述的正常流程开始聚焦于收购高价值油气资产,构建自己的资产组合。但是,两家公司都遵循最匹配自己实力的行动策略并取得了成功。

上面提到的这家私有公司目前仍然活跃在行业内,并一直是私人公司。第二家拥有海上资产的公司创立于 1992 年,名为能源资源技术公司(ERT),是一家在墨西哥湾大陆架水域作业的水下服务公司卡尔潜水服务公司(Cal Dive)的私有子公司。1994 年,这家公司开始转型进入深水作业领域,并在几年时间里在自己的船队中添加了几艘深水服务船。1997 年公司上市,2006 年,卡尔潜水服务公司更名为螺旋能源服务公司(Helix)。随后同样在 2006 年,卡尔潜水服务公司启动了业务,在几年内完成了旗下的潜水服务业务的撤资,这使得 Helix 成了纯深水服务承包商。2013 年 Helix 的子公司能源资源技术公司,即本章案例史的研究对象,被 Helix 整体出售给塔罗斯能源有限责任公司,后者为一家私有公司。

第一家私有公司自成立以来至今,所采取的发展方式是持续努力去获取、进行开发和生产中低风险资产。公司从来没有提出过要发展到一定规模或一步到位的目标，而是谨慎运营、保持盈利，在任何时候依赖于有机增长或者外部机遇。公司的管理团队重视有能力的技术团队和稳健的财务表现，这些可以让公司自信地处理风险，适时调整经营策略。

ERT采取的方案方式则完全不同。公司最初由收购大陆架水域处于生产末期的油田起步。这些油田对作业者不再具有吸引力，也几乎没有剩余价值。卡尔潜水服务公司当时是进行海上平台和海底管道拆除业务的公司，收购油田的产量使公司有新的收入流，而油田资产成为其母公司油田弃置拆除工作的业务来源。随着收入不断增加，公司技术人员的能力经验也随之不断积累。此时收购目标逐渐演变为规模更大、剩余生产寿命更长、有进一步勘探潜力的油田。这个叙述记录了公司规模和价值的发展轨道、其公司战略随着时间推移如何变化，以及风险管控如何能创造巨大价值。

这两家公司发展史的另一个侧面是，规模较大的油田，其最终采收率随着时间推移会由于地震资料解释技术的提高、钻井技术的发展、作业效率的不断提高以及技术分析方式的不断进步等种种因素而不断增加。因此，这两家公司都享受到储量的额外增加带来的之前不曾预期到的资产增值。

14.2 案例1——一家私有公司

1984年德士古公司收购了盖提（Getty）石油公司，这使得其墨西哥湾沿岸路上资产和墨西哥湾海上资产作业规模明显扩张。1987年，公司开始了资产出售计划，为了更有效地管理资产组合中的核心油田，以及为投资筹措资金，许多非战略性油田被推向市场。资产出售内部主导，由公司内部人员管理资料室和数据分发。出售计划持续了几年时间，最终以提高了公司资产基础的品质而宣告成功。

除了销售的资产外，德士古还有上百个低权益、非作业者的陆上资产，这些资产在德士古处于一种"看管状态"，公司对于资产的具体价值了解不详细，技术人员也并不关注这些资产。这些油田没有进入待售名单的原因是，德士古并不掌握充分的技术数据供潜在买方进行详细评价以确定资产价值，出售这些小权益资产能得到的收入对于整个出售计划也微不足道。这些游离资产的集合成为本案例分析中的私有公司的初始资产基础。

1989年年中，笔者收到了两位极有活力的年轻人的来电，他们知道德士古正在进行资产出售，希望讨论他们为自己新成立的公司收购这些资产的兴趣。在第一次对他们的拜访中，我得知这两位年轻人刚刚获得了法律学位，但不想从事法律，而是希望成为"石油人"。他们透露出自身没有相关的技术背景或行业经验。在当时看来，交易的达成可能性微乎其微，他们没有达到德士古公司理想买家的标准。

然而很快，他们如激光般的专注力，以及他们创立公司的构想充分合理这两点就变得非常明朗。他们提议对德士古非作业者、低权益持有的油田进行一揽子收购，收购对价基于这些油田的年度税前净现金流乘数，辅以价值潜力和风险调整。根据这一条件构建的资产包包括路易斯安那州22个油田超过75口活跃的生产井。由于这些资产处于"看管状态"，德士古对这些资产的收入和成本账务管理比较混乱，这对于买方造成了沉重的管理负担。资产包中的油田存在作业者支付收入不及时、天然气产运不平衡且缺乏合同约定如何处理等众多问题，而弃置费用的不确定性更是资产包中油田面临的普遍情况。

从德士古的观点来看，出售这些油田可以清除财务上的混乱、降低管理费用。这些油田分布在25个地方行政区，几乎每口井的作业者都不相同。以一种缺乏技术严谨性的方式来确定一个公平的资产包交易价格是一项挑战。以确定储量为估值基础在缺乏支持数据的情况下几乎是不可能的，但是，由于资产包包含了数量很多的油田，当时的原油价格也相对稳定，双方都认为以现金流乘数作为确定最低可接受交易价格的方式比较合理。在协商确定了现金流乘数、协助买方进行尽职调查、处理了优先购买权问题，以及确定了天然气产运不平衡问题应给予的价格调整后，交易最终得以完成。

从买方角度看来，这一资产包匹配了他们的初始目标。较多的油田数量提供了多样化的保障，不至于出现多口井在近期同时退役的潜在风险局面。资产包内容的多样化同时也为公司没有机会进行技术分析、也没有技术人员的情况提供了另一重保护。资产中油气产量的均衡降低了产品价格风险。资产的非作业者属性让公司可以不用担心缺乏作业者经验管理油田、缺乏技术人员等问题。而油田寿命预期剩余时间较长，这给了买方足够的时间来研究掌握弃置义务的情况。交易后，买方联系了众多作业者，解决天然气产运不均衡和财务记录混乱等问题。总之，买方非常了解自己作为油气行业新进入者的局限性，寻找到一条创新发展道路，找到了一个多元化的、最能发挥他们专长的资产组合，最终成功收购了油气田资产包并取得了稳定收入流。

买方撸起袖子，说干就干，他们关注细节、参加社区听证会、与各作业者见面解决天然气产运不平衡问题并确保合理的收入征收，参加合作伙伴会议，并且建立财务工作制度流程，将各油田分散的权益合并到一个系统中。这些举措提高了公司经营效率，解决了收入支付不及时问题。但是，有两个意料之外的事件，创造了超出收购前预料的额外价值。

第一个事件是储量增加。在收购后一年内，公司收到了油田作业者通知，要进行项目投资，或者说要求预算支出授权批准（AFE），用于油田再完井作业，这一工作计划在收购时并没有提出。行业内的俗语"大油田会更大"再一次得到印证。在众多大油田中拥有小份额权益，比同等价值但是集中在小油田的高份额权益更容易获得储量的升值。在不知道这个情况的前提下，公司就收购了统计上获得储量和价值增值可能性都更大的油田资产包的权益。

另一个收购前并未预料到的事件是油价上涨。在1989年11月交易完成交割时，美国西得克萨斯轻质原油（WTI）价格是20美元/bbl。从1990年到1991年，原油井口价迅速上涨，最高时在1990年10月达到40美元/bbl。正如第二章讨论过的，在油价上涨时，单桶石油利润上涨的百分比远高于单桶油价增加的百分比。因此，资产包产生的现金流比预期翻倍，投资回收期缩短一半。

受到这一次成功收购的鼓舞，公司开始继续从其他渠道收购小份额非作业者权益。1991年，公司从德士古收购了第二个非作业者油田权益资产包，资产包中包括4个油田，按惯例，以现金流分析进行估值。这些油田每个的单一价值和生产寿命都高于第一个资产包中的油田。公司此时已经进步到有能力进行技术分析并制定了制胜策略：

（1）专注于最能发挥自身能力的经营模式；

（2）通过收购数量众多的油田油井来管理产量风险；

（3）追求油田地点分布在数个地理区域的资产组合布局；

（4）通过收购时同时配置油井与气井来完成资产组合的多元化；

（5）通过在几个不同的油气价格周期收购资产来管理价格风险；

（6）通过了解各资产的作业者建立行业关系，主导复制之前业务的成功经验。

不论从任何角度衡量，这对合伙人通过在油气行业构造盈利的陆上非作业者资产组合的独特策略建立了一家成功的公司。在经营公司过程中积累的经验激励着这家公司，下一步合理的步骤就是成为作业者，通过技术与管理实力实现公司发展，这是一般石油公司创造更大价值最普遍的途径。有两种策略可以完成这个目标：

（1）雇用包含地质师和工程师的技术团队，在公司获取的合同区块划定要开钻的资源圈闭，或者在收购权益时或其他参与机会中审核其他公司的技术方案（这种方式发展速度比较缓慢，但公司可以完全控制资产经营的每个方面）。

（2）合并或收购一家与你公司发展愿景文化一致的公司。收购目标公司应该有一个现成的具有吸引力的资产组合，实力较强的技术团队，并且在比较有利的地理区域运营资产（这种发展方式较上一种快许多，但公司对被收购公司的资产或负债控制力度会较小）。

2000年，这家公司选择了第二种发展路径，准备收购一家资产分布区域与自身有重合的私有公司。收购的资金来自公司自发展初期已经建立稳固关系的权益合伙人。交易大幅度扩大了公司的资产基础，使得公司可以通过不断收购以及在更多的合同区块钻井而扩大发展。

在公司兼并（而非资产收购）交易时，应该进行充分的尽职调查，这是由于公司兼并情况比较复杂，买方公司要继承收购目标公司全部的负债，不论这些负债是过去的还是未来的。这个交易也不例外，存在一些需要充分了解的问题，并需要一个解决这些问题的有效方案。被收购公司的资产中还包括了一些非油田业务，以及相关的经营业务，这些在公司中被认为是非关键资产。这些情况可以通过公司重组或资产剥离得以解决。由资产剥离得到的收入可以用来偿还公司因并购而产生的债务。通过聚焦关注核心业务，剥离非核心资产，为新公司制定的经营策略受到的干扰被降到最低，经营成果也一路向好。

公司现在有足够多的地质师和工程师可以进行或支持作业活动。在收购交易中的资产之一是为确定程度较高的储量支付较高金额获得的矿权。公司开始需要面对在其收购资产上开展勘探活动的需求，而这随后又会引发开发或钻井活动。这一设计好的扩张资产规模的方式（将勘探活动限制在低风险区域，不从事风险较高的"野猫井"勘探）可能会使公司主动放弃获得大发现的机会，但同时也换来了公司"赌徒必输"定理和干井风险的积极权衡。公司的员工还在不断审查外部机会、在其资产上加大钻探力度，以及在掌握了水力压裂技术后将作业延伸到页岩气业务。现在，公司的资产分布覆盖了阿肯色州、路易斯安那州、密西西比州以及得克萨斯州。

公司的团队规模由初创时期的3人发展到了各专业配备齐全的15名管理人员以及油田现场作业人员。团队偶尔也会出售或购买在产油田，并参加油气资产的拍卖。由于公司的业务扩展至从勘探钻井到油田弃置作业，交易范围的各个阶段被定期检验，以使公司业务机会最大化。公司的创始人们将公司的成功归因于在构建一个范围较广的业务网络中时刻保持谨慎，寻找具有经济性的油气投资机会，不论是通过钻井还是收购。公司面临的挑战同其他行业内公司并无区别，即找到具有合理升值空间、进行开发后可盈利的资产并完成收购。如果过去能预示未来，这家公司将继续克服挑战，保持成功。

14.3 案例2——一家上市公司

墨西哥湾从1954年开始发放石油和天然气勘探租约，在数年时间内该区域即有生产平台搭建安装完成。到1990年，被称作大陆架地区的水深不超过400m的浅水油气作业区域，已经建有超过1000座固定生产平台。在经历了数十年的勘探和生产活动之后，开采殆尽或接近生产寿命末期的油田数量十分巨大，这给了提供油田设施弃置拆除服务的公司发展业务的机会。这些平台和管道的拆除需要潜水船以及执行必要潜水任务的水下作业人员。

在墨西哥湾提供这些潜水服务中比较领先的一家公司是卡尔潜水服务公司（以下简称卡尔潜水公司），这是一家私人公司，在海外和美国海域进行了数十年的水下服务业务，于1980年重组。到1990年，卡尔潜水公司已经成功完成了当时墨西哥湾地区最困难、水深最深的潜水服务，包括修井工作、水下设备安装以及海上油田设施的拆除工作。这些油田的平台设施拆除对于任何一家海上作业公司都是耗资巨大的工作义务，卡尔潜水意识到，收购具有这类义务的资产是一个独特的商机。

1992年，卡尔潜水公司成立了能源资源技术子公司，用来收购那些处在生命周期末期，并且弃置义务刚好在自身弃置作业能力范围内的油田并进行生产作业。公司从阿莫科、雪佛龙、马拉松、美孚、海洋钻探、壳牌、德士古、特兰斯克以及其他公司手中收购了一批剩余生产寿命很短的油气田。这些资产大部分发现于20世纪60年代和70年代，已经生产出大量的石油和天然气，在油田内部有数个生产平台结构。

由于这些油气田都处于濒临废弃阶段，剩余价值很低（或已经为负），持有油田的大型石油公司一般不会动用他们最强的资源力量来优化油田的储量开发。许多油田剩余价值为负，是因为油田的弃置费用超过了剩余储量的价值。这些油田的市场价值一般都低于根据其预期现金流计算出的净现值，因为在并购市场中，这些油田已经不具备任何吸引力。因此，能源资源技术公司得以说服油田作业者将有很低剩余价值的油田以及剩余价值为负的油田打包，以权益转让的方式获取这些资产，在这种方式下买方无须支付收购费用，或仅支付极低的名义上的收购费用。这样，公司就以极低的成本获取了剩余生产期稍长的油田，这为公司的资产组合中油田的品质提供了多样性。能源资源技术公司聘任的技术人员水平非常高，在几年时间里，收购油田的产量就超出了预期。通过钻修井作业，新的油藏得以产油，油田的作业比起之前大型石油公司管理时也更经济有效。能源资源技术公司只收购那些他们可以作业的油田，因此公司能够按计划开展老油田提高采收率工作。

许多墨西哥湾地区的油田除作业者外通常都会有合作伙伴。这是由之前许多公司希望引入合作者来共担勘探风险而遗留下来的局面。因此，能源资源技术公司收购的许多油田也有合作伙伴。多数情况下，这些合作者通常会在大公司出售权益的同时将自身的权益也卖给能源资源技术公司，或在能源资源技术公司完成收购后同其签署协议，转让权益。一般来说，合作者通常会认为作业者对油田情况的了解多于自己，所以当作业者出售权益时，合作伙伴若收到等比例金额的权益收购邀约，也就会出售自身权益。以这种方式，卡尔潜水公司在油田弃置时，可以享受到单一油田所有者情况带来的益处。

随着地震技术的进步，勘探机会被不断发现。公司的技术人员发现了一些远景圈闭，其他勘探机会发现于当其他公司来接触能源资源技术公司并协商整体收购其油田或收购部分权益时。这对于公司有些进退两难，因为在最初10年，能源资源技术公司没有获得钻井许可，为将这种困境变为发展机遇，这些具有勘探潜力的油田或被完全出售从而得利，或转让部分权益，这两种操作都使得公司持有油田的价值得以提升。

另一个利润增长来源是作业者预估的弃置费用与卡尔潜水公司实际发生的弃置作业成本之间的差额。对于母公司，潜水船的利用率是非常重要的。当行业蓬勃发展时，卡尔潜水公司可以从外部作业者处招揽工作，当行业处于低迷时期，能源资源技术公司的资产可以填补母公司的业务空白。在那时，由政府负责管理的弃置设施计划尚未建立，因此能源资源技术公司资产的弃置作业时间计划可以由其母公司决定。

总之，建立一家油气生产子公司能够在三方面为卡尔潜水公司的业务给予支持：

（1）由油气产量创造了额外的收入流；

（2）为弃置作业创造了额外利润；

（3）为潜水船的利用率增添了额外的灵活度。

部分归功于能源资源技术公司的成功，卡尔潜水公司在1997年公开上市。公司通过收购更多的油田以及开展开发钻井活动持续发展壮大，在2005年，公司完成了一笔大额交易，收购了墨菲石油在墨西哥湾大陆架区域的19个成熟油田。这使得公司整体以及在墨西哥湾的资产规模实现了跨越式发展。在收购进行前的两年时间里，国际油价在35~55美元/bbl之间。在收购后的三年时间里，油价逐渐大幅度攀升至超过90美元/bbl，这使得这些油田的桶油利润大大超过了预期。更经济高效的油田运营，技术团队发现的额外储量，以及油价上涨带来的意外之喜，使得收购墨菲资产的交易异常成功。

2006年，卡尔潜水公司更名为螺旋能源服务公司（Helix），以更好地反映公司海上油田服务和海上能源生产的双链业务模式。在之后的几年时间里，Helix剥离了卡尔潜水公司名下的潜水作业资产，从同时拥有大陆架区域和深水区域资产与作业转型为只从事深水业务。2006年，Helix以14亿美元交易价格收购了雷明顿石油与天然气公司。这是截至当时公司最大的一笔收购交易，使公司的产量翻倍，并在公司业务中加入了勘探元素。雷明顿公司拥有深水作业，以及众多还未打探井的深水区块，这使能源资源技术公司的深水业务向前迈进了一大步。不过，在此后数年时间里，公司意识到这次收购的价值并没有达到预期。公司对此感到沮丧，这也是一个很好的警示，很好地说明了为何对比已经开发的储量，未开发储量和未打井的远景圈闭价值在交易估值中要打很大折扣。

2006年，Helix完成了一项不论从技术还是财务方面在墨西哥湾都堪称成功典范的收购案。2005年，瑞塔飓风掀翻了格林峡谷区域由雪佛龙担任作业者的"台风号"深水张力腿平台（TLP）。事发油田范围覆盖5个合同区块［在几年前刚刚投产，单井原油日产量为$(1\sim3)\times10^4$bbl］。这些井的产量预测显示剩余储量的生产寿命较短，无法弥补新建一个张力腿平台所需的费用。油田被迫关停，井下情况未知，海床上被遗骸和废弃物所覆盖，这给任何潜在的开发方案造成了巨大的风险与不确定性。

螺旋能源服务公司却从混乱的局面中发现了商机，并从雪佛龙和其他合资业主手中收购了油田的全部权益。将一艘火车渡轮改装成动力定位浮式生产油轮，并将油轮定位在张力平台以前的安装位置，回收和修复了水下设施并进行了必要的修井工作之后，油田在2010年更名为"凤凰"并重新投产。单井最大日产量达5000bbl，虽然较雪佛龙作业时期低了很多，但是由于储层压力降低，此前雪佛龙担心的油田含水较高可能影响油田最终采收率的问题并没有出现。得益于Helix的水下作业能力和能源资源技术公司的储量管理能力，油田得以复兴，产量超过预期。公司团队解决了大量的物流、技术、环境和安全生产方面的问题，同时也印证了两家公司协同作用产生的价值。

不论从任何角度衡量，螺旋能源服务公司成立能源资源技术子公司都被证明是取得了巨大成功。公司由在大陆架区域从事临近废弃油田的生产作业发展成为在大陆架地区和深水区域运营着众多规模油田，从事全面勘探与生产活动的公司。同时，螺旋能源服务公司还大规模扩展了其深水服务船队，并剥离了潜水作业业务。尽管能源资源技术公司的公司价值大幅度增长，但在后期，其体现在螺旋能源服务公司股价中的价值却被低估了，这是由于螺旋能源服务公司的现值主要基于其深水服务业务。因此，在2011年螺旋能源服务公司宣布有意向出售能源资源技术公司，并会将出售所得重新分配用于其深水服务业务。

螺旋能源服务公司希望将这个子公司作为一个法律实体整体出售，因为若这些油田单独出售，需要为几十个资产进行交割，同时螺旋能源服务公司也希望通过这种方式能够保留能源资源技术公司雇员的工作。能源资源技术公司出售将会面临很大挑战。其大陆架区域资产中包含数量众多的剩余价值为负的油田，这是由其进行收购时买入了过多接近弃置的油田造成的。由于政府出台了弃置设施计划，能源资源技术公司资产中许多油田被指定需要在近期完成弃置拆除工作，这些工作要耗资成百上千万美元。深水油田"凤凰"是一个非常成功的收购案例，但在墨西哥湾地区，以一艘船代替生产平台进行作业被认为风险很高，也没有过往经验可以借鉴。大陆架区域的作业者不希望暴露于深水风险中，而深水区域作业者也会认为这一资产组合没有足够的吸引力，来弥补大陆架资产包的较低价值。

正如本章前面分析过的，这一交易需要一个独特的买家，长达两年的艰难的资产出售活动也印证了这一点。一家名为塔罗斯能源（Talos）的公司，一开始只对大陆架区域浅水资产包表示了兴趣，希望通过收购这些资产来启动新业务。在经过额外的分析后，公司决定同时收购深水资产包，并于2012年8月提交了针对整个能源资源技术公司6.1亿美元的报价，螺旋能源服务公司随后接受了这一报价。在报价递交时，一口井正在凤凰油田开钻，油田被认为有可能因这口井的发现获得巨大升值。为了调节一旦获得发现引发的升值空间，同时也考虑到如果钻井结果失败而沉没的成本，双方在资产收购协议中添加了一个调价条款，规定若这口井结果为干井，则对家下调$1000×10^4$美元，若这口井获得了勘探发现，双方将重新开启议价，且塔罗斯能源公司将要为这口井日后的产量向螺旋能源服务公司支付开采权矿费。这口井最后取得了成功，交易对家调整到6.2亿美元，并且这口井产出的产量对应的开采权矿费被单独计算支付给螺旋能源服务公司，以合理地为这口井产生的价值给螺旋能源服务公司提供补偿。

由于在整个资产出售阶段油价都相对稳定，交易谈判没有因油价波动而变得更复杂。能源资源技术公司的出售计划于2012年第二季度启动，当时的平均油价是88.97美元/bbl，2012年8月，塔罗斯能源公司做出首次正式报价，2013年2月，交易完成了交割，油价在这两个时间点分别是94.13美元/bbl和95.31美元/bbl。在油价稳定或小幅度上涨的阶段，尤其是油价处于历史高位水平时，交易会更容易达成，因为买方可以通过套期保值锁定高油价，而卖方也确信他们抓住了价格周期中的高油价机会。

这起交易于2013年2月份交割，Talos自此正式接管了油田。能源资源技术公司的技术人员正式并入塔罗斯能源公司进行过交易评价分析的人员团队中。即使在交易完成交割之前，技术人员也一直在研究相关地震资料和油井动态，试图发现新的圈闭，以及制订再完井计划，来增加资产的储量基础。在交易完成后数月时间内，新技术的应用，以及扩大的地质师、油藏工程师、生产工程师团队成功提振了油田产量，大陆架地区油田产量递减趋势得以稳住。到收购完成的第一年末，塔罗斯能源公司已经有一组具有潜力的井位布置方案，以及其他确定的勘探机会。

上述案例讲述了几十年来在产资产所有权是如何通过在生产寿命期各个阶段应用多种技术持续不断被挖潜、创造更大价值的。在经历了或大或小的多个作业者、几番交易买卖，经历过数轮油价周期、挺住了"飓风"以及威胁利润的政府监管新规出台等多重挑战后，油田产量得以维持。每一个接手的作业者都有匹配其公司战略的独特的专业技能，这使他们有能力提高采收率，并在上一任所有者的基础上增加油田价值。

（1）行业内的大型公司是区块最初的持有者，他们承担了勘探风险，在打了数口干井后最终取得发现并进行了油田评价。随后他们承担开发风险，斥巨资建设了平台和海底管道，完成了油田的基础设施建设。这些油田数十年来保持生产预应力，这得益于地震解释和油藏管理技术的进步，使得提高采收率计划得以实施。

（2）能源资源技术公司在其公司经营的 20 年历史中收购了众多资产，通过高效经济的运营，使得收购油田的生产寿命得以延长，从大陆架区域油藏中产出的原油产量高于大公司的预期。再以极其低廉的价格收购处于生产末期的油田后，公司通过为其母公司带来弃置拆除服务业务而创造了价值。此外，"凤凰"油田的收购和增产是一个闪亮的案例，公司承担了其他公司都不愿承担，甚至不予考虑的风险，而取得的结果也是收购后的产量和钻井计划为公司创造了巨大的价值。

（3）塔罗斯能源公司接收了这个包含浅水大陆架到深水、从成熟老油田到具有勘探潜力的油田的多元化资产包。通过取得重新处理的地震资料解释，以及关注技术分析，油田的产量得以提升，多个具有勘探潜力的井位被确定。

本章介绍的油田都发现于很多年前，有一些仍然在不断获得新发现，其生产寿命也会更长，这也印证了行业里那句"只要持续的实施技术措施，大油田会更大"。油田新的所有者由于拥有独特的技术能力，能创造出被卖方视角认定价格更高的价值，这也是并购市场得以存续的基础。

参 考 文 献

[1] J. Haag, interviews with president of private company, January and February 2015.

[2] J. Haag, Texaco Inc., correspondence related to property sale to private company, November 9, 1989.

[3] J. Haag, Texaco Inc., correspondence related to property sale to private company, September 30, 1991.

[4] Helix Energy Solutions Group, "The History of Helix Energy Solutions Group" (2011), http：//www.helixesg.com/default/about-publications/helix%20esg%20history.pdf.

[5] J. Haag, Texaco Inc., correspondence related to property sales to ERT, February 1994, April 1994, and June 1996.

[6] Helix Energy Solutions Group, "The History of Helix Energy Solutions Group".

[7] Helix Energy Solutions Group, "Helix Announces Sale of Oil and Gas Subsidiary," press release, December 13, 2012.

[8] Helix Energy Solutions Group, "Helix Completes Sale of Oil and Gas Business," press release, February 6, 2013.

15 交易案例

15.1 简介

本章介绍的案例史表明，本书前文中提供的交易指导意见在构建和协商一个成功交易的过程中被广泛应用。多数业内进行的资产易主可以被归纳到下面3个交易类别中：

(1) 在产资产的收购和出售（6个案例）；
(2) 处于生产寿命末期油田的转让（2个案例）；
(3) 资产/权益互换（3个案例）。

这些案例也证明了，没有两个交易是相同的。只有训练良好的判断力和经验才能够帮助团队在从交易开始收到报价，到最终完成的整个过程中找到众多关键决策点，做出明智的选择并取得成功。

15.2 墨西哥湾——资产收购，勘探类

在这个资产中，从现有平台钻勘探井得到的测井和取心分析结果显示该油田有厚度很大的中新世储层。尽管测井和岩心分析显示完井产量将很高，储藏的规模仍然没有最终得到确认。

由于储藏规模的不确定性，区块的非作业者并不十分愿意进行完井投资。在其持有的资产组合中，这一项目的净现值对比其他需要资金的投资机

会并不很具有竞争力。考虑到技术的障碍，以及合作伙伴态度，作业者也不愿意进行油田开发。因此，非作业者开始单独接触市场，希望出售新井权益，包括其在平台中的权益，作业者有有限购买权。

交易中并没有出示第三方顾问的技术报告来支持出售活动，这是因为报告中的证实储量规模显示完井将不具备经济性。并且这一证实储量与卖方期望的可以反映油田升值空间的趋势相比，显得过低。因此卖方准备了内部介绍材料，以充分强调这口井的潜力。

介绍材料被分别出示给 8 家公司，最终只收到了 1 家公司的报价，并且报价过低。随后，卖方通过采用决策树方式，给每个开放方案和储量预测分配了适当的权重和风险调节系数，资产的市场价值被重新估算。在这一评价的基础上，公司确定了较以往更低的资产留存价值，并接受了报价。很明显，大多数看到过报价的公司都不认为项目能取得一个可接受的投资收益。

在交易交割后，买方又从作业者处购买了这口井剩余部分的所有权，从而取得了项目的控制权。这使得买方可以控制开发方案，使得后来的储量发现比收购评价方案中的价值翻倍，同时又没有增加分派给项目的上级管理费。在交易完成 3 个月后，买方进行了完井工作，这个油田持续生产了数年，最终实现了绝大部分预计的资产升值空间。

15.2.1　参与者交易目标

交易参与者，多数情况下为买方和卖方，都有各自需要通过买/卖交易达成的目标。

对于买方，作为一个中型的独立公司，这起交易实现了买方的许多目标。储量在发现早期被购入，因此公司不必面临巨大的勘探风险。同时，买方还有卓越的技术团队，尽管技术数据还存在不确定性，无法完全确认评估结果，但买方团队对他们计算的储量规模非常有信心。油田的平台和管道等设施都已就位，因此开发成本已经固定，也不会发生工程期延误。同时公司还希望收购的气井可以迅速对其财务表现产生影响。这口井的高产，连同后来获取的作业权，保证了这口井产生现金流的健康稳定性。买方公司同从前的作业者过去有过资产交易，这层关系被用来消除行使优先购买权给公司带来的损失。

在这次出售中，卖方也同样实现了目标。这口井预测的储量和产量都表明，该油田在卖方公司的在产资产中排名垫底。如果公司实施完井，并由于其在资产组合中较弱的影响而将其出售，那么本来可以用于更有利投资机会的资金也将无法列入预算。油藏描述的不确定性，作业者不愿推进，以及对作业缺乏控制都增加了项目的不确定性。

15.2.2 经验教训

买方是比较激进的并且技术能力强，沿用了此前有成功经验的收购方式——集合了所有经验丰富的成功要素。卖方希望报价可以更高一些，但另一方面又不能接受继续参与项目的风险、失去租约，以及如果最终没有完井而造成的所有沉没成本。公允市场价格最终是一个折扣价，反映了行业对这个项目的看法。

15.3 路易斯安那州南部——收购提案，陆上老油田

一家初创公司接触了一家大型石油公司，向其提交了一份比较激进的报价，希望收购一个陆上老油田，该油田拥有超过100口井以及一些生产设施。当前该油田只有6口在产井，并且预计的油田生产寿命不超过5年。还有一些老井挖潜改造和再完井机会，不过这家大油公司出于预算限制，不考虑为这些措施提供资金。由于油田价值加速下滑，这家大型石油公司决定考虑油田资产的出售事宜。

这家有意向的买方随后告诉大型石油公司，报价有一个先决条件，即需

要对整个油田进行技术研究并出具分析报告。买方明确，报价是确定的，但需要技术报告来取得融资，并通过报告来确认其之前评价使用的公开数据的准确性。买方还表示，出具报告可能对双方都有利，因为如果发现了额外价值，收购价格还可能进一步上涨。

由于买方的财务实力有限，卖方需告知买方交易可能需要提供履约担保，这样能够确保弃置义务如约完成。大型石油公司不希望由于买方没有能力履约，这些义务在日后又被政府一记命令返回给自身。

大型石油公司对于买方需要技术报告作为确定约束性报价的条件比较不悦。在大型石油公司看来，第一份报价只是一个"敲开大门"、启动程序的试探性策略，以此来锁定油田进行排他性谈判，最终买方会根据技术报告降低报价。买方对于大型石油公司要求其为弃置义务提供履约担保的要求同样感到不悦，但是，买方也理解大型石油公司一般在出售资产时都会要求买方为弃置义务的如约履行提供保障。

双方都希望最终交易可以达成，因此他们同意继续推进工作，为交易达成做进一步协商。买方提供了一份清单，详细地列出了他们用于进一步技术分析所需的信息。大型石油公司意识到，他们被要求提供的信息相当于建立资料室所需的信息，来供买方技术顾问进行研究。大型石油公司提出，如果他们按照买方要求继续，这些资料被全部收集齐全，那么其只会真正地建立资料室，并邀请其他公司一同来参与竞标。买方被告知，要么确定初始报价为确定性报价并完成交易，要么就要做好油田将被拿出来公开招标的准备。买方最终选择退出交易，停止和大型石油公司的沟通，而不是失去交易的排他性权利和其他公司一同竞标。

就在差不多同一时间，天然气价格开始攀升，到 2000 年冬季达到了 9 美元/10^3ft^3。由于气田的收入翻了 4 倍，以及建立资料室需要投入人力物力资源，出售气田的决策被重新考虑。气田中较好的机会被分配到投资资金，并且最终取得盈利。气田产量和现金流增加，单位天然气的运输成本也随之下降。气田重新回到核心资产行列，并在未来几年内不会再被列入待售清单中。

数月后,这位潜在买方同经纪人签订协议,计划出售其过去积累的有限的资产。如果前述这起交易达成了,弃置作业担保对他们而言也会是无法承受的财务负担,因为对比气田的弃置义务费用,买方资产数量很少,资本净值也较低。

15.3.1 参与者交易目标

在这起案例中,买卖双方对于交易同样有各自目标。买方(一家小公司)希望扩大规模,把这次收购视为达成目标的康庄大道。收购将会使公司的产量翻倍,并增加其资产组合中的投资机会。通过以高报价来接触大型石油公司,买方避免了卖方的虚低报价反应。若不是买方坚持要求进行独立第三方储量评估,大型石油公司几乎要同意不引入业内竞争,同买方单独协商交易。

对于卖方,这起交易可能给自身一个不在投资预算中的边际资产变现的机会。若交易达成,以提供履约担保方式采取的弃置义务保护措施是必需的。开放资料室、向市场推介气田将会是唯一可以确定气田市场价值的方式。

15.3.2 经验教训

若不是坚持要进行技术评价,买方几乎能够完成目标。一个可以挽救交易的方式是,买方重点关注研究几个价值最高的气藏。一个规模稍大的独立石油公司就会有能力和资源开展准确性更高的前期评价,而无须坚持聘用第三方来确定评价结果。买方最终决定卖掉公司,捕捉因那段期间气价上涨而带来的额外利润,而非继续发展壮大。

卖方迫于当时的情况而对其气田进行了更彻底的研究,并对气田的隐藏价值有了更好的理解。事实证明这是意外收获,因为保留而非出售这块资产的决定被做出时，气田已经出现了很好的投资机会等待公司拨款。

15.4　墨西哥湾——资产收购，老油田

一家全球性服务公司的生产型子公司与一家大型石油公司接触，这家服务公司的核心业务是海上平台的弃置拆除服务。这家子公司希望购买的油田预计还有几年时间能产生正向现金流，随后几年时间里产量将很低，直到最后被废弃。

确定交易对家的谈判搁浅在一个很低的价格区间，但双方都不愿再让步。买方强调说，由于油田只剩下两口井在产，生产风险比较高。如果其中一口井出现任何机械故障，将会导致油田价值大幅度损失，交易将最终无法获利。卖方则坚持说由于油价处于上涨通道，油田价值还有上升空间，更高的高价是合理的，而买方提出的机械故障不可能发生。

僵局最终还是被打破，买方询问卖方近期是否有平台将要被弃置。卖方在当年刚好有一个位于西墨西哥湾地区的平台需要弃置服务。买方母公司增添了一个很有竞争力的弃置服务报价，连同在产油田报价一同提交给卖方。两个报价结合起来，卖方接受了报价，交易最终达成。

15.4.1　参与者交易目标

买方希望以最低成本构建在产资产组合，同时将各项财务指标控制在母公司要求的范围内。后来证明，两口在产井都没有发生机械故障，并且其中一口井以较低压力生产的寿命长过预测时间，最终使得采收率和利润都高于预期。

卖方希望出售剩余价值低的油田，同时也非常乐意将平台的弃置义务转让给买方。第一个剥离的油田资产以公平的、经过风险调整的市场价格出售，第二个油田以非常具有竞争力的服务价格完成了弃置工作。

15.4.2 经验教训

这个案例的主要启发是,当两家公司都有合理的目标时,在谈判陷入僵局时,持续的沟通和从各个角度的思考与努力或许就能促成交易,让双方都取得成功。

15.5 路易斯安那州南部——资产收购,有前瞻性的共同所有者

一家大型石油公司和一家独立石油公司在沼泽地区分别运营了几个相邻区块超过 20 年。这些区块联合开发的协同作用是显而易见的,但从前没有一方提出过互惠的联合作业项目。大量的储藏重叠使得两家公司在多个临近的作业单元争相进行竞争性开发。

随着油田开发机会不断减少,油田进入衰退期,由于路易斯安那州并没有相关要求,因此这家大型石油公司并没有进行老油井的封堵工作。资产价值由于弃置成本的攀升而受到严重影响。随着油田价值的下降,大型石油公司对油田的油井措施更加不给予关注,而独立石油公司并没有忽视这一点。

这家独立石油公司联系了大型石油公司,询问是否有可能接受主动的收购报价。大型石油公司对提交报价给予了积极反馈,报价的提交将引发后续的收购谈判,原因有以下几点:

(1) 由于对油田的了解和作业单元的参与度,是这个资产的天然买家;

(2) 只需要进行一小部分内容的尽职调查,其他任何公司要做的尽职调查都会多于这家公司;

(3) 规模相对比较大、有足够的财务能力去承担弃置工作;

(4) 在业内有为收购资产出具高报价的名声。

这家大型石油公司唯一一个不给予独立石油公司排他性谈判的可能理由

是，这样规模的油田如果拿到市场上公开出售，可能会吸引到外部参与者更高的报价。尽管如此，大型石油公司鼓励独立油公司提交报价，报价实际上超过了计算的油田价值。经过了比较简短的谈判，双方取得一致，交易很快达成。

15.5.1 参与者交易目标

对于已经确定的投资机会，交易的买方算是比较激进的作业者。由于作业的协同效应，以及毗邻租约所有者进行的竞争性开采对油田利润影响的消除，这次收购对于独立石油公司是盈利的。关于卖方大型石油公司，随着油田的消极运营，其价值预计将会继续下降，因此交易价格对于卖方也是一个理想的结果。

15.5.2 经验教训

买卖双方公司都对这个交易结果感到满意，这个案例也说明，若希望成为成功的买家，同竞争对手维持良好的关系会很有帮助。当机会之门打开时，可以利用它。

15.6 得克萨斯州东部——资产收购，技术不确定性

一家交易经纪公司接触一家大型石油公司，提供了一份来自买方的主动报价，收购目标是大型石油公司在得克萨斯州最大油田之一资产的少份额非作业者工作权益。油田已经生产超过50年时间，有一个巨大的气顶气藏，从发现至今一直未进行开采。报价非常有吸引力，几乎代表了油田未来5年产生的净现金流。然而，若气顶气藏的潜在价值被考虑在内，这一报价就显得相对偏低了。

大型石油公司并没有一个足以说服自己的理由卖掉油田，因此拒绝了报

价。经纪人三次折返，每一次都带来更优厚的条件。最后一次，大型石油公司终于告知经纪人，其递交的报价足够高，公司将对油田进行评估并考虑出售。结果显示，由于生产历史很长且油田进一步挖潜的空间不大，油田的油藏评估具有较高的确定性。评价中唯一不确定的因素来自对气藏价值的如下考虑：

（1）气顶气藏的储量是否因油藏压力下降而增大？

（2）气藏是否由于构造上倾部位钻井的高气油比而已经枯竭？

（3）若在构造上倾部位打井至气藏，是否会显示目前的测绘结果有更多错误？

（4）气顶目前的气藏压力是多少？

（5）作业者会选择何时开采气顶？

（6）气顶是会被缓慢开采以使油藏采收率最大化，还是会迅速开采而使净现值最大化？

由于这些问题都无法回答，因此大型石油公司做了一些技术上的假设来反映最佳情境以计算一个较高的权益价值。用这种方式，大型石油公司向经纪人发送了一份反报价，该报价能够确保不论油藏和油田开发方案是何种情况，油田的价值都可以被充分获取。买方接受了这一报价。

15.6.1 参与者交易目标

买方接受了报价并继续完成了交易。最终油田权益在随后几年气顶开采活动启动后，被再次出售。

对于大型石油公司这是一次成功的出售，因为作业者始终以一种消极方式进行油田的生产活动。油田的附加价值并没有因为加速气顶开采而得以实现。

15.6.2 经验教训

就交易本身而言，这个案例表明，买方以积极的方式最终取得了回报，尽管交易价格非常高昂。不幸的是，这次出售令卖方员工感到沮丧，因为卖方完全没有必要出售油田。该油田是卖方的核心资产，出售所得也并没有用来在该作业区域收购其他的在产资产。

15.7　墨西哥湾——资产收购，开发策略

一家大型石油公司拥有一个跨越数个区块的大型油田的非作业者权益，这数个区块产出的原油共用一个平台作为处理设施。该区域有现成的第三方地震资料，但是作业者并没有购买。大型石油公司从资料中发现了勘探潜力和钻井机会，并希望能进行开发。大型石油公司希望在合作伙伴们得知这一信息前，能取得油田的作业权，同时收购数家项目中小股东的权益以增加自身的所有权、简化油田管理程序。

大型石油公司向合作伙伴们发送了报价，并最终成功协商收购了其中5家的权益。在证实储量的基础上，大型石油公司支付了一定溢价，因为油田被认为有一定的提高采收率潜力。作业者并没有考虑出售，并且标明作业权一定不可能轻易让出。大型石油公司向合作伙伴们出示了钻井计划，以及变更作业者能够带来的益处。由于展示了强有力的前景，合作伙伴一直投票支持大型石油公司成为信任作业者。在作业权移交给大型石油公司后，大型石油公司向伙伴们分发了新的钻井计划及预算。

非常出乎大型石油公司意料的是，合作伙伴们要求召开技术会议，严格审议钻井计划提案，使原定希望的钻井进度大大推迟。经过了数次会议和三个月的延迟，钻井计划最终得以通过。

15.7.1　参与者交易目标

大型石油公司认为收购行动是成功的，因为数家合作伙伴权益已经被收购，作业权也已经取得。卖方收到了基于风险调整后储量的满意的报价。各

家都因为各种原因没有购买地震数据，因而并没有意识到油田的升值潜力。在没有数据资料的情况下，这些出售了权益的合作伙伴是不太可能同意新版预算的。

15.7.2 经验教训

这起交易有几个很明显的启示：

（1）作业者必须十分专注，尽职尽责、认真严肃地完成油田开发，因为合作伙伴可能会利用作业者的松懈采取行动。

（2）对于共有资产，当其他公司拥有更多技术数据时，一家公司无法确定资产的竞争价值。

（3）优秀的技术实力会得到回报。

（4）新的作业者直接认为其提出的新的钻井计划会很快得到合作伙伴同意的这一想法可能过于乐观。

15.8 墨西哥湾——权益转让，气价影响

几家大型石油公司共同拥有一个跨越多个区块的海上油田，各家公司在各区块中的权益比例各异。其中一家大型石油公司主要的权益是在两个非作业者区块，这两个区块相比其他利润更高的区块产量递减得更快。这部分资产与其他有相似价值海上非作业者资产被一同打包待售，出售资产信息被发送给众多公司。在出售活动进行了几个月后，资产包仍然没有成功售出，因为其中的低价值、非作业者海上项目权益并不是非常有吸引力的资产。大型石油公司决定去联系资产包中每个油田的作业者，尝试单独协商每个油田权益的出售。

上述油田的作业者也被联系，但正如预料中的，作业者并没有兴趣收购权益，因为这些区块剩余价值已经为负。当时正值夏季，天然气价格相对偏

低。随后卖方询问作业者是否接受以转让方式接收权益。作业者同样拒绝了这次提议。两家公司便同时将交易搁置，因为该交易对两家公司都不在优先考虑事项之列。数月后，冬季来临，大型石油公司再次联系作业者并列举了如下理由：

（1）产量被维持在稳定水平，但天然气价格已经上涨，并预计将会在整个冬季都维持高位。

（2）如果交易基准日向前推移至夏季，期间 6 个月的收入可以在交割时补偿给作业者。

作业者同意了这个提议，交易最终达成。

15.8.1　参与者交易目标

资产对买方/作业者是有价值的，因为周边区块联合开发的协同作用可成本节约。当作业者在以后最终出售油田时，更高的所有权将会使油田对于买方更具有吸引力。

大型石油公司完成了不支付对家就将油田资产从其资产组合中剥离的目标。油田对于他们而言没有价值，因此权益转让的方式是可以接受的。

15.8.2　经验教训

（1）低剩余价值的非作业者资产出售是非常困难的。

（2）对价格周期的关注在剥离边际资产时或许能起到帮助。

15.9　墨西哥湾——权益转让，税收影响

一家大型石油公司拥有一个区块的非作业者权益，该区块在 20 世纪 80 年代中期通过竞标形式取得，总的收购价格超过 1 亿美元。由于当时认为该油田取得的发现规模很大，储量登记数额很高，在该油田也建设安装了较大

产能的生产平台以及处理设施。在随后数年时间里，情况逐渐明朗，油田的储量被高估了。由于区块持有和已发生成本较高，考虑到将会产生的负面收益影响，所有者没有对储量进行减记。随着油田产量接近枯竭，剩余的税基远远高于储量价值。随着产量持续递减，大型石油公司曾尝试卖掉油田权益，但并没有收到任何报价。随后大型石油公司决定继续持有油田区块直至油田开采殆尽时再进行减值处理。

在第二次审阅了评价资料后，大型石油公司注意到区块的税基在评价时被忽略了。大型石油公司意识到，若考虑了巨大的税基，将权益转让给作业者可使油田产生更多的近期税后净现金流，油田的净现值也会增高。作业者在油田还有一些正向剩余价值时接受了转让权益，大型石油公司也获得了数百万美元的剩余税基，用于税额扣减。

15.9.1 参与者交易目标

本案例中的资产在向市场公开出售时，作业者由于明确了自己拥有优先购买权而并未参与竞标。最终，资产被成功出售，但当卖方接触作业者要求其以权益转让方式接收资产时，买方之前的耐心得到了回报。

从卖方的角度看，剥离资产的目标也达成了，同时间接的税基也带来了高额的税收抵免。以现值基础进行评估，在进行权益转让时税收抵免的价值高于油田持有至开采殆尽的价值。

15.9.2 经验教训

对比资产的市场价值极高或极低的税基，可能比储量的现值更能影响资产估值以及如何处置资产的决定。

15.10 墨西哥湾——资产置换，估值能力

两家大型石油公司分别审视了各自的资产组合，发现他们对两家共同拥

有的四个油田的未来投资以及油田生命周期后期的潜力有不同的看法。

(1) 油田 A 弃置费用很高，产量极低，有一定的挖潜空间。作业者（大型石油公司 1）对勘探前景持悲观态度，决定进行钻井活动。非作业者（大型石油公司 2）认为潜力可观，希望收购油田。

(2) 油田 B 由大型石油公司 2 担任作业者，位置处于大型石油公司 1 作业平台综合设施之间。油田现金流充足，有风险较低的勘探潜力。大型石油公司 1 希望收购这一油田，以获取油田的勘探潜力，以及其与自身作业平台之间的协同效应节约的成本。

(3) 气田 C 是一个成熟的天然气生产单元，预计将在 6 个月之内衰竭。大型石油公司 1 超量生产了 $4\times10^9 ft^3$ 天然气，不过不愿意以约 600 万美元为代价解决天然气产运不平衡问题。

(4) 油田 D 作业者是大型石油公司 2，油田剩余价值很低，对两家公司都不是战略上的目标资产。这一油田被视作了交易的价格平衡器。

两家公司进行了数月谈判，期间其他双方共有资产和其他交易币种都有被列入考虑，最终前述几个资产达成交易，大型石油公司 1 出售油田 A、油田 C 和油田 D 权益给大型石油公司 2，大型石油公司 1 从大型石油公司 2 处收购了油田 B 的权益。

15.10.1 参与者交易目标

大型石油公司 1 在交易中更成功。油田 B 又确定了 2 个新的开采位置，如期产油，使公司降低了运输成本。同时，大型石油公司 1 避免了为气田 C 的产运不平衡问题支付 600 万美元。

大型石油公司 2 在对油田 A 完成了地球物理评估后最终决定不继续打井。油田价值由于即将进行的弃置工作直跌了 300 万~600 万美元。油田 D 确实按照预期情况生产了几年后才被废弃。

15.10.2 经验教训

(1) 同样是接近生产末期,大型油田(油田 B)一般都比小型油田具有更大的挖潜空间。

(2) 对于交易基础,没有任何工作可以替代优质的技术分析,大型石油公司 2 对于收购的资产没有进行充分的技术分析。

(3) 考虑替代货币,在本案例中是天然气产运不平衡问题被纳入考量,对于大型石油公司 1 是能够节约现金的巧妙的战术行动。

15.11 路易斯安那州南部——权益交换,创新方式

一家大型石油公司在一个有勘探潜力的大型气田拥有多数股份。资产的共有人通过股权协议持有少量股份。大型石油公司承租的这个区块中大部分气藏区域的地震资料共同所有人并没有得到。

大型石油公司对资产进行了评价,向共同所有人提交了现金收购的报价,但由于价格过低被共同所有人拒绝。随后的谈判表明,实际上共同所有人并不知道气田的实际价值,因为他们并没有所需信息去做出判断。对于他们,最安全的方式就是简单地拒绝报价,而非以任何价格出售权益。

大型石油公司希望拥有这个区块的全部权益,因为他们已经计划了再完井措施和开发钻井方案。若完成收购,100%拥有工作权益会给作业者更大作业上的控制权,并且也节省了合作伙伴审批预算的环节。大型石油公司随后决定给出交换条件,共同所有人可以对升值空间保留部分权益,这样做即可消除资产评价估值的波动。另一个提议是收购共同所有人的工作权益,以等值的开采权益作为交换。两家公司进行了计算,最终确定以整个区块 4.4%的开采权益交换共同所有人手中的工作权益。

15.11.1　参与者交易目标

大型石油公司最终得以实施开发方案,以加速的进程进行了油田挖潜,同时也利用了临近油田设施余量,实现了操作成本的协同效应。

共同所有人公司也从勘探潜力部分的开采权益中获益,尤其是若不进行交易,当其仍然是工作权益所有人时,为挖潜工作批准他们份额的预算,在手头信息有限的情况下对他们而言是非常困难的。

15.11.2　经验教训

在聚焦于自身目标时,在思维上保持一定的灵活度非常关键,它使得大型石油公司第一次邀约被共同所有人拒绝时没有气馁。后来,当共同所有人持有的开采权益影响项目的经济极限和最终采收率时,大型石油公司再次接触共同所有人并收购了其手中的权益。

15.12　墨西哥湾——资产置换,整合效率

两家大油公司在两个区块中分别占有不同权益,且这两个区块没有其他合作伙伴。大型石油公司1(以下简称"公司1")拥有一个巨型在产油田95%的权益并希望收购剩余部分。这会使其在作业上有完全的控制权,可以简化财务程序,并且能够在没有其他伙伴参与的情况下针对潜力圈闭实施开发方案。同时,在之前进行过地震勘探的圈闭可能有一个从前被忽略的埋藏更深的勘探目标。大型石油公司2(以下简称"公司2")作业的区块规模要小得多,公司1与公司2的区块权益比为50:50。公司2定位了开发井位,但公司1不同意提供资金。收购这一油田剩余的权益可以使钻井计划得以推进。经过了短暂的谈判,两家公司同意进行资产置换以及解决少量的天然气产运不平衡问题。

15.12.1 参与者交易目标

公司 1 非常满意能够收购大油田的剩余权益。除了作业上的绝对控制权和财务程序的简化，油田的剩余寿命很长，勘探潜力持续被发掘。同时，油田设施租赁给临近生产商成了一个意外的收入来源。

公司 2 对于能收购他们作业的小型油田的剩余权益也很满意，他们设计的开发方案得以实施，通过地质和地球物理专业知识以 100% 的财产价值而非 50%，再被收入囊中。

15.12.2 经验教训

这个案例值得被所有油田作业的地区借鉴。但是，这种情况越来越少发生，即大型石油公司的资产组合足够大到相互之间有一众资产的交集，需要从这些重合资产中定位出一些互相都认为非常合适的置换目标，因此类似这样的案例也很难常常发生。许多独立石油公司现在都在墨西哥湾拥有相当大规模的资产，未来这样的资产置换发生在独立石油公司之间的可能性反而更高。

公司 1 收购的大型油田又经历了两次优化开发。在本案例中，那句业内老话"大油田会更大"当然也适用，最终结果显示，公司 1 的交易效果更好，他们收购的油田剩余寿命要长久得多。

附录　不同单位制的换算关系

1lb = 453.59g

1in = 25.40mm

1ft = 30.48cm

1acre = 4047m^2

1bbl = 0.16m^3

1bar = 10^5 Pa

1psi = 6.89kPa

1atm = 101.325kPa

1lbf/ft^2 = 47.88Pa

1lbf/in^2 = 6894.76Pa

1Btu = 1.05506×10^3 J

(°R −491.67) 5/9 = °C